Das einzigartige Unternehmen

Springer-Verlag Berlin Heidelberg GmbH

Michael Kohlgrüber
Hans-Georg Schnauffer
Dorit Jaeger
Herausgeber

Das einzigartige Unternehmen

Mit dem Potenzialscanner strategische Wettbewerbsvorteile entdecken

Mit 53 Abbildungen

Springer

Michael Kohlgrüber
Prospektiv Gesellschaft für betriebliche Zukunftsgestaltungen mbH
Friedensplatz 6
44135 Dortmund
kohlgrueber@prospektiv-do.de

Hans-Georg Schnauffer
Fraunhofer-Institut für Fabrikbetrieb und -automatisierung
Sandtorstraße 22
39106 Magdeburg
schnauffer@iff.fhg.de

Dr. Dorit Jaeger
GEMI mbH
Gesellschaft für Management
und Innovation
Innstraße 1
40822 Mettmann
dorit.jaeger@t-online.de

ISBN 978-3-540-00581-0 ISBN 978-3-642-55502-2 (eBook)
DOI 10.1007/978-3-642-55502-2

Bibliografische Information Der Deutschen Bibliothek
Die Deutsche Bibliothek verzeichnet diese Publikation in der Deutschen Nationalbibliografie; detaillierte bibliografische Daten sind im Internet über <http://dnb.ddb.de> abrufbar.

http://www.springer.de

Ursprünglich erschienen bei Springer-Verlag Berlin Heidelberg New York 2003

SPIN 10915479 43/3130/DK-5 4 3 2 1 0 – Gedruckt auf säurefreiem Papier

Vorwort

Einen Weg zur Alleinstellung zu weisen – ein hoher Anspruch, den dieses Buch erhebt, geht es doch um nichts Geringeres, als der beste Anbieter zu werden, zu sein und zu bleiben – in wohldefinierten Segmenten. Angesichts des enormen Wettbewerbsdrucks, in dem sich vor allem deutsche Unternehmen befinden, ist dieses Ziel gleichermaßen attraktiv wie anspruchsvoll.

Gerade deutsche Unternehmen stehen unter einem enormen Kosten- und Wettbewerbsdruck. Angesichts globalisierter Märkte werden internationale Unterschiede in der Kostenstruktur mehr als deutlich. Eine Strategie der klassischen Kostenführerschaft anzustreben, ist da wenig erfolgversprechend. Bisherige Strategien zur Kompensation von Kostennachteilen, die auf eine Differenzierung im Wettbewerb durch hohe Produktqualität, ausgeprägte Innovationskraft, kurze Produktentwicklungszeiten, kurze Lieferzeiten etc. setzen, verlieren immer schneller an Wirkungskraft. Damit wird die Halbwertszeit jedes Vorteils immer kürzer.

Die weltwirtschaftliche konjunkturelle Lage verschärft diese Situation dramatisch. Vor allem Unternehmen aus der Investitionsgüterindustrie erfahren zur Zeit sehr deutlich, dass sehr viele Kunden angesichts nachlassender Wachstumsaussichten ihre Investitionen zurückstellen. Umsätze gehen rapide zurück. In dieser Zeit stellt sich mehr denn je die Frage, ob Deutschland ein wichtiger Industriestandort bleiben kann und wird. Wenn frühere Standortvorteile wie *Made in Germany* oder die ehemals weltweit anerkannte Berufsausbildung von Mitarbeitern in deutschen Industrieunternehmen an Bedeutung verloren haben, dann braucht es neue Merkmale, mit denen sich Unternehmen am Standort Deutschland differenzieren können. Damit sind harte Kriterien an die Alleinstellungsmerkmale definiert.

Das vorliegende Buch skizziert einen für mittelständische Unternehmen gut nachvollziehbaren Weg zu diesem Ziel. Der Ansatz geht davon aus, dass jedes Unternehmen über Stärken verfügt, die es nicht kennt, zumindest nicht systematisch nutzt. Dies erleben wir Tag für Tag. Für uns sind solche Entdeckungen die zentrale Quelle unserer Innovationskraft. Diese Potenziale – i.S. von ungenutzten Stärken – liegen nicht nur in den technischen Möglichkeiten eines Unternehmens. Vielmehr richtet der hier vorgestellte Ansatz den Fokus darüber hinaus auf *soft facts* wie Ideen, Wissen und Kompetenzen und deren zielgerichtete Abstimmung in Teams und Prozessen. Ein außergewöhnlich gutes Zusammenspiel von Menschen, Kompetenzen und Beziehungen ist häufig die Ursache für ungewöhnliche Erfolge.

Mitarbeiterinnen und Mitarbeiter sind unser wichtigster Erfolgsfaktor. Das bedeutet aber nicht, dass wir den genauen Beitrag einzelner Mitarbeiterpotenziale zu unseren Unternehmenszielen hätten bestimmen können. Das ist zum Einen eine Frage der Messbarkeit: So können nur wenige Unternehmen mit Bestimmtheit sagen, welche Zusammenhänge zwischen Investments in Human Resources und der Rentabilität des Unternehmens bestehen. Zum Anderen ist es für Führungskräfte sehr wichtig, dass sie unentdeckte Potenziale in ihren Mitarbeiterinnen und Mitarbeitern erkennen, die nachhaltig zum Unternehmenserfolg und zur Differenzierung des Unternehmens im Wettbewerb beitragen können.

Dieses Buch bietet mit dem *Potenzialscanner* und der Einbindung von Potenzialen in unternehmerische Zielsysteme wie die Balanced Scorecard einen vielversprechenden Ansatz, diese offenen Fragen zu beantworten. Durch die systematisierte Suche nach Indizien für bislang ungenutzte Stärken liefert es wichtige Anhaltspunkte, welche Potenziale jedes Unternehmen von seinen Wettbewerbern unterscheiden. Auch wenn die Suchfilter, die hier entwickelt worden sind, zunächst unscheinbar anmuten, so zeigt sich doch, dass sie den Blick auf Bereiche lenken, die oftmals keine ausreichende Beachtung finden. Insbesondere aus der kontinuierlichen Beobachtung ergeben sich Muster, die wertvolle Rückschlüsse ermöglichen. Damit wird deutlich, dass die Antworten, die wir auf die Herausforderungen im Wettbewerb brauchen, voraussetzen, dass die richtigen Fragen gestellt werden. Die finden sich in diesem Buch.

Sechs Anwender des UNIKAT-Ansatzes stellen in diesem Buch ihre Vorgehensweisen dar. Ihre Ergebnisse und Erfahrungen sind so vielfältig, wie es ein Ansatz zur Differenzierung von Unternehmen erwarten lässt. Trotz dieser Unterschiedlichkeit arbeiten alle Unternehmen mit dem gleichen Instrumentarium, das sich mit jedem Schritt durch eine Vielzahl von Varianten unterscheidet.

Ich wünsche Ihnen, dass Ihnen diese Veröffentlichung eine Reihe von Anregungen geben möge.

Dr. Wilfried Stoll
Vorstandsvorsitzender
Festo AG & Co. KG

Inhalt

1 Interne Potenziale – eine vergessene Quelle der strategischen Differenzierung

Hans-Georg Schnauffer, Michael Kohlgrüber

Gesättigte Märkte, globalisierter Wettbewerb, steigende Kundenanforderungen, sinkende Preise, Zahlungsausfälle insolventer Kunden – die Liste von Merkmalen zur Beschreibung der Wettbewerbssituation der letzten Jahre lässt sich nahezu endlos fortsetzen. Jedes Unternehmen erfährt deren Auswirkungen jeden Tag aufs Neue. Welcher Manager oder Unternehmer[1] wünscht sich da nicht die zündende Idee, womit sich das Unternehmen deutlich vom Wettbewerb differenzieren kann, im besten Fall sogar einzigartig ist?

Nun, solche Ideen gibt es nach wie vor in fast allen Branchen. Selbst in gesättigten Märkten gibt es immer wieder Unternehmen, die dem Wettbewerb nicht nur kurzfristig immer mehr Marktanteile abnehmen[2]. Dies wird nur möglich, wenn ein Unternehmen es schafft, das eigene Geschäftsmodell im Sinne der Schumpeter'schen *kreativen Zerstörung*[3] permanent zu hinterfragen und das eigene Leistungsspektrum mit immer neuen Ideen und Impulsen kontinuierlich weiterzuentwickeln. Diese Ideen und Impulse zu generieren ist aber alles andere als eine triviale Aufgabe, zumal bisher kaum Wege bekannt sind, wie ein Unternehmen zu einer derartigen Differenzierung gelangen kann. Es gibt zwar Unternehmen, denen es gelungen ist, durch Einzigartigkeit einen Weg aus dem Kostenwettbewerb zu finden,

---

1 Aus Gründen der Lesbarkeit verzichten wir darauf, die weibliche Form explizit zu nennen, schließen sie aber selbstverständlich mit ein.

2 Nicht nur die bekannten Beispiele der Großunternehmen belegen das. Die AUBI Baubeschläge GmbH ist ein Beispiel für ein mittelständisches Unternehmen, das in einer schrumpfenden Branche kontinuierlich Umsatz- und Renditezuwächse erzielt. Vgl. Brombacher/Burg (2002).

3 Schumpeter beschrieb bereits in den 30er Jahren den Prozess der *kreativen Zerstörung* als wesentlichen Motor von Wandel und Innovation in Volkswirtschaften. Übertragen auf Unternehmen, fordert er dazu auf, sich nicht auf aktuell erfolgreichen Produkten ausruhen, sondern die eigenen erfolgreichen Produkte mit noch besseren Produkten angreifen. Vgl. Schumpeter (1998).

nur lässt sich dieser kaum auf andere Unternehmen übertragen, weil der Weg zur Einzigartigkeit letztendlich immer nur ein unternehmensspezifischer sein kann. Erfolgreiche Differenzierung im Wettbewerb ist daher immer ein Maßanzug, der nur einem Unternehmen passen kann. Vor simplen Kopien strategischer Geschäftsmodelle muss gewarnt werden, erfolgreiche Praxisbeispiele können immer nur als Inspiration und Ausgangspunkt für eigene Diskussionen dienen – insbesondere, wenn es darum geht, sich zu unterscheiden. Denn eines darf beim Ausbau der eigenen Differenzierung nicht vergessen werden: Es geht nicht (nur) darum, zu anderen aufzuschließen! Mit Differenzierung geht immer automatisch das unternehmerische Risiko einher, ein Stück weit unbekanntes Terrain zu betreten.

Wie kann sich nun ein Unternehmen diesen Maßanzug schneidern? Zunächst schlägt die Wettbewerbssituation voll auf das Tagesgeschäft durch. Um dem Wettbewerb gewachsen zu sein, sind ständig Entscheidungen zu treffen, wie z. B.:

- Können die Preise noch weiter gesenkt werden?
- Welche Kosten können kurzfristig gesenkt werden?
- Unter welchen Bedingungen akzeptiert der Kunde ein höheres Preisniveau als das der Wettbewerber?
- Welche zusätzlichen Absatzmöglichkeiten lassen sich erschließen?

Einige gute Antworten auf diese Fragen verschaffen den meisten Unternehmen kurzfristig Luft. Aber auch mittel- und langfristig ist eine Positionierung notwendig, um angemessene Erträge zu erzielen und um im Wettbewerb zu bestehen, ohne permanent nur getrieben zu werden. Einige grundsätzliche strategische Entscheidungen sind zu treffen: Das Leistungsportfolio ist zu überdenken – Ausweitung oder Ausdünnung, Diversifizierung oder Konzentration auf das Kerngeschäft sind grundsätzliche Alternativen. Dies wirft folgende Fragen auf:

- Wie lassen sich *langfristig* niedrigere Kosten realisieren?
- Welche Kunden oder Kundengruppen wollen wir in Zukunft ansprechen?
- Welches Umsatzvolumen erschließt sich uns, welche Deckungsbeiträge können wir damit erzielen?
- Welche Innovationen streben wir an?
- Welche gegenwärtigen oder zukünftigen Kundenbedürfnisse sprechen wir damit an? Wie werden die Wettbewerber reagieren?
- Wo liegen neue Geschäftspotenziale, die bislang nicht in Betracht gezogen wurden?
- Was sind unsere Kernkompetenzen, die nicht vom Wettbewerber kopiert werden können?

Die Frage nach der Differenzierung im Wettbewerb wird meist nur implizit beantwortet. Der entscheidende Aspekt der Differenzierung wird damit nicht ausreichend berücksichtigt, da es an konkreten Hinweisen fehlt, an welchen Stellen hierfür der Hebel angesetzt werden kann. Diese Hinweise existieren jedoch in jedem Unternehmen. Mit diesem Buch wollen wir zeigen, wo und wie solche Hinweise systematisch gefunden werden können.

Darüber hinaus wollen wir zeigen, wie man diese Hinweise bewertet und wie man, gerade im Hinblick auf den Beitrag zur Differenzierung im Wettbewerb, darüber entscheidet.

Dieses Buch stellt einen Lösungsansatz dar, der es Unternehmen ermöglicht, ihre unternehmensspezifische Strategie der Einzigartigkeit zu erarbeiten. Der Ansatz basiert darauf, dass nach Indizien für spezifische Fähigkeiten gesucht wird, die über Jahre in einem Unternehmen gewachsen sind, aber in ihrem vollen Wert noch nicht erkannt und/oder nicht systematisch genutzt worden sind.

Dieser Ansatz wurde im Projekt *UNIKAT – Einzigartigkeit kommt von innen* erarbeitet, an dem sechs Unternehmen und drei Forschungsinstitute beteiligt waren.[4] Der Grundgedanke des UNIKAT-Ansatzes ist einfach: Jedes Unternehmen hat eine eigene Geschichte, die kein anderes Unternehmen hat. Damit sind auch die in einem Unternehmen über die Jahre gewachsenen Fähigkeiten und Kompetenzen in ihren Ausprägungen und Kombinationen nur bei diesem Unternehmen vorhanden. Genau das ist es, was für den Wettbewerb nur schwer kopierbar ist und damit die Basis der langfristigen Differenzierung liefern kann. Kapitel 2 zeigt, wie der UNIKAT-Ansatz theoretisch und praktisch zu verorten ist und wie er im einzelnen aussieht. Dabei steht im Vordergrund, wie die generelle Vorgehensweise aussieht, mit der ein Unternehmen den eigenen Weg zur Einzigartigkeit entdecken und auf ihm ein gutes Stück voran kommen kann.

Kapitel 3 enthält Fallstudien, welche Wege die sechs UNIKAT-Partner zur Differenzierung im Wettbewerb eingeschlagen haben. Es wird deutlich, dass jedes mit einer anderen Zielsetzung und mit verschiedenen Methoden vorgegangen ist. Dennoch greifen alle Ansätze auf *ein* Grundmodell und *eine* Toolbox zurück. Die Bandbreite dieser sechs Unternehmen

---

4 UNIKAT ist ein Verbundforschungsprojekt, das mit Mitteln des Bundesministeriums für Bildung und Forschung (BMBF) innerhalb des Rahmenkonzeptes *Forschung für die Produktion von morgen* gefördert wurde (Förderkennzeichnen: 02PP2232) und vom Projektträger Produktion und Fertigungstechnologien, Forschungszentrum Karlsruhe, betreut wurde. Das Projekt startete im Oktober 2000 und lief bis Juni 2003. Dieses Buch stellt die Dokumentation der Projektergebnisse dar.

ist so groß, dass wir davon ausgehen, dass auch für jedes andere Unternehmen einzelne Ideen und Vorgehensweisen analog anwendbar sind.

Kapitel 4 schließlich gibt einen Ausblick auf die weiterführenden Herausforderungen im Hinblick auf die langfristige strategische Differenzierung im Wettbewerb. Um diesen Herausforderungen zu begegnen, bieten die Herausgeber ein Praxisforum für Fragen zur Differenzierung im Wettbewerb an. Dort besteht die Möglichkeit, sich mit Führungskräften anderer Unternehmen über deren Wege zur Einzigartigkeit auszutauschen. Unter *http://www.unikat-forum.de* erfahren Sie mehr darüber.

2 Das Methodenset zur kontinuierlichen Nutzung strategischer Potenziale

2.1 Einzigartigkeit planbar machen – das UNIKAT-Strategieverständnis

Hans-Georg Schnauffer, Michael Kohlgrüber

2.1.1 Was heißt Einzigartigkeit?

„Ähnlich dem Besten, anders als jeder Wettbewerber, vom Kunden honoriert“ – so lautet unsere Definition von Einzigartigkeit, die damit auch die Basis für den hier vorzustellenden UNIKAT-Ansatz legt.[5] Was ist mit dieser Definition konkret gemeint? Im Kern geht es um drei Dinge:

- Erstens **ähnlich dem Besten**: Auch im Hinblick auf den Ausbau der Differenzierung im Wettbewerb ist es wichtig, das eigene Unternehmen mit anderen zu vergleichen. Natürlich ist das Ziel, aus der Vergleichbarkeit und der Austauschbarkeit herauszukommen. Dennoch darf es nicht dazu führen, dass ein Unternehmen auf Benchmarking verzichtet – auch wenn dieses schwieriger wird und sich möglicherweise nur noch auf grundlegende Dinge beschränkt. Entscheidend ist immer, mit wem sich ein Unternehmen vergleicht – innerhalb der Branche und außerhalb der Branche. Insbesondere branchenübergreifende Benchmarks bieten oft wertvolle Hinweise und Anregungen.
  Darüber hinaus liefert der Vergleich und die Orientierung am Branchenprimus gewisse Indizien dafür, was der Markt honoriert und welche Standards möglicherweise gesetzt sind. Dies gilt sowohl für die Frage, *was* dieses Unternehmen anbietet (Effektivität), als auch *wie* und zu welchen Konditionen diese Leistungen angeboten werden (Effi-

[5] Vgl. Volkholz (1999).

zienz). Das Element des Vergleichs bildet damit ein Korrektiv, mit dem verhindert wird, dass sich ein Unternehmen um den Preis der Differenzierung ins Abseits stellt. Denn: Es kann auch ein Zuviel an Differenzierung geben.

- Zweitens **anders als jeder Wettbewerber**: Hier kommt der eigentliche Differenzierungsanspruch ins Spiel. Das Leistungsspektrum eines Unternehmens sollte Elemente enthalten, die kein anderer Wettbewerber in vergleichbarer Qualität oder zu vergleichbaren Kosten anbieten kann. Zu betonen an dieser Stelle ist, dass nicht das komplette Leistungsspektrum andersartig sein muss. Wie unten noch ausgeführt wird, reichen einzelne, intelligent gewählte Elemente aus. Die einzige und alleinige Beurteilung hierüber liegt beim Kunden. Deshalb:
- Drittens **vom Kunden honoriert**: Der Kunde allein entscheidet darüber, ob die Leistung in Qualität und Preis seinen Bedürfnissen entspricht und damit, ob die seitens des Unternehmens getroffenen Annahmen tragfähig sind. Differenzierung ist immer nur soweit möglich, wie der Kunde mitzieht.[6] An dieser Stelle wird deutlich, dass Einzigartigkeit kein Zustand ist, sondern ein Prozess.[7]

Einzigartigkeit wird immer durch die Kombination aller drei Aspekte erreicht. Die beteiligten Unternehmen in UNIKAT haben innerhalb dieser drei Elemente verschiedene Schwerpunkte gelegt. Die favorisierten Aspekte waren zum Einen die Abgrenzung vom Wettbewerb und zum Anderen die Akzeptanz beim Kunden. Der Aspekt ähnlich dem Besten wurde unterschiedlich gesehen. Teilweise waren die Partner selbst Branchenprimi, teilweise war aufgrund der vergangenen Entwicklung die Ähnlichkeit ohnehin schon gegeben, so dass sich hinsichtlich dieses Vergleichs kein Handlungsbedarf ergab.

2.1.2 Feststellung der Ausgangssituation: Wo steht das Unternehmen?

Die Bestimmung der Ausgangsposition liefert wichtige Informationen hinsichtlich der Frage, in welchen Geschäftsfeldern die wichtigsten Handlungsfelder liegen.

Durch die zunehmend vergleichbaren Leistungsangebote sehen viele Unternehmen als einzige Differenzierungsmöglichkeit nur den Preis. Als Folge trifft auf immer mehr Unternehmen der von Richard D'Aveni 1995

---

6 Der hier verwendete Kundenbegriff schließt nicht nur externe, sondern auch interne Kunden ein.

7 Volkholz (2002) verweist darauf, dass die Endung *-keit* daher am Kern vorbei geht. Vielmehr müsse eigentlich von *Einzigartigung* gesprochen werden.

geprägte Begriff des *Hyperwettbewerbes* zu, bei dem Unternehmen in einen existenzgefährdenden Preiskampf verwickelt werden.[8] In dieser extremen Form des Wettbewerbes können auch gesunde Unternehmen ihre Eigenständigkeit verlieren oder ganz vom Markt verschwinden.

Zur Einschätzung der Ausgangssituation eines Unternehmens ist es sinnvoll, einige Anhaltspunkte für die Messung der aktuellen Differenzierung im Wettbewerb zu geben. Es geht dabei um die Frage: Wie lässt sich diese Auffassung von Einzigartigkeit soweit operationalisieren, dass erkennbar ist, wie weit ein Unternehmen auf dem Weg zur Einzigartigkeit vorangekommen ist?

Als erster und einfachster Indikator kann die relative Beschäftigungsentwicklung eines Unternehmens herangezogen werden. Steigt die Zahl der Mitarbeiter im Unternehmen stärker als die der Wettbewerber, dann ist dies ein Indikator für eine gute Differenzierung. Für den Fall einer sinkenden Beschäftigung lautet das Kriterium für Differenzierung, dass die Beschäftigung im eigenen Unternehmen nicht in dem Maße zurückgeht wie bei Wettbewerbern. Dies kann bspw. in kontrahierenden Märkten der Fall sein, deren Basistechnologie sich am Ende ihres Lebenszyklus befindet.

Weitere Indikatoren können der Marktanteil und die relative Entwicklungen der Umsatzrentabilität oder der Gewinnspanne sein. Ergänzende Informationen kann auch die relative Entwicklung des Aktienkurses liefern.

Für eine weiterreichende Analyse der Wachstumshistorie und -aussichten bieten Adrian J. Slywotzky und Richard Wise ein pragmatisches Raster an.[9] Dabei werden bei der Berechnung der Wachstumsrate der letzten fünf Jahre im Kerngeschäft verzerrende Effekte, wie Unternehmenskäufe, Währungskursveränderungen oder branchenspezifischer Preisanstieg herausgerechnet. Beeindruckende zweistellige Wachstumszahlen schrumpfen dann bei näherem Hinsehen auf einstellige Werte zusammen. Legt man diesen Maßstab zugrunde, so wird deutlich, dass es um die Differenzierung im Kerngeschäft oft nicht so gut bestellt ist, wie die Zahlen auf den ersten Blick glauben machen. Wie aber kann ein Unternehmen die Differenzierung im Wettbewerb systematisch auf- und ausbauen? Damit beschäftigt sich der Ansatz, der im folgenden vorgestellt wird.

---

8 Vgl. D'Aveni (1995).

9 Vgl. Slywotzky/Wise (2003), S. 28f.

2.1.3 Der UNIKAT-Ansatz: Wie kann die Einzigartigkeit des Unternehmens gestärkt werden?

Es gibt viele Unternehmen, die Ideen für einzigartige Leistungen produziert haben, weil sie eine sich bietende Gelegenheit ergriffen haben. Das Entdecken und Ergreifen der Gelegenheit ist nicht selten eine Abfolge von Zufällen und ex post richtig getroffenen Entscheidungen. Viele bedeutende Innovationen wurden durch Zufälle entdeckt. Untersucht man die Historie von erfolgreichen neuen Produkten oder ganzen Produktgruppen, so stellt man fest, dass der Ursprung stets in einem mehr oder weniger geplanten Ereignis liegt. Dies kann eine glückliche Verwechslung von Substanzen im Labor sein oder das Zusammentreffen von bestimmten Personen. Im Innovationsmanagement wird hierfür der Begriff *Serendipitätseffekt* verwendet, Soziologen beschreiben damit den Charakter der *Emergenz*, die sozialen Systemen zueigen ist. Unter *Emergenz* versteht man die Eigenschaft eines sozialen Systems, aus dem Bestehenden ungeplant Neues entstehen zu lassen, das über die Summe der Einzelteile hinausgeht.

Entdeckt werden Eigenschaften, die eine potenzielle Stärke des Unternehmens darstellen, i.d.R. nur zufällig. Daher war der Ausgangspunkt unserer Überlegungen die Frage, wie man *dem Zufall auf die Sprünge helfen* kann. Dabei geht es darum, Stärken eines Unternehmens zu ermitteln, die es selbst noch nicht kennt und/oder nicht systematisch nutzt. Viele Unternehmen haben jedoch den Sinn für ihre Stärken verloren, da sie immer wieder auf Probleme stoßen, wie störanfällige Prozesse, Reklamationen, unmotivierte Mitarbeiter, usw. usf. In dieser Situation liegt die Gefahr darin, dass Führungskräfte und Mitarbeiter ganz auf die Probleme des Unternehmens fixiert sind.[10] Die dabei übersehenen Stärken sind die Potenziale, die mit dem UNIKAT-Ansatz identifiziert und erschlossen werden. Folgendes Begriffsverständnis von Potenzial (-analyse) liegt diesem Ansatz zugrunde:

„Ermittlung und Erfassung der im Unternehmen liegenden Möglichkeiten, Erträge zu erwirtschaften [...]. Dabei ist nicht nur die Erfassung abso-

---

[10] In der Organisationspsychologie wird für diesen Effekt auch der Begriff der *Problemtrance* verwendet. Das Unternehmen verharrt im Angesicht gravierender Probleme in Regungslosigkeit, und blickt darauf, wie das *Kaninchen auf die Schlange*. In dieser Situation werden unternehmensspezifische Stärken und Ausweichmöglichkeiten nicht mehr wahrgenommen, Chancen zur nachhaltigen Differenzierung im Wettbewerb nicht mehr gesehen werden. Die Beschreibung dieses Effektes geht zurück auf die Hypnotherapie von Milton H. Erickson. Vgl. Schmidt (2000).

luter Potenziale erforderlich, sondern auch die relative Stärke gegenüber den Potenzialen von Mitbewerbern (nicht nur: 'Was kann ich?', sondern auch: 'Was kann ich besser als andere?')."[11]

Mit dem UNIKAT-Ansatz wurde daher ein Konzept entwickelt, mit dem Unternehmen gezielt nach Indizien für verborgene Stärken suchen können. Diese Stärken können hinter begeisterten Kunden verborgen sein, hinter erfolgreichen Projekten, unerwarteten Anfragen von Kunden, Erfolgerlebnissen von Mitarbeitern u.v.m. Derartige Indizien sind den meisten Unternehmen bekannt; sie werden aber nicht als Hinweise auf verborgene Stärken genutzt. Die wenigsten Unternehmen analysieren nämlich, welche Unternehmenskompetenzen diese Erfolge erst möglich gemacht haben, wie diese Kompetenzen häufiger zum Einsatz kommen können, wie sie dem Unternehmen erhalten bleiben, wie erfolgreiche Prozesse wiederholbar werden und Stärken für die Erschließung neuer Leistungsfelder genutzt werden können. Diese systematische Suche nach vorhandenen, aber noch nicht genutzten Potenzialen ist die Leistung des UNIKAT-Vorgehens.

Damit die Identifizierung und Erschließung dieser verborgenen Stärken keine einmalige Aktion bleibt, wurde eine Grundstruktur entwickelt, die die kontinuierliche Weiterentwicklung von Einzigartigkeit gewährleistet.

Die Potenziale eines Unternehmens durchlaufen einen ständigen Kreislauf, der in der UNIKAT-Grundstruktur dargestellt ist (siehe Abb. 1). Meist ist dieser Kreislauf unbewusst und damit auch nicht gesteuert. Die Einzigartigkeit des eigenen Unternehmens zu stärken, bedeutet in erster Linie, diesen Kreislauf bewusst zu gestalten. Die Grundstruktur wird in Kapitel 2.2 mit Einzelschritten, Methoden und praktischen Vorgehensweisen konkretisiert.

---

11 Vgl. Heyd (1993).

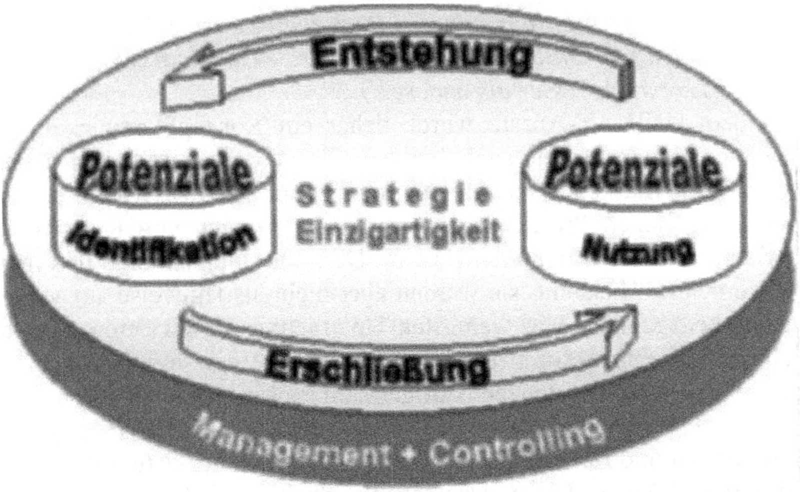

Abb. 1. Die UNIKAT-Grundstruktur der potenzialorientierten Unternehmensführung

Die UNIKAT-Grundstruktur bringt zum Ausdruck, dass potenzialorientiertes Management und Controlling sich auf die Verbindung der beiden Pole von Potenzialidentifikation und -nutzung bezieht. Identifizierte Potenziale werden durch Maßnahmen der Management- und Controllingebene erschlossen und schließlich für den Geschäftserfolg nutzbar gemacht, z.B. in Form von neuen Serviceangeboten. Da Potenziale, insbesondere Wissenspotenziale, sich bei ihrer Nutzung vermehren, entstehen i.d.R. auch wieder neue Potenziale – gezielt oder zufällig. Der Austausch von vorhandenem Wissen kann etwa dazu führen, dass neues Wissen erzeugt wird, ein Potenzial das sich wiederum identifizieren, erschließen und in Form einer Innovation nutzen lässt. Dieser Zyklus vollzieht sich vor dem Hintergrund eines kontinuierlichen Management und Controlling von Potenzialen. Damit wird gewährleistet, dass dieser Prozess sich nicht zufällig vollzieht, sondern bewusst gestaltet und gesteuert wird. Im Zentrum dieses Kreislaufes steht als Ausgangspunkt und Zielstellung die Entwicklung einer Strategie der Einzigartigkeit.

2.1.4 Positionierung: Worauf nimmt der UNIKAT-Ansatz Bezug?

Aus den Fragestellungen, die sich hinter dem beschriebenen Verständnis von Einzigartigkeit verbergen, wird deutlich, dass dieser Ansatz von seiner Vorgehensweise und seiner inhaltlichen Ausprägung wissenschaftlich dem

Bereich der *Corporate Strategy-Forschung* zuzurechnen ist. Dies liegt zum Einen darin begründet, dass die hierbei diskutierten Fragen – z.B.: Über welche unentdeckten Kompetenzen verfügen wir? Wie können wir daraus einzigartige Leistungselemente ableiten? – den Kern der unternehmerischen Strategieentwicklung treffen. Zum Anderen fügt sich der UNIKAT-Ansatz in genau diesen Prozess ein.

Um diesen Zusammenhang besser zu verstehen, lohnt ein kurzer Ausflug in die Entwicklung dieses betriebswirtschaftlichen Forschungsfeldes.[12] Unter dem Stichwort *Corporate Strategy* oder zu deutsch *strategisches Management* versteht man die Festlegung und die Ausrichtung der Unternehmenspolitik (*Business policy*). Im allgemeinen Sprachgebrauch wird das Adjektiv *strategisch* meist dann verwendet, wenn zum Ausdruck gebracht werden soll, dass es um eine Entscheidung mit großer Tragweite geht, die das Unternehmen für eine längere Zeit festlegt. Strategisches Management geht jedoch darüber hinaus und beschäftigt sich mit der Entwicklung einer Strategie, die dem Unternehmen als Referenzpunkt für die davon abzuleitenden Einzelentscheidungen dient. Klassische strategische Positionierungen, wie beispielsweise Kosten- versus Qualitätsführerschaft implizieren jeweils eine ganze Reihe von Einzelentscheidungen, die sich jedoch von ihrem grundsätzlichen Muster an dieser Positionierung orientieren. Dies betrifft bspw. die Produktpolitik, die Produktionsorganisation oder die Vertriebspolitik. Strategie wird daher auch oft als Muster von Entscheidungen bezeichnet.[13]

Diese Entscheidungen sind ihrem Charakter nach stets Entscheidungen unter Unsicherheit und basieren immer nur auf dem als relevant erachteten Ausschnitt der verfügbaren Informationen. Welche Informationen als relevant erachtet werden, hängt vom jeweiligen Blickwinkel bzw. Strategieverständnis ab. Hierbei werden im Schwerpunkt der marktorientierte Ansatz (*market based view*)[14] und der ressourcenorientierte Ansatz (*resource based view*) unterschieden. Sie unterscheiden sich im Wesentlichen durch den Ausgangs- und Bezugspunkt der Strategieentwicklung. Während – verkürzt gesagt – der marktorientierte Ansatz nach Märkten fragt, die ge-

---

12 Eine gute Aufbereitung der Entwicklung des Strategischen Managements findet sich bei Müller-Stevens/Lechner (2001), S. 7ff.

13 Dieses Verständnis geht auf Kenneth R. Andrews zurück, der Strategie als „pattern of objectives, purposes or goals and major policies“ bezeichnet. Vgl. Andrews (1980). Auch Mintzberg/Waters (1985) definieren ihr Strategieverständnis in dieser Weise.

14 Zu den marktorientierten Ansätzen gehören bspw. Markt- und Umfeldanalysen, Szenario- und Trendanalysen, Branchenanalysen, Wettbewerbsanalysen und Konkurrenzanalysen. Eine hohe Verbreitung hat insbesondere das Five-Forces-Modell von Michael Porter erlangt.

winnbringend bedient werden können, stellt der ressourcenorientierte Ansatz die Frage, welche Leistungen vorhandene Kompetenzen und Ressourcen eröffnen können.

Demjenigen Leser, der hier Ähnlichkeiten zum Ansatz der Kernkompetenzen erkennt, sei gesagt, dass der UNIKAT-Ansatz tatsächlich der gleichen Gruppe von Strategieansätzen angehört, nämlich dem *resource based view* der Strategieentwicklung. UNIKAT greift Wissens- wie Fähigkeitspotenziale auf, die sowohl technischer Natur, als auch organisatorischer und sozialer Natur sein können.[15]

Im Unterschied zum Kernkompetenz-Ansatz legt UNIKAT sein Augenmerk nicht ausschließlich auf fertig ausgebildete Kompetenzen, die es nur noch zu erkennen und zu nutzen gilt: Vielmehr ermöglicht der UNIKAT-Ansatz auch, Potenziale zu identifizieren, die zu Kernkompetenzen entwickelt werden können. Das hilft auch denjenigen Unternehmern und Führungskräften weiter, die zunächst noch keine Ansatzpunkte für besonders ausgebildete Kompetenzen finden können.

Der UNIKAT-Ansatz geht aber noch weiter, indem er nicht nur einzelne Kompetenzen identifiziert, sondern auch die Frage nach den zukünftig nutzbaren Kombinationen von Kern- und Basiskompetenzen aufwirft. Einzigartigkeit ist, wie schon angedeutet, nicht zu verstehen, als ein in allen Bestandteilen einzigartiges Angebot, sondern vielmehr als ein eng aufeinander abgestimmtes Netz von Kompetenzen. Porter hat einige überzeugende Beispiele dargestellt, die zeigen, dass erst ein eng aufeinander abgestimmtes Bündel von Aktivitäten zu Einzigartigkeit führt.[16] Southwest Airlines und IKEA sind Beispiele für Unternehmen, die durch ein eng abgestimmtes Bündel von Aktivitäten eine einzigartige Positionierung im Markt erreichten, die für Wettbewerber lange Zeit schwer nachahmbar war.

Abschließend soll noch ein weiterer Eckpfeiler des UNIKAT-Ansatzes dargestellt werden, dem auch im Erfahrungsaustausch der Projektpartner eine große Bedeutung beigemessen wurde: Die *emergente Strategieentwicklung*. Das Emergenzprinzip wurde in verschiedenen Modellen des Strategischen Managements aufgegriffen. Mintzberg und Waters[17] unterscheiden eine Reihe von Schulen der Strategieentwicklung, die im Kern auf zwei unterschiedliche Ausprägungen zurückzuführen sind: Die konsequent vorgeplante (*deliberate*) Strategie und die Strategie, die erst im Nachhinein als solche erkennbar wird, weil sie so nicht geplant war (*emergent strategy*). Gerade der letztere Typus der emergenten Strategie ist häu-

[15] Vgl. Stalk/Evens/Shulman (1993).
[16] Vgl. Porter (1997).
[17] Vgl. Mintzberg/Waters (1985).

fig in kleinen und mittelständischen Unternehmen und in Familienunternehmen anzutreffen. Dort stellt sich Strategie eher als eine Reihe von Einzelentscheidungen und Handlungen dar, für die erst im Nachhinein ein roter Faden erkennbar wird. Es spricht vieles dafür, dass dies kein Zufallsprodukt ist; vielmehr ist die übergeordnete Strategie den Beteiligten implizit klar. Entscheidungen werden darauf aufgebaut, ohne dass diese Strategie explizit formuliert wird. Solange dieser implizite Konsens besteht, bietet sich in der unternehmerischen Praxis meist kein Anlass, über die Strategie zu diskutieren. Ein wesentlicher Vorteil des UNIKAT-Ansatzes besteht darin, dass er auch diesen Typus der emergenten Strategieentwicklung unterstützt – ja mehr noch: Zum Gegenstand aktiven Managements macht. Denn: jede Planung beinhaltet am Anfang ihrer Kette immer ein Element, in dem emergente Effekte zutage treten. Oft werden einzelne Chancen und Stärken für sich genommen isoliert identifiziert und wie Puzzlestücke nach und nach zusammengesetzt, bis diese das Gesamtbild einer Strategie der Einzigartigkeit darstellen. Das gleiche gilt für Unternehmen, die sich von Auftrag zu Auftrag hangeln und den roten Faden ihrer Strategie implizit in Form der abgegebenen Angebote mitentwickeln. Wie dieses Gesamtbild mit mehr Systematik, weniger Zufall und höherer Erfolgswahrscheinlichkeit entwickelt werden kann, beschreibt das folgende Kapitel 2.2 entlang von *Sechs Schritten zur Einzigartigkeit*.

2.2 Sechs Schritte zur Einzigartigkeit

Michael Kohlgrüber, Hans-Georg Schnauffer, Dorit Jaeger, Mark Staiger

Dieses Buch hat den Anspruch zu zeigen, wie Sie die Einzigartigkeit Ihres Unternehmens systematisch ermitteln und ausbauen können. Um diesem Anspruch gerecht zu werden, stellen wir Ihnen ein Referenzmodell vor, mit dem Sie in sechs Schritten zur Einzigartigkeit Ihres Unternehmens gelangen können.

Der Einstieg ist eine einmalige Analyse, die allen Beteiligten deutlich macht wo das Unternehmen herkommt und in welcher Situation es sich gerade befindet. Dazu findet in einer Vorphase eine sog. *Introspektion*[18] statt, d.h. eine Befragung von Führungskräften und ausgewählten Mitarbeitern, die einen Eindruck davon vermitteln, wie das Unternehmen funktioniert. Die Introspektion stellt sicher, dass das weitere Vorgehen auf den unternehmensindividuellen Kontext abgestimmt ist; außerdem hilft sie, Hypothesen zu generieren, wo strategische Potenziale im Unternehmen verborgen sein könnten.

[18] Der Begriff der Introspektion kommt aus der Psychologie und meint die bewusste Selbstbeobachtung des eigenen Erlebens bzw. Selbsterkenntnis bezüglich des eigenen Verhaltens (vgl. Haag (2001)). Übertragen auf Organisationen bedeutet das die Selbsteinschätzung des Unternehmens hinsichtlich der eigenen Verhaltens- und Entscheidungsmuster auf Basis der eigenen Historie.

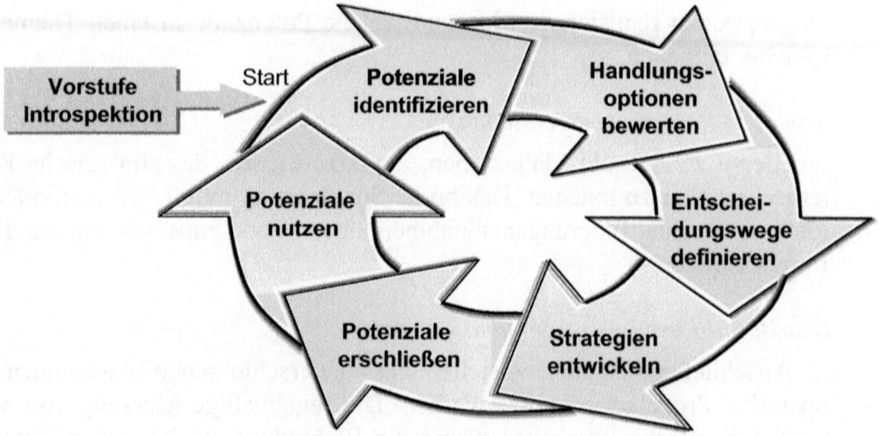

Abb. 2. Sechs Schritte zur Einzigartigkeit

Schritt 1: Potenziale identifizieren

Mit Hilfe des Potenzialscanners werden Sie systematisch angeleitet, nach Indizien für ungenutzte Stärken zu suchen, diesen Indizien genauer nachzugehen und die Bedingungen zur Entfaltung von Stärken zu ermitteln.

Schritt 2: Die Ergebnisse aufbereiten, Handlungsoptionen ableiten und bewerten

Im nächsten Schritt werden Informationen über identifizierte Potenziale zielgruppengerecht aufbereitet und zur Verfügung gestellt. Hier setzt ein kreativer Prozess ein, der mögliche Handlungsoptionen hervorbringt, die im Hinblick auf Erschließungsaufwand und Nutzenpotenzial zu bewerten sind.

Schritt 3: Entscheidungswege definieren

Die identifizierten Potenziale und Handlungsoptionen können in den Strategieentwicklungsprozess eingehen oder auf operativer Ebene erschlossen werden.

Schritt 4: Strategien entwickeln

Informationen über Potenziale und Handlungsoptionen, die in den Strategieentwicklungsprozess eingegangen sind, werden mit anderen Inputs aus diesem Prozess abgeglichen und in eine Entscheidungsvorlage integriert. Dieser Schritt endet mit einer Entscheidung darüber, welche Handlungsoptionen realisiert werden und welche Potenziale in einen Themenspeicher eingehen.

Schritt 5: Potenziale erschließen

Hierzu zählen alle Maßnahmen, die dazu dienen, das strategische Potenzial nutzbar zu machen. Das breite Spektrum an möglichen Aktivitäten reicht von Qualifizierungsmaßnahmen über Workshops bis hin zu IT-Entwicklungen.

Schritt 6: Potenziale nutzen und steuern

Anschließend ist sicherzustellen, dass die erschlossenen Maßnahmen in operative Prozesse integriert werden. Die regelmäßige Messung von potenzialorientierten Kennzahlen und die Einbindung in das unternehmerische Zielsystem macht transparent, inwieweit die richtigen Potenziale richtig genutzt werden.

Auf den nächsten Seiten erfahren Sie, wie die Schritte im Einzelnen ablaufen und welche Maßnahmen sich hinter ihnen verbergen.

2.2.1 Vorstufe Introspektion

Viele Veränderungsprojekte scheitern daran, dass sie nicht anschlussfähig an die vorhandene Unternehmenskultur sind. Der Widerstand der Organisation konterkariert häufig den Nutzen einer Reorganisation.

Diese Gefahr gilt für alle Projekte, in denen – wie es bei der Strategieentwicklung der Fall ist – eine Basis für gemeinsames Handeln gelegt werden soll. So wäre beispielsweise in einem Unternehmen mit einem stark personalisierten Key Account Management eine für alle transparente Kundendatenbank als Wissensbasis nur schwer zu vereinbaren. Das gleiche gilt, wenn in einem Unternehmen, das nur wenig Personalentwicklung leistet oder kein Management by Objectives (Zielvereinbarungsgespräche mit dem Mitarbeiter) betreibt, plötzlich beschließen würde, den Mitarbeiter und seine Potenziale als die wichtigste Ressource darzustellen.

Daher ist es wichtig zu wissen bzw. einzuschätzen, in welchem Kontext eine Veränderung und Weiterentwicklung des Unternehmens stattfinden soll, um die möglichen Reaktionen der Organisation adäquat berücksichtigen zu können. Veränderungsprojekte sind so auszugestalten, dass sie anschlussfähig für die gegebene Unternehmenskultur mit ihren geschriebenen und ungeschriebenen Spielregeln ist. Wenn das unterlassen wird, dann scheitern viele Projekte an der mangelnden Berücksichtigung informeller Regeln – und das, obwohl der Projektplan auf den ersten Blick meist erfolgreich abgearbeitet wurde.

Wenn Sie ein Projekt aufsetzen, das die Ermittlung und die Förderung von Einzigartigkeit zum Ziel hat, dann ist die Berücksichtigung des Kontextes (wie das Unternehmen „tickt") nicht mehr nur ein Faktor zur Vermeidung von Misserfolgen, sondern zentraler Erfolgsfaktor für das Gelingen des Projektes. Denn was auch immer bislang im Unternehmen eine Stärke darstellt, basiert in erheblichem Maße auch auf dem informellen Zusammenspiel von Personen, Fähigkeiten und Prozessen. Gerade die für Ihr Unternehmen positiv wirkenden Bestandteile der Unternehmenskultur gilt es herauszufinden, zu sichern und zu verstärken.

Daher beginnt der Weg zur Einzigartigkeit damit, die gewachsenen Besonderheiten Ihres Unternehmens zu verstehen und sie so in die weitere Entwicklung einzubinden, dass sich eine verstärkende Wirkung ergibt. Genau das ist die große Chance, denn diese Basis ist für Wettbewerber schlichtweg nicht kopierbar.

Wie können Sie vorgehen? In erster Linie werden qualitative Interviews mit Führungskräften, Arbeitnehmervertretern, langjährigen Mitarbeitern und neuen Mitarbeitern durchgeführt. Damit ermitteln Sie nicht nur einen allgemeinen Kontext für den weiteren Projektverlauf, sondern generieren erste Hypothesen, wo Potenzialquellen im Unternehmen liegen könnten. Die ersten Indizien für ungenutzte Stärken werden quasi nebenbei mit erhoben.

Beispiele für den Kontext, in dem sich ein Projekt zur Differenzierung im Wettbewerb bewegt, sind unterschiedliche Typen von Strategieprozessen. Einzelne Anwender des UNIKAT-Vorgehens weisen einen klar strukturierten Prozess von der Entwicklung bis zur Umsetzung von Strategien auf. Andere Anwender haben einen informellen, hochdynamischen Strategieprozess, der v.a. von Personen und Kommunikationsstrukturen geprägt ist. Mittelständische Familienunternehmen entwickeln Strategien nicht selten mit jeder einzelnen unternehmerischen Entscheidung weiter. Die Unternehmensstrategie wird bisweilen erst im Nachhinein sichtbar; sie wird nicht als großes Gesamtbild von vornherein entworfen.

Jeder dieser Strategieprozesse braucht eine unternehmensspezifische Herangehensweise zur Integration des Potenzialscanners. Dies gilt es in jedem Fall neu zu berücksichtigen. Welche Vorgehensweise in welchem Kontext sinnvoll ist, ergibt sich aus den Darstellungen der Unternehmensbeispiele in Kapitel 3.

2.2.2 Schritt 1: Potenziale identifizieren

Unternehmensspezifisch gewachsene Potenziale sind das Fundament, auf dem Sie eine Strategie der Einzigartigkeit aufbauen können und sollten. Gewachsene Kundenbeziehungen, eingespielte Kooperationen, leistungsfähige Kommunikationsstrukturen, informelle Regeln im Unternehmen,[19] das sind nur einige Beispiele für gewachsene Potenziale, die sich nicht kurzfristig nachahmen lassen. Dabei handelt es sich um Stärken, die so allgemein sind, dass sie bei vielen Unternehmen anzutreffen sind. In Wirklichkeit gibt es natürlich noch sehr viel feinere Differenzierungen dieser Potenziale in jedem Unternehmen. Um sie zu finden, müssen Sie lediglich Ihre bisherigen Erfolge analysieren.

Bislang werden in den meisten Unternehmen diese Potenziale nicht gezielt entwickelt und gestaltet, sondern sind im Laufe der Zeit natürlich gewachsen. Genau darin liegt aber das ungenutzte Geschäftspotenzial vieler Unternehmen: Dass sie sich ihrer Stärken nicht bewusst sind, sie nicht gezielt zum Einsatz bringen und durch Veränderungsprojekte bisweilen sogar gefährden.

Bevor wir im Weiteren Struktur und Funktionsweise von Instrumenten zur Identifizierung von Potenzialen darstellen, sei kurz die Philosophie und der Blickwinkel beschrieben, die dem Vorgehen in diesem Schritt zugrunde liegen. Diese können wichtige Impulse für die Unternehmensentwicklung geben, ohne dass aufwendige Analysen stattfinden müssen.

1. Richten Sie den Blick auf Ihre Stärken. Stellen Sie auf dem Weg zur Einzigartigkeit Ihre Stärken in den Vordergrund. Wenn dabei auch Schwächen sichtbar werden, die Sie bei der Entfaltung Ihrer Stärken behindern, dann werden diese gleich mit angepackt – quasi als Nebenprodukt der Potenzialidentifizierung und -nutzung. *Stärken stärken* ist für uns zu einem wichtigen Leitsatz für die Identifizierung und Nutzung von Potenzialen geworden.
2. Potenziale werden häufig nur zufällig entdeckt. Wir haben daher den Anspruch, dem *Zufall auf die Sprünge zu helfen*. Wenn Sie die Prozesse nachvollziehen und analysieren, die in der Vergangenheit zu besonderen Erfolgen geführt haben, dann sind Sie auf dem besten Weg, Ihre spezifi-

---

[19] Es gibt nicht nur informelle Regeln, die den Erfolg eines Projektes gefährden, sondern auch solche, die maßgeblich zum Unternehmenserfolg beitragen. In beiden Fällen ist die Ursache des Erfolgs/Misserfolgs unmittelbar sichtbar. Man spricht meist von einer Unternehmenskultur, die förderlich oder hinderlich für den Erfolg ist.

schen Potenziale zu ermitteln – unabhängig davon, ob Sie detailliert dem Vorgehen folgen wollen, das wir Ihnen im Weiteren vorschlagen.

3. Verbinden Sie Erfahrungen der Vergangenheit mit Visionen für die Zukunft. Ideen und Handlungsoptionen erhalten gewaltigen Auftrieb, wenn sie von persönlichen Visionen getragen sind. Dann kommen die beiden wichtigsten Dinge für die Gestaltung der Zukunft eines Unternehmens/einer Unternehmenseinheit zusammen: Ein Motiv und die Möglichkeit zum Handeln.

Um diese Leitgedanken in ein konkretes Vorgehen umzusetzen, das auch für kleine und mittelständische Unternehmen handhabbar ist, haben wir den Potenzialscanner entwickelt.

Damit wurde ein indirektes Vorgehen gewählt, bei dem nicht die Potenziale an sich, sondern erkennbare Auswirkungen ihrer stillen Existenz gesucht werden.[20] Der Potenzialscanner ist ein methodisches Vorgehen, das anhand von relativ leicht identifizierbaren Indizien Hinweise auf Potenziale liefert, die dann wiederum eine Basis für den folgenden Prozess der Strategieentwicklung darstellen. Diese Indizien lassen sich insbesondere auf den Suchfeldern Kunden, Mitarbeiter, Prozesse, Lieferanten, Wettbewerber finden. Dabei wird das Unternehmen durch Potenzialfilter betrachtet, mit denen die Hinweise auf verborgene Potenziale sichtbar werden. Dies sind sichtbare Zeichen dafür, dass etwas im Unternehmen (sehr) gut läuft: Begeisterte Kunden, unerwartete Aufträge, abgelehnte Anfragen, Erfolgserlebnisse von Mitarbeitern, besondere Talente sind Beispiele dafür. Abb. 3 zeigt die Struktur des Potenzialscanners mit einer Auswahl an Potenzialfiltern.

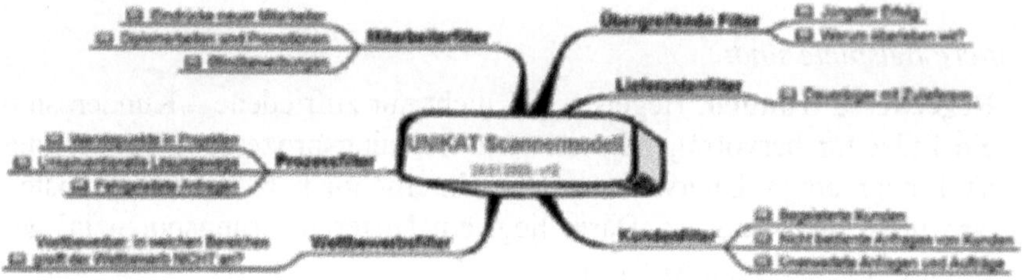

Abb. 3. Auszug aus dem Potenzialscanner

Der komplette Potenzialscanner besteht aus fast 40 Potenzialfiltern.[21] Nach unserer Erfahrung genügt es aber, eine Auswahl von 5-10 Potenzialfiltern zu treffen, um die wichtigsten Potenziale zu ermitteln. Beim Sichten des Scanners werden Ihnen vermutlich schnell einige Hypothesen einfallen, wo Sie selbst Potenziale vermuten. Diese Hypothesen gilt es zu über-

---

20 Vgl. Schnauffer/Kohlgrüber (2002).

21 Vgl. http://www.unikat-forum.com.

prüfen. Außerdem kann die Introspektion (siehe Vorphase) Ihnen helfen, geeignete Potenzialfilter(-gruppen) auszuwählen.

Im Laufe unserer Arbeit mit dem Potenzialscanner hat sich gezeigt, dass die Indizien alles andere als offensichtlich sind. Sie sind zwar permanent im Unternehmen vorhanden; man muss allerdings erst – mit Hilfe der richtigen Potenzialfilter – den Blick in ihre Richtung lenken, bevor sie erkennbar werden.

Ein Beispiel: Der Potenzialfilter *Abgelehnte Anfragen* entstand aufgrund der Erkenntnis eines Anlagenbauers. Danach lassen Anfragen vom Markt, die auf den ersten Blick nicht bedient werden konnten, Rückschlüsse auf die im Außenraum wahrgenommenen Fähigkeiten und Leistungen des Unternehmens zu. Interessant hierbei waren Interpretationen der eigenen Fähigkeiten im Zusammenhang mit der Suche nach neuen Dienstleistungen und Produkten. Bisher waren solche Informationen unter diesem Aspekt nicht vertieft betrachtet worden; sie wurden *zu den Akten gelegt.* Das Potenzial ergibt sich hierbei aus der Tatsache, dass der jeweils Anfragende meist aus einer völlig anderen Branche kommt, über die kaum Wissen im Unternehmen vorliegt. Folglich besteht kaum eine Möglichkeit, Potenziale zu erkennen, die sich aus der Verbindung der eigenen Fähigkeiten mit den Anforderungen der fremden Branche ergeben. Verfolgt man die Diversifizierungswege eines Unternehmens zurück, so lassen sich die Ursprünge vieler zwischenzeitlich etablierter Geschäftsfelder auf genau solche Situationen zurückführen. In der Regel stellt sich heraus, dass dabei der Zufall Regie führte. Mit dem UNIKAT-Ansatz helfen Sie dem Zufall auf die Sprünge.

Weitere Beispiele sind:

- **Begeisterte Kunden**: Begeisterte – nicht nur zufriedene – Kunden sind ein Indiz für hervorragend realisierte Leistungsprozesse. Begeisterung ist immer etwas Unerwartetes. Ihr Unternehmen hat etwas geleistet, was nicht die Regel ist. Darin liegt ein Differenzierungspotenzial gegenüber Ihren Wettbewerbern.
- **Unerwartete Aufträge:** Es gibt Aufträge, für die hätte man eigentlich gar nicht den Zuschlag erhalten dürfen, weil Wettbewerber kostengünstiger anbieten oder weil sie spezialisierter für das jeweilige Kundenproblem sind. Wenn ein Unternehmen dennoch solche Aufträge erhält, dann ist das ein Indiz dafür, dass der Kunde eine Stärke in dem Unternehmen sieht, die dort gar nicht bekannt ist. Diese Stärke könnte – systematisch entfaltet – ein entscheidender Wettbewerbsvorteil sein.
- **Eindrücke neuer Mitarbeiter:** Neue Mitarbeiter nehmen eine Reihe neuer Eindrücke wahr, können positive Überraschungen gegenüber den

eigenen Erwartungen und gegenüber Erfahrungen bei früheren Arbeitgebern formulieren. Sie sind noch nicht solange im Unternehmen, dass spezifische Stärken Ihnen als selbstverständlich erscheinen. Kurzum: Sie sind noch nicht betriebsblind und sind von daher eine ergiebige Informationsquelle bei der Suche nach Potenzialen.

Mit der Auswahl dieser Potenzialfilter sind mögliche und wahrscheinliche Potenzialquellen hinreichend eingegrenzt. Sie wissen nun, in welchen Bereichen Potenziale liegen können. Für das weitere Vorgehen stellt sich die Frage nach methodischer Unterstützung. Hier wurden je nach Unternehmenskontext sehr unterschiedliche Wege eingeschlagen, die nur schwer verallgemeinerbar sind. Dennoch wollen wir anhand der folgenden Abbildung beispielhaft für kundenbezogene Potenzialfilter einen Überblick geben, welche Methoden und Werkzeuge infrage kommen.

Werkzeug	**Auffindbare Potenziale**
Schriftliche Kundenzufriedenheitsanalysen	Sie können identifizieren, welche Kunden begeistert sind und auf welche – standardisiert abgefragten – Leistungen Ihres Unternehmens die Begeisterung zurückzuführen ist.
Mündliche Kundenbefragungen, Kaminabende, Roadshows	Qualitative Interviews fördern Begeisterungsfaktoren zutage, die vorher nicht bekannt waren.
Unaufgeforderte Feedbacks von Kunden	Dankschreiben, Beschwerden von Kunden machen deutlich, was dem Kunden wichtig ist und wodurch seine Anforderungen erfüllt wurden oder unerfüllt blieben.
Befragung von Mitarbeitern mit Kundenkontakt	Mitarbeiter können (Hinter-) Gründe für Begeisterung, unerwartete Aufträge, abgelehnte Anfragen etc. beschreiben. Hier können explizit Unterschiede zwischen gewöhnlichen und außergewöhnlichen Leistungen ermittelt werden.
Customer Relationship Management-System	Informationen über kundenbezogene Potenziale können allen Zielgruppen zeitnah zur Verfügung gestellt werden.
Kommunikationsforen, z.B. Führungsteams, Reportings, *Lessons Learned*	Kundenbezogene Informationen können in Kommunikationsforen ausgetauscht werden. Hier können Einschätzungen ausgetauscht werden, welche Potenziale in (abgelehnten) Anfragen, (unerwarteten) Aufträge liegen.

Abb. 4. Werkzeuge zur Identifikation kundenbezogener Potenziale

Unsere Erfahrungen haben gezeigt, dass man meist auf eine Reihe von Methoden und Informationen, die bereits verwendet werden, zurückgreifen kann. Kundenbefragungen, Reportings, Teamsitzungen, Reklamationsbearbeitung u.a. sind Prozesse, die in vielen Unternehmen bereits zum Einsatz kommen. Sie brauchen oft nur entsprechend angepasst zu werden, d.h., das Auswertungsprozedere wird um eine potenzialorientierte Sichtweise ergänzt. So können z.B. die Potenzialquellen *Unerwartete Aufträge*, *Abgelehnte Anfragen* zu einem regelmäßigen Tagesordnungspunkt von Vertriebs- und/oder Führungskräfteteams werden.

Zwei Anwender des UNIKAT-Ansatzes, STACO Stapelmann (s. Kap. 3.2) und M+W Zander (Kap. 3.5) haben gute Erfahrungen damit gemacht, potenzialorientierte Informationen über Kunden im Führungsteam auszutauschen. Was aus Sicht der einzelnen Führungskraft nicht geht – „Das können wir so/in der Zeit nicht fertigen!“ – oder nicht besonders rentabel erscheint – „Das lohnt sich für uns nicht!“ –, wird häufig erst dadurch zum (strategischen) Potenzial, dass Informationen und Einschätzungen aus anderen Bereichen hinzukommen, die zusammengenommen erst das ganze Spektrum von Möglichkeiten des Unternehmens abbilden – ein praktisches Beispiel für nützliches Wissensmanagement bei einem kleinen mittelständischen Unternehmen. Potenzialidentifizierung beginnt häufig mit den Worten: „Das glaube ich nicht, dass das nicht gehen soll ...“.

Die Beurteilung von Potenzialen aus verschiedenen Bereichsperspektiven zeichnet ein realistisches Bild davon, was geht, welche Möglichkeiten genutzt werden können, um eine Leistung anzubieten, die der Kunde beim Wettbewerber so nicht erhält.

Gute Erfahrungen konnte die Firma März auch mit der Durchführung von Kaminabenden mit den Entscheidern wichtiger Kunden (d.h. dauerhaften Kunden mit erheblichem Umsatzanteil) machen. Fragen Sie bei so einer Gelegenheit einmal danach, wie Sie Ihre Kunden bei der Realisierung von deren Unternehmensstrategien unterstützen können. Finden Sie heraus, was Kunden Ihnen zutrauen. Das wird Ihnen einige Einschätzungen zu Ihren Kompetenzpotenzialen liefern. Näheres dazu können Sie im Beitrag der März Network Services AG (Kap. 3.3) nachlesen.

Ein weiteres großes Suchfeld für interne Potenziale stellen Mitarbeiterbezogene Potenziale dar. Dabei geht es nicht um Programme, die Potenzialträger für Führungspositionen identifizieren und fördern, sondern um bislang ungenutztes Wissen, Fähigkeiten und Interessen, die für die Entwicklung neuer Produkte und Dienstleistungen genutzt werden können. Folgende Methoden haben sich dafür als hilfreich erwiesen:

Werkzeug	Auffindbare Potenziale
Mitarbeitergespräche (incl. Beurteilungs-, Zielvereinbarungs-, Personalentwicklungsgespräche)	Diese Tools sind häufig darauf fokussiert, Defizite von Mitarbeiter zu identifizieren und mit Weiterbildungsmaßnahmen zu beseitigen. Die Ergänzung einer stärkenorientierten Sichtweise fördert zutage, welche Aufgabe ein Mitarbeiter übernehmen sollte, um seine Stärken voll ausspielen zu können. Häufig ist der richtige Mitarbeiter nur auf dem falschen Platz eingesetzt.
Der 100-Tage-Bericht	Neue Mitarbeiter sind noch nicht betriebsblind; für sie ist noch nichts selbstverständlich. Daher können diese interessante Rückmeldungen über Potenziale und Verbesserungsbereiche im Unternehmen geben.
Ideenwerkstatt	In jedem Unternehmen gibt es Tüftler, die in ihrer Freizeit an technischen Lösungen arbeiten, die zur Entwicklung neuer Produkte oder für die Öffentlichkeitsarbeit genutzt werden könnten – wenn diese Tüftler und deren Talent bekannt wäre. Die *Ideenwerkstatt* bietet diesen Tüftlern die Möglichkeit, ihre Ideen mit Ressourcen des Unternehmens auszuprobieren.
Skill-Datenbank, Qualifikationsmatrix	Diese Werkzeuge vermitteln einen Überblick darüber, über welche Qualifikationen Mitarbeiter verfügen. Eine Ergänzung um zusätzliche Fähigkeiten und Interessen, die nicht auf der aktuellen Position abgefordert werden, zeigt das Spektrum an vorhandenen Kompetenzen. Sie werden nutzbar, wenn der Mitarbeiter mit neuen Aufgaben betraut wird, z.B. zur Entwicklung/Herstellung neuer Leistungen, für die das Unternehmen zusätzliche Kompetenzen benötigt

Abb. 5. Werkzeuge zur Identifikation mitarbeiterbezogener Potenziale

Auch im Falle der Mitarbeiterpotenziale zeigt sich, dass Sie auf vorhandene Methoden zurückgreifen können, um Potenziale zu identifizieren. Bei der Festo AG & Co. KG (Kapitel 3.6) haben wir zunächst alle bereits vorhandenen Tools der Personalarbeit daraufhin überprüft, ob sie sich dazu eignen, Mitarbeiterpotenziale zu ermitteln. Einige Tools wurden potenzialorientiert weiterentwickelt, z.B. das Beratungs- und Fördergespräch, andere wie z.B. die Qualifikationsmatrix wurden komplett neu entwickelt. Ob im Mitarbeitergespräch oder über die Qualifikationsmatrix – wichtig ist ein Perspektivenwechsel, um über Methoden, die üblicherweise Schwächen aufdecken, Hinweise auf potenzielle Stärken zu erkennen. Es hat sich als sehr hilfreich erwiesen, diesen Perspektivenwechsel direkt in die Methoden einzubauen, d.h. explizit Fragen und Auswertungsprozeduren einzuarbeiten, die sich auf (ungenutzte) Stärken beziehen. Z.B. enthält das Mitarbeitergespräch nun explizit Fragen wie: „Welche Ihrer Stärken werden auf der derzeitigen Stelle nicht genutzt?". Ein überarbeiteter Prozess der Mitarbeiterbeurteilung beinhaltet nun explizit zwei Seiten: Die Behebung von Schwächen und die Nutzung von Stärken. Details dazu können Sie im Erfahrungsbericht der Festo AG & Co. KG (Kap. 3.6) nachlesen.

Im nächsten Schritt werden die Strategischen Potenziale aufbereitet.

2.2.3 Schritt 2: Die Ergebnisse aufbereiten, Handlungsoptionen ableiten und bewerten

Die Ergebnisse der Scanneranwendung sind so aufzubereiten, dass Sie als Empfänger dieser Information einen schnellen Überblick über vorhandene Potenziale erhalten, bei Bedarf aber auch nachvollziehen können, wie diese Potenziale ermittelt wurden. Die Form der Aufbereitung sollte sich nach den bei Ihnen im Haus üblichen Informations- und Entscheidungswegen richten: Potenzialinformationen können in vorhandene Reporting- und Meeting-Strukturen eingehen und in der dort üblichen Form präsentiert werden. Die Informationen können aber auch IT-gestützt so aufbereitet werden, dass der einzelne Empfänger individuelle Auswertungen an seinem PC vornehmen kann. Wichtig ist nur, dass an dieser Stelle noch keine Potenziale weggelassen oder zusammengefasst werden. Das kann zu Informationsverlusten führen, noch bevor die eigentliche Interpretation und Bewertung der Potenziale stattgefunden hat.

Gute Erfahrungen haben wir damit gemacht, die Ergebnisse der Scanneranwendung klar zu strukturieren, etwa entlang der Kriterien, die in Abb. 6 dargestellt sind: Neben einem Überblick über vorhandene Potenziale kann sich der interne Kunde der Scannerinformation ein Bild davon machen, welche Potenziale an vorhandene Aktivitäten angekoppelt werden können, so dass ihre Erschließung nur geringen Zusatzaufwand erzeugt.

Filter	Potenziale	Einflussgrößen	Vorhandene Maßnahmen z. Potenzialerschl.	Neue Maßnahmen zur Potenzialerschl.
Was trauen Kunden, Lieferanten, Wettbewerber uns zu?	Spezialitäten firma	• Vielfalt an Arbeitsgebieten • Diversifizierung		
Instrumente: • Befragung v. Vertriebspartnern • Marktforschungsinstituten	Kundenkontakte	• Nähe • Bedürfnisse • System-Know-How • Vertrauen • Ehrlichkeit • Tradition	• Kenntnisse und Innovationen aktiv nach außen präsentieren • Im Kundengespräch nachfragen, damit eine realistische Einschätzung des Entwicklungsaufwands zur Realisierung der Kundenwünsche u. des Produktpreises erfolgen können	• Anpassung der eigenen Vertriebsstruktur an die Organisation des Kunden • Bewertung von exotischen Kundenanfragen • Kundenkontaktzentrum

Abb. 6. Beispiel einer Potenzialliste

Einen Wert kann man Potenzialen allerdings erst dann beimessen, wenn klar ist, was Sie daraus machen können. Das heißt: Aus Potenzialen müssen Handlungsoptionen werden. In moderierten Workshops, Teamsitzungen, Strategiesitzungen werden kreative Prozesse initiiert, die der Ideenfindung dienen. Aus Potenzialen werden Handlungsoptionen, wenn vorhandene Ressourcen die Umsetzung einer Vision, einer Produktidee, einer neuen Dienstleistung ermöglichen, die Sie vielleicht schon seit einiger Zeit beschäftigt. Einige Suchfelder liefern die Handlungsoptionen gleich mit den Potenzialen mit. Die Aussage Ihrer Kunden, dass diese Ihnen die Generalunternehmerschaft für IT-Fragen zutrauen, verweist nicht nur auf Kompetenzen, auf die Sie aufbauen können. Die Kunden liefern Ihnen die Strategie gleich mit. Strategie heißt in diesem Sinne auch, Kunden zuhören zu können. Wenn Sie dann über die Ermittlung mitarbeiterbezogener Potenziale auf Kompetenzen stoßen, die Ihnen bislang zur Realisierung einer Generalunternehmerschaft zu fehlen schienen, dann haben Sie damit bereits den Weg zur Umsetzung vor Augen. Dies ist ein reales Beispiel für ein Projekt zur Identifizierung von strategischen Potenzialen. In Kapitel 3.3 können Sie am Beispiel der Firma März Internetwork Services mehr darüber nachlesen.

Da nicht alle gefundenen Handlungsoptionen gleichzeitig erschlossen werden können, muss nun eine Bewertung stattfinden. Die Kriterien unterscheiden sich natürlich von Fall zu Fall. Das folgende Portfolio (Abb. 7) zeigt eine verallgemeinerbare Bewertung entlang der Kriterien *Nutzungsgrad, Beitrag zur Einzigartigkeit* und *Schwierigkeit der Erschließung*. Aus welchen Einzelaspekten sich diese Kriterien zusammensetzen, lässt sich nur unternehmensspezifisch definieren. In Kapitel 3.7 finden Sie bei den Darstellungen der Freudenberg Dichtungs- und Schwingungstechnik KG Beispiele dafür.

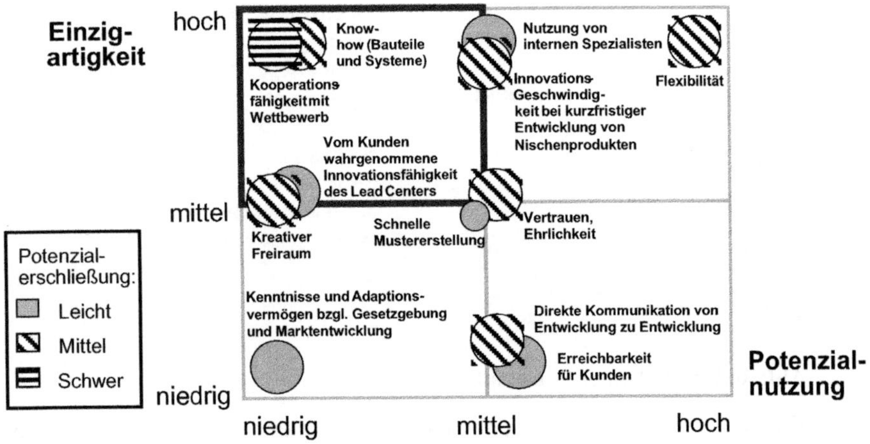

Abb. 7. Portfolio zur Bewertung von Potenzialen/Handlungsoptionen

2.2.4 Schritt 3: Entscheidungswege definieren

Nicht jede Handlungsoption, die Sie mit dem geschilderten Vorgehen ermitteln, ist strategischer Natur. Es gibt auch eine Reihe von Optionen, über die Führungskräfte direkt vor Ort entscheiden können. Ziel dieser Bewertung ist, den Teil der identifizierte Potenziale und Optionen herauszufiltern, der aufgrund seines offensichtlichen und direkten Anwendungsnutzens sofort zur Erschließung freigesetzt werden kann. Dies setzt folgende Eigenschaften voraus:

- Die Entscheidung fällt in den Verantwortungsbereich der jeweiligen Führungskraft; andere Bereiche sind nicht unmittelbar betroffen.
- Der Aufwand zur Erschließung von Potenzialen ist gering.
- Eine Kollision mit übergreifenden strategischen Zielen besteht nicht.

Mit dieser Einstufung von Optionen wird verhindert, dass der nachfolgende Schritt der Strategieentwicklung durch eine Übermenge vermeintlich strategierelevanter Potenziale gebremst oder verstopft wird. Die Möglichkeit, operativ vor Ort über Potenziale zu entscheiden, stellt somit einen Strategieentwicklungs-*Bypass* dar.

Unserer Erfahrung nach ist diese Unterscheidung in kleinen und mittelständischen Unternehmen nicht immer erkennbar. Dort ist die Geschäftsführung vielfach auch an operativen Entscheidungen beteiligt, die manchmal erst im Nachhinein als Strategie erkennbar werden. Sie werden diesen Schritt daher nicht in jedem der Praxisbeispiele in Kapitel 3 wiederfinden.

2.2.5 Schritt 4: Strategien entwickeln

Anschließend ist zu definieren, wo die Anknüpfungspunkte zwischen der Identifizierung von Potenzialen und der Entwicklung/Umsetzung von Strategien liegen, damit transparent ist, wo Potenzialinformationen in den Strategieprozess Eingang finden. Generell bewegen wir uns mit der Potenzialidentifizierung im Feld der strategischen Analyse. Das heißt: Auf Basis einer Vielzahl von Informationen über die eigenen Ressourcen, Stärken und Schwächen sowie von Informationen über das Unternehmensumfeld (Märkte, Kunden, Wettbewerber, Lieferanten etc.) werden Entscheidungen über die zukünftige Strategie des Unternehmens getroffen.

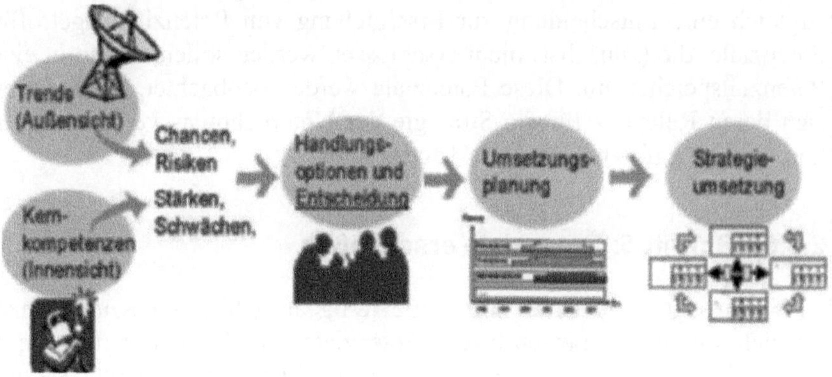

Abb. 8. Der Strategieprozess

Strategische Potenziale sind zu verstehen als eine Art Frühindikator für mögliche zukünftige Kernkompetenzen. Potenziale können in der Zukunft einen wesentlichen Beitrag zur Differenzierung im Wettbewerb leisten, sie können aber gegenwärtig noch nicht als ausgeprägte und voll wirksame Stärken (bzw. Kernkompetenzen) angesehen werden.

Die Strategieprozesse von Unternehmen sind allerdings weit weniger homogen als die obige Darstellung (Abb. 8) vermuten lässt. Wir haben den Potenzialscanner in Unternehmen mit klar definierten Strategieprozessen einsetzt, die von der Formulierung einer Vision, einer Mission über strategische Ziele bis zur Umsetzung mit der Balanced Scorecard reichen. Der Potenzialscanner hat aber auch Impulse für Prozesse geliefert, in denen Strategien durch eine Reihe von Entscheidungen nach und nach wachsen, also nicht von vornherein durchgeplant sind.

Potenziale bzw. Handlungsoptionen müssen so aufbereitet werden, dass sie für strategische Entscheidungsprozesse, wie sie im Unternehmen üblich sind, anschlussfähig sind. Das kann etwa eine Entscheidungsvorlage sein, die für ein Strategiemeeting erstellt wird oder ein bedarfsweise zusammengestellter Potenzialbericht, auf den ein Geschäftsführer zurückgreift, wenn Entscheidungen mit Strategierelevanz zu treffen sind.

Damit findet ein Abgleich mit der gesamten Unternehmensstrategie statt, der sicherstellt, dass keine isolierte oder unvernetzte Entscheidung getroffen wird. Die Ausgestaltung des Strategieentwicklungsprozesses im engeren Sinne (z.B. Vorbereitung und Durchführung der entsprechenden Strategie-Meetings) ist nicht Gegenstand dieses Buches – wir setzen an dieser Stelle einen funktionierenden Strategieprozess voraus.

Die eigentliche strategische Entscheidung im Kontext des hier formulierten Weges zur Einzigartigkeit findet immer fallbezogen statt. Sie erstreckt sich immer nur auf einzelne Potenziale bzw. Handlungsoptionen; sie ist aber immer mit der Gesamtstrategie abgestimmt. Damit wird zugleich eine Entscheidung zur Erschließung von Potenzialen getroffen. Potenziale, die (zunächst) nicht erschlossen werden sollen, gehen in einen Potenzialspeicher ein. Diese Potenziale werden beobachtet, ob und wann sich deren Relevanz für die Strategie des Unternehmens verändert. Dann kommen sie ggf. wieder auf die Tagesordnung.

2.2.6 Schritt 5: Potenziale erschließen

Wie gesagt, Potenziale sind keine fertig ausgebildeten Kompetenzen, die sich unmittelbar nutzen lassen. Potenziale sind Ansätze, auf denen ein Unternehmen auf seinem Weg zur Einzigartigkeit aufbauen kann. Sie müssen erst noch erschlossen werden, bevor sie regelmäßig genutzt werden können. Beispielsweise sind Software-Kenntnisse von Hardware-Spezialisten im Netzwerkgeschäft eine willkommene Kompetenz-Basis auf dem Weg zum IT-Generalunternehmer, auf der man aufbauen kann. Sie werden aber in aller Regel nicht ausreichen, um für alle Kundenanfragen gewappnet zu sein, die zu den jeweiligen Softwareproblemen zu erwarten sind.

Maßnahmen, die denkbar sind, reichen von Qualifizierungen bis hin zu Kooperationen. Eine Vielzahl möglicher Maßnahmen wird im Kapitel 3 dieses Buches dargestellt. Sie reichen von Verkaufstrainings, der Einrichtung eines Showrooms, Verträgen mit Kooperationspartnern, Ideenwerkstätten, über die Entwicklung einer neuen Unternehmenssprache, die Verkürzung von Lieferzeiten bis hin zur Formulierung neuer Erfolgskennzahlen.

Die Erfahrung zeigt uns, dass für die Ableitung von Maßnahmen keine generalisierten Methoden die erforderliche unternehmerische Entscheidungs- und Handlungskompetenz ersetzen können. Hier sind die Strategie- und Umsetzungskompetenz des Unternehmers gefragt.

2.2.7 Schritt 6: Potenziale nutzen und steuern

Der Wert eines Potenzials entfaltet sich erst, wenn es regelmäßig genutzt wird, wenn Stärken, die bislang nur zufällig zur Geltung kamen, gezielt eingesetzt werden. Dabei geht es darum, die Veränderungen, die mit der Erschließung von Potenzialen verbunden sind, nachhaltig in den operativen Prozessen zu verankern.

Darin liegt eine große Herausforderung. Sicher kennen Sie auch Berichte von der Einführung eines Intranets, das aber keiner genutzt hat, weil die Mitarbeiter weiterhin zum Telefon gegriffen haben oder Sie kennen Berichte von Wissensmanagement-Tools, die ebenfalls niemand genutzt hat. Selbst bei derart IT-fokussierten Vorhaben stellt sich heraus, dass bis zu 90 Prozent des Aufwands für solche Projekte nicht zur Bereitstellung der technischen Lösung, sondern für Change Management-Aufgaben benötigt werden. Diese Aufwände haben regelmäßig zum Ziel, Veränderungen in den Einstellungen und im Verhalten von Mitarbeitern herbeizuführen, ohne die die technische Lösung häufig nicht wirksam ist.

Diese Erkenntnis gilt nicht nur für technische Lösungen. Wenn Sie als mittelständischer Unternehmer feststellen, dass Sie sich mit Sonderanfertigungen von Ihren Wettbewerbern unterscheiden können, bisher Ihren Erfolg aber anhand von Quadratmetern, Tonnen oder Stückzahlen Ihres Produktes festgemacht haben, bedarf es einiger Anstrengungen, um die Neuausrichtung des Unternehmens in Ihren operativen Prozessen zu verankern. Das bedeutet z.B., Führungskräfte und Mitarbeiter dafür zu sensibilisieren, dass der Erfolg in einer hohen Flexibilität, in einer großen Anzahl neuer Kunden, in einem hohen Deckungsbeitrag besteht. Die Maßstäbe für den eigenen Erfolg und damit die eigene Motivation verändern sich. Solange akquirierte oder produzierte Mengen die maßgeblichen Faktoren sind, die das Selbstbewusstsein Ihrer Mitarbeiter ausmachen, werden Sie niemanden damit begeistern können, kleine Serien zu fertigen.

Welche Veränderung auch immer ansteht, in jedem Falle ist es ratsam, ein laufendes Erfolgscontrolling durchzuführen, um beurteilen zu können, ob

a) die richtigen Potenziale zur Erreichung strategischer Ziele ausgewählt wurden und
b) Potenziale konsequent genutzt werden.

Ad a) Wenn es sich bei den Veränderungen um die Nutzung strategischer Potenziale handelt, dann sollten die Auswirkungen auf strategische Ziele transparent gemacht werden. Zielsysteme wie die Balanced Scorecard bieten einen geeigneten Rahmen dafür. Durch ihre mehrdimensionale Aufgliederung in mehrere Perspektiven – eine davon ist die Potenzialperspektive – aus denen heraus die Unternehmensstrategie beurteilt werden kann, bietet sie konkrete Anknüpfungspunkte zur Messung der Potenzialnutzung im Unternehmen. Über Ursache-Wirkungs-Ketten lässt sich der Beitrag strategischer Potenziale zur Vision des Unternehmens nachvollziehbar darstellen. Der Zusammenhang zwischen strategischem Potenzial und übergeordneten strategischen Zielen ist damit messbar und steuerbar.

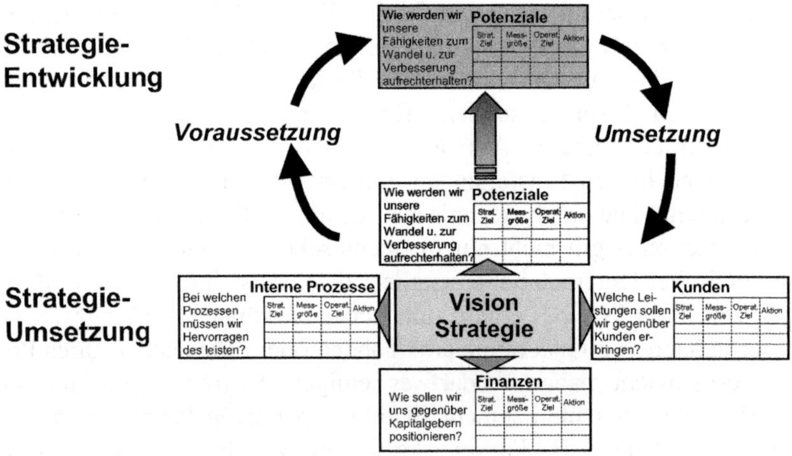

Abb. 9. Die Balanced Scorecard

Diese Abbildung verdeutlicht, dass die Balanced Scorecard nicht nur die Umsetzung einer gegebenen Strategie leistet, sondern auch in der Lage ist, Elemente, die für die Strategie Eingangsgrößen darstellen, wie beispielsweise der Aufbau von IT-Kompetenzen, abzubilden und damit zum Gegenstand von Management und Controlling zu machen. Aus Sicht des UNIKAT-Ansatzes fügt sich die Balanced Scorecard in das potenzialorientierte Verständnis der Strategie- und Unternehmensentwicklung im Unternehmen gut ein.[22]

Ad b) Die konsequente Ausnutzung eines Potenzials lässt sich anhand von Kennzahlen prüfen, auch wenn sie keinen direkten Strategiebezug nachweisen. Es handelt sich dabei eher um ein Controlling der Umsetzungsstärke eines Unternehmens für geplante Veränderungen. Da es sich bei den hier dargestellten Potenzialen eher um soft facts handelt, stehen häufig keine oder wenige geeignete Kennzahlen im Unternehmen zur Verfügung. Wenn Sie sich die Frage stellen, woran Sie erkennen werden, dass sich etwas in Ihrem Unternehmen verändert hat, dann steht Ihnen häufig schon ein Bewertungskriterium für das Erfolgscontrolling zur Verfügung.

2.2.8 Die Entstehung neuer Potenziale – der Kreis schließt sich

Unabhängig davon, ob Sie gezielt neue Kompetenzen erwerben oder sich Potenziale ungeplant entwickeln, in jedem Fall entstehen kontinuierlich neue Potenziale. Mit jedem neuen Mitarbeiter, jedem Erfolg, jeder Kundenanfrage können neue Potenziale entstanden sein. Wir erheben nicht den Anspruch, Potenziale umfassend zu steuern. Was wir mit dem hier dargestellten Vorgehen erreichen wollen, ist folgendes: Wir wollen vermeiden, dass vorhandene Potenziale übersehen werden, dass vorhandene Stärken unerkannt bleiben, dass Potenziale/Stärken versehentlich gefährdet werden, weil sie nicht bekannt waren. Daher schließt sich der Kreis mit der erneuten Identifizierung von Potenzialen – wie auch immer sie letztlich entstanden sein mögen. In der Beherrschung dieser emergenten Prozesse liegt der Schlüssel zu Wandel und Wachstum für die Zukunft.

---

22 In der Balanced Scorecard Literatur wird die Funktion der Potenzialperspektive als Treiber für zukünftige Strategien und als Voraussetzung für zukünftige Anpassungs- und Wandlungsfähigkeit betont (Horvath & Partner, 2000). Details dazu, was die Balanced Scorecard ist, wie man sie einführt, was sie für einen potenzialorientierten Ansatz der Strategieentwicklung leistet sowie eine Übersicht über Kennzahlen der Potenzialperspektive finden Sie in Jaeger et al (2002).

3 Fallbeispiele zur praktischen Anwendung des UNIKAT-Ansatzes

3.1 Überblick: Welches Unternehmen setzt welche Methoden ein?

Mark Staiger

Im folgenden Kapitel werden die beteiligten Unternehmen ihre Vorgehensweisen von der Identifikation von Potenzialen bis hin zur Stärkung ihrer Einzigartigkeit darstellen. Ihre Ergebnisse und Erfahrungen sind so vielfältig, wie es ein Ansatz zur Einzigartigkeit von Unternehmen erwarten lässt. Da jedes Unternehmen in einem spezifischen Umfeld agiert, das sowohl durch die Branche als auch durch die eigene Unternehmensvergangenheit geprägt ist, wurde der jeweilige Schwerpunkt zur Umsetzung des UNIKAT-Ansatzes sehr unterschiedlich gewählt. Trotz dieser Unterschiedlichkeiten arbeiten alle Unternehmen mit dem gleichen Instrumentarium, das sich mit jedem Schritt auf dem Weg zur Einzigartigkeit in eine Vielzahl von Varianten ausdifferenziert. Folgende Beispiele der Anwendung, Umsetzung und Erfolge werden Ihnen in den Abschnitten 3.2 bis 3.7 dargestellt:

Für den mittelständischen Gitterrosthersteller STACO Stapelmann GmbH zeichnet sich durch Sammlung und Bewertung von internen Potenzialen ein Weg ab, wie sich das Unternehmen in einem hart umkämpften Wettbewerb behaupten kann. Bei der Anwendung des Potenzialscanners stellte sich heraus, dass STACO über Kompetenzen verfügt, die auch außerhalb der bisher bearbeiteten Marktsegmente von Kunden honoriert werden. Durch die Fokussierung auf Sonderaufträge und die Diversifizierung in kleinere Marktsegmente hat STACO einen Weg aus dem Kostenwettbewerb gefunden.

Die März Internetwork Services AG, ein mittelständischer Netzwerkdienstleister, hat mit Hilfe des UNIKAT-Ansatzes Kompetenzpotenziale identifiziert, die das Unternehmen zu einer Strategie des IT-Generalunternehmers befähigen. Die Anwendung des Potenzialscanners hat sowohl Hinweise zur Identifikation neuer Kundenzielgruppen ergeben als auch wichtige Anregungen für die Produktentwicklung hervorgebracht. Die Nutzung von Mitarbeiterpotenzialen wurde durch Zielvereinbarungsgespräche und eine gezielte Personalentwicklung im Rahmen der März-Akademie in einen standardisierten Prozess integriert.

Die Vodafone Pilotentwicklung GmbH, ein Think Tank des Telekommunikationsunternehmens, sieht vor allem in der Vernetzung und Kommunikation ein Potenzial für kreative Prozesse und der Veredlung von Projekt- und Produktideen. Um die im Unternehmen vorhandenen Potenziale zu heben, wurde eine Vielfalt von Methoden und Maßnahmen entwickelt. Sie beinhalten Gesprächsforen und Workshops, elektronische Medien, Marktplätze und Potenzialpromotoren.

Der Hersteller und Betreiber von Chipfabriken M+W Zander Facility Engineering GmbH hat den Potenzialscanner in eine Collaboration Plattform integriert. Mit der Anbindung des Potenzialscanners an das Customer Relationship Management System konnten neue Absatzchancen durch die potenzialorientierte Auswertung von Vertriebsdaten erschlossen werden. Zur Identifikation von Mitarbeiterpotenzialen wurde der Mitarbeitergesprächsbogen um eine potenzialorientierte Perspektive erweitert. Die Nutzung von strategischen Potenzialen geschieht bei M+W Zander durch die Aufnahme einer Potenzial-Dimension in die Unternehmens-Roadmap.

Die Festo AG & Co. KG, der weltweit führende Hersteller von Pneumatik-Komponenten für die Automatisierungstechnik, hat eine Vielzahl von personalwirtschaftlichen Tools potenzialorientiert weiterentwickelt. Die Identifizierung von Potenzialen stand neben den täglichen und operativen Anforderungen an diese Tools im Vordergrund. Mit der Entwicklung eines strategischen Potenzialscanners werden darüber hinaus Informationen über Potenziale und Handlungsoptionen zur Weiterentwicklung von Strategien im Human Resources Management gewonnen.

Die Freudenberg Dichtungs- und Schwingungstechnik KG, europäischer Marktführer in diesem Segment, hat eigene nicht genutzte Stärken als Wettbewerbsvorteil zur Differenzierung entdeckt. Die Stärken werden in wissensbezogenen, fähigkeitsbezogenen und kooperationsbezogenen Potenzialen gesehen. In Abhängigkeit von der Einzigartigkeit dieser ungenutzten Potenziale wurden bei Freudenberg Dichtungs- und Schwingungstechnik Schlussfolgerungen für die Innovationsstrategie abgeleitet.

Das Kapitel 3 endet mit einer Zusammenfassung aller Unternehmensbeiträge, die auch Aussagen über die unterschiedliche Ausprägung der einzelnen Potenzialscanner und mögliche Einflussfaktoren enthält. Dieser Abschnitt liefert damit auch für andere Unternehmen konkrete Anhaltspunkte zur Ausgestaltung ihres eigenen Potenzialscanners.

3.2 Mittelstandsgerechte Strategieentwicklung und -umsetzung bei der STACO Stapelmann GmbH

Jan Stapelmann, Piet Stapelmann, Susanne Ollmann

3.2.1 Das Unternehmen

Die STACO Stapelmann GmbH ist ein europäischer Gitterrost-Hersteller mit Produktionsstandorten und Feuerverzinkereien in Deutschland, Belgien, Polen und den Niederlanden sowie zusätzlichen Vertriebsniederlassungen in weiteren Ländern der EU. Das Familienunternehmen gründete sich 1952 in Neuss/Rheinland und hat heute seinen Sitz in Hückelhoven-Baal. Ca. 330 Mitarbeiter arbeiten in den vier STACO-Werken in den Geschäftsfeldern STACO Classic (Gitterroste für den Industrie- und Anlagenbau), STACO Individuell (Gitterroste außerhalb des Standardprogramms), STACO Design Aero (Gitterroste als Design- und Fassadenelemente), STACO Green (Gitterroste für den Kommunal- und Gartenbereich), STACO Feuerverzinkerei (Oberflächenbehandlung).

3.2.2 Ziele, Ausgangssituation und Lösungsansatz

Angesichts einer nachlassenden Differenzierung der STACO gegenüber dem Wettbewerb über die Produkte und bedingt durch das Auftreten von Billiganbietern suchte STACO nach neuen Wegen, um die Preise für eigene Leistungen stabil halten zu können. Wachstum war der Rahmen der Strategieentwicklung, um Kunden und Lieferanten zukünftig selbstbewusster gegenübertreten zu können – und mit steigender Marktmacht mehr Einfluss auf Einkaufs- und Verkaufspreise zu nehmen. STACO wechselte zur weiteren Expansion den Standort innerhalb von Nordrhein-Westfalen. Die Fertigungstiefe wurde gezielt durch den Aufbau einer eigenen Bandspaltanlage und Feuerverzinkerei gesteigert. Mit der Eigenfertigung eines weiteren Gitterrosttyps wuchs die Wertschöpfung. Die Mitarbeiterzahl in Hückelhoven erhöhte sich innerhalb von 12 Monaten von 50 auf 100.

Die Wettbewerbssituation verschärfte sich dennoch drastisch. Neben Extrem-Subventionen für einen Mitbewerber, die bis heute anhaltende Wettbewerbsverzerrungen zur Folge haben, war ein enormer Rückgang an

Investitionen im wichtigsten Marktsegment Industrie- und Anlagenbau zu verzeichnen, der zu drastischem Preisverfall und darüber zu Umsatzeinbußen und Verlust von Marktanteilen in angestammten Märkten führte. Eine Strategie, die allein auf Wachstum ausgelegt war, konnte diesen massiven Umfeldveränderungen nicht gerecht werden. Es galt nun, die bestehende Globalstrategie zu konkretisieren. Erfolgskriterien sollten sein:

- Weiteres – aber moderates – Wachstum zu realisieren,
- Alleinstellungsmerkmale herauszuarbeiten,
- Preissicherung durch Differenzierung zu erreichen,
- Den Weg für eine kundenindividuelle Service-Produktion zu ebnen,
- Die Realisierung des Wachstums durch eine strategieorientierte Personalentwicklung zu unterstützen,
- Mitarbeiterschulungen konsequent auszubauen,
- Die operative Hektik im Tagesgeschäft zu reduzieren.

Da bisherige Strategien zur Differenzierung im Wettbewerb (v.a. Produkte, Innovationen) nicht mehr erfolgversprechend waren, suchte die Unternehmensleitung nach neuen Wegen, den Wettbewerb zu gestalten. Diese Wege waren dort zu suchen, wo STACO anders ist als seine Konkurrenten; zudem muss die Andersartigkeit einen klaren Kundennutzen versprechen. Kurzum: Es galt herauszufinden, worin STACO einzigartig ist oder noch werden kann.

3.2.3 Introspektion und Design des Potenzialscanners

Wie aber lässt sich der Unternehmensschatz *Einzigartigkeit* entdecken oder gar bergen?
Was bedeuteten 50 Jahre STACO? Um das in der Historie des Unternehmens liegende – eher gefühlte Potenzial – zu identifizieren, hat sich STACO einer Introspektion unterzogen, um Hinweise hierauf im Unternehmenskontext (Entwicklung des Unternehmens, Verhaltensmuster des Unternehmens, zentrale Strukturen und Abläufe, Unternehmenskultur) zu finden. Durch das gesamte Unternehmen hinweg führten wir Interviews; befragt wurden z. B. alle Führungskräfte, das sind die Geschäftsführer und fünf Abteilungsleiter, zudem zwei langjährige Angestellte des Verwaltungsbereichs, mehrere langjährige Mitarbeiter aus der Produktion und vier Mitarbeiter aus dem Technischen Büro. „Was läuft gut im eigenen Haus? Was hat schon immer gut geklappt? Was ist verbesserungswürdig?" Hierüber trugen wir Antworten und Meinungen zusammen und führten diese in Annahmen zu vermuteten Potenzialen zusammen. Da wir im Zuge von UNIKAT lernen wollten, Stärken weiter zu stärken, hat uns das Meinungsbild der Führungskräfte und Mitarbeiter wertvolle Hinweise geliefert, wo

strategische Potenziale zu finden sein könnten. Die Interviewergebnisse wurden im Projektkernteam vorgestellt und diskutiert.

Hierbei handelt es sich um einen wöchentlich tagenden Kreis von Führungskräften, der um UNIKAT-Themen erweitert wurde. Dieser Kreis besteht aus Geschäftsführung und den Abteilungsleitern aus Betrieb, Materialbeschaffung, Daten- und Projektmanagement, der Kundenbetreuung und Technik. In diesem Kreis wurden Ergebnisse der Introspektion gesammelt und bewertet, Suchfelder für strategische Potenziale definiert sowie vermutete Potenziale beschrieben.

Ergebnis mehrerer Kernteamsitzungen war die Formulierung und Überprüfung mehrerer Potenzialfilter, die uns helfen sollten, aus unseren Aktivitäten und Prozessen diejenigen herauszufinden, mit denen wir uns im Wettbewerb unterscheiden können. Hilfreich für deren Auswahl war der Katalog an möglichen Potenzialfiltern, die im UNIKAT-Potenzialscanner (s. Kapitel 2) enthalten sind. Aus diesem Katalog schienen uns folgende Potenzialfilter erfolgversprechend; aus ihnen setzte sich der STACO-spezifische Potenzialscanner zusammen:

Unerwartete Anfragen und Aufträge

STACO erhielt immer wieder Anfragen und Aufträge von Kunden, die nicht aus den angestammten Marktsegmenten Industrie- und Anlagenbau stammten. Das schien ein Indiz dafür zu sein, dass Kunden dem Unternehmen offensichtlich zutrauen, ganz andere und neue Anwendungen für Gitterroste realisieren zu können. Ein Vertrauen, das Wettbewerbern, die mit ähnlichen Anwendungen an den Markt gingen, nicht entgegengebracht wurde. Die Anwendung des Potenzialfilters Unerwartete Anfragen/Aufträge bedeutete, den Kompetenzen auf die Spur zu kommen, die Kunden dem Unternehmen – zu Recht – zutrauten. Im nächsten Schritt galt es dann, diese bereits vorhandenen Kompetenzen so weit auszubauen, dass STACO das Volumen der bislang vereinzelten Anfragen/Aufträge steigern und diese Anwendung zu einem weiteren Standbein des Unternehmens machen kann, das zum Wachstum des Unternehmens einen wesentlichen Beitrag leistet.

Nicht bediente Anfragen

Eine weitere Chance, neue Marktsegmente zu erschließen, sah das Kernteam darin, Anfragen nachzugehen, die bislang abgelehnt worden waren, da STACO sich nicht in der Lage sah, die Kundenanforderungen hinsichtlich Preis, Lieferzeiten, Leistungsspektrum zu erfüllen. Eine genaue Prüfung dessen, was STACO tatsächlich zu leisten in der Lage ist (oder sein kann), sollte einen Teil dieser Anfragen in Zukunft für STACO zugänglich machen.

Reklamationen

Die Abfrage des Potenzialfilters Reklamationen förderte zutage, dass es Reklamationen von Kunden gab, die Gitterroste für Zwecke verwendet haben, die nicht vorgesehen waren, z.B. für Parkbänke. Das eröffnete STACO weitere Anwendungsmöglichkeiten für das Produkt Gitterroste.

Bestellende/begeisterte Kunden

Weitere Potenziale sollten durch die Analyse der Gründe, warum Kunden bei STACO bestellen, ermittelt werden. Jede Bestellung ist ein Fall, in dem sich das Unternehmen von seinen Wettbewerbern differenziert hat. Den Ursachen dafür auf den Grund zu gehen, dürfte eine Reihe von Kriterien zutage fördern, durch die sich STACO aus Sicht des Kunden von anderen Gitterrostherstellern unterscheidet. Besonders ausgeprägt ist die Unterscheidung, wenn man Kunden gar begeistert hat.

Erfolgreiche Produkte

Weitere Potenziale vermutete das Kernteam in Produkten, die einen hohen Nutzen für den Kunden bieten, bislang aber nicht im erwarteten Umfang verkauft wurden. Die Gründe dafür zu ermitteln und abzustellen, verspricht zusätzlichen Umsatz in einem Marktsegment, das bislang keine hohe Bedeutung für das Unternehmen hat.

Eindrücke neuer Mitarbeiter.

„Bei diesem Unternehmen merkt man, dass hier einiges an Potenzialen liegt." – so die Aussage einer neuen STACO-Mitarbeiterin. Neue Mitarbeiter sind noch nicht betriebsblind, ihnen fallen Besonderheiten von STACO im Vergleich zu den eigenen Erwartungen und/oder zu früheren Arbeitgebern auf, die für langjährige Mitarbeiter längst selbstverständlich geworden sind.

Bei der Anwendung bzw. Beleuchtung dieser Potenzialfilter ist es für STACO außerordentlich wichtig gewesen, diese so anzuwenden, dass Potenziale zur Erlangung der Einzigartigkeit identifiziert werden, sich der Fragenfokus also auf die Unterschiedlichkeit zum Normalfall richtet: Was ist gegenüber *begeisterten Kunden* anders gewesen als bei *normalen Kunden*? Was macht den Unterschied aus? Was macht den Unterschied des STACO-Image beim Kunden gegenüber dem Wettbewerber aus? Was trauen uns Kunden zu, was sie dem Wettbewerber nicht zutrauen?

3.2.4 Die Ermittlung von strategischen Potenzialen

Die Potenzialfilter setzen an Indizien an, die Hinweise auf Stärken liefern, die nicht bekannt oder nicht systematisch genutzt werden. Um den *Verdacht zu erhärten*, dass hier Potenziale liegen, die zur Differenzierung im Wettbewerb wirksam werden können, sind diese Indizien genauer zu überprüfen. Es ist zu klären, ob eine konsequente Nutzung der Potenziale mit vertretbarem Aufwand zu realisieren ist, ob und inwieweit sie von Kunden honoriert würden und ob sie in nennenswertem Maße neue Absatz-, Umsatz- und Ergebnispotenziale erzeugen können.

Dazu hat STACO Methoden definiert, die zu den Möglichkeiten eines mittelständischen Unternehmens passen. Das heißt: Informationen über Potenziale müssen neben dem operativen Tagesgeschäft erhoben werden – zusätzliche Ressourcen stehen nicht zur Verfügung –, Analyse und Dokumentation müssen aufwandsarm erfolgen und möglichst in bestehende Kommunikationsforen eingebunden werden. Die folgende Abbildung zeigt, welche Methoden bei STACO zum Einsatz kamen und welche Ergebnisse ihre Anwendung hervorgebracht hat:

Filter	**Methoden**	**Potenzial**
Unerwartete Anfragen und Aufträge/Reklamationen	Sammlung und Auswertung im Kernteam	Sonderanfertigungen mit angemessener/hoher Preisqualität
Nicht bediente Anfragen von Kunden	Sammlung und Auswertung im Kernteam	Differenzierung durch Lieferzeiten
Bestellende Kunden	Interviews	Kunde fühlt sich gut aufgehoben (auch wenn die Leistung nicht auf Anhieb 100%ig erbracht wurde)
Begeisterte Kunden	Interviews Auswertung von Kundenfeedback im Kernteam	

Abb. 10. Übersicht über Anwendung und Ergebnisse einiger Potenzialfilter

Das Kennenlernen von Kundenbedarfen bzw. das Erfüllen dieser Bedürfnisse trat für STACO in den Vordergrund. Denn nur in der erfolgreichen Erbringung von Leistungen, die auch außerhalb der Marktüblichkeiten lagen, versteckte sich die Möglichkeit, STACO die Geltung zukommen zu lassen, die es mit ihrem Know-how und ihrer Leistungsbereitschaft verdiente. Konsequenterweise haben wir uns vor allem mit Indizien für STACO-Stärken beschäftigt, die wir durch Informationen von Kunden und über Kunden gefunden haben. Methodisch stand der Informations- und Erfahrungsaustausch aller Führungskräfte im Kernteam im Vordergrund – untersetzt durch Informationen, Interviewergebnisse, Kundenfeedbacks, die im Vorfeld zu den Kernteamsitzungen erhoben wurden.

Die Abfrage, welche unerwarteten Anfragen und Aufträge in den letzten Monaten hereingekommen sind, brachte alle Kernteammitglieder auf einen einheitlichen Stand darüber, welche Gitterrostanwendungen STACO anbieten kann und welche neuen Kundengruppen damit erschlossen werden können. Die unerwarteten Anfragen machten deutlich, dass Kunden dem Unternehmen die Kompetenz zur Realisierung ungewöhnlicher Anwendungen zutrauten; die unerwarteten und zuverlässig realisierten Aufträge machten deutlich, dass STACO tatsächlich über diese Kompetenz verfügt. Eine Kompetenz, die in einem Markt für Standardanwendungen das Potenzial enthält, sich mit Sonderanfertigungen gegenüber einer Vielzahl von Wettbewerbern zu unterscheiden. Der Austausch im Kernteam förderte allerdings auch zutage, dass diese neuartigen Anfragen nicht mit der gleichen Konsequenz bedient wurden wie die Anfragen nach den bisherigen Produkten. Die Aufmerksamkeit der einzelnen Abteilungen lag meist noch bei den alten Umsatzträgern, während den potenziellen neuen Standbeinen des Unternehmens bisweilen eine geringere Priorität bei der Bearbeitung von Anfragen und Aufträgen beigemessen wurde. Das macht deutlich, dass eine potenzielle Stärke von STACO nicht konsequent genutzt wurde.

Die Analyse von unbedienten Anfragen im Kernteam führte ebenfalls zu neuen Erkenntnissen. Bislang ging man häufig davon aus, dass Anfragen, die das Unternehmen nicht bediente, schlicht unattraktiv für STACO waren: Der Preis war zu niedrig oder die Kundenanforderungen nicht mit vertretbarem Aufwand erfüllbar. Das Hinterfragen einzelner Kundenanfragen, für die STACO nicht den Zuschlag erhielt, zeigte, dass der Grund nicht – wie erwartet – in zu hohen Preisen bestand. Vielmehr ist der Kunde durchaus bereit, höhere Preise zu zahlen, wenn eine kurze Lieferzeit zuverlässig eingehalten wird. Während STACO den Wettbewerb um immer niedrigere Preise nicht mehr mitgehen wollte, bot der Wettbewerb um kürzere Lieferzeiten neue Absatzchancen. Kurze Lieferzeiten zu realisieren, hat STACO immer wieder unter Beweis gestellt, aber nicht in der Konsequenz, dass die o.g. Anfragen konsequent bedient werden konnten.

Andere Beispiele zeigten, dass Leistungen angefragt wurden, die STACO bislang nicht angeboten hat. Im Kernteam wurde daraufhin die technische und wirtschaftliche Machbarkeit dieser Leistungen hinterfragt.

Das Ergebnis ist, dass heute Gitterroste mit ungewöhnlichen Maßen realisiert und angeboten werden, die in der Vergangenheit nicht machbar waren.

Bei einem weiteren Potenzialfilter ging der Reflexion im Kernteam eine Befragung voraus. So haben wir unter dem Potenzialfilter *Bestellende Kunden* Interviews mit unseren Kundenbetreuern und einzelnen Kunden geführt und ganz provokant gefragt: „Warum bestellen Kunden/Sie eigentlich bei uns?“ Wir haben auch raue, eckige und manchmal unbeliebte Antworten zugelassen, um tatsächlich herausfinden zu können, warum wir unseren Kunden Geld wert sind. Wesentliches Ergebnis der Befragung war, dass sich Kunden bei STACO gut aufgehoben fühlen, v.a. in Situationen, wo die Leistung nicht auf Anhieb genau nach Kundenforderung erbracht wurde; Kunden können sich dann darauf verlassen, dass STACO-Mitarbeiter sich darum kümmern und eine Lösung für die Anforderung finden. Dieses *Sich-gut-aufgehoben-Fühlen* geht bis zur Begeisterung einzelner Kunden, die durch eine schnelle, wirksame und unbürokratische Reklamationsbearbeitung überrascht wurden. Dass diese Stärke nicht konsequent und bei allen Kunden(-gruppen) realisiert werden kann, verweist darauf, dass hier noch weitere Potenziale zur Differenzierung im Wettbewerb liegen.

3.2.5 Die Bewertung von Potenzialen und Handlungsoptionen

Bei der Ermittlung von Potenzialen wurden einige als besonders erfolgsversprechend umschrieben. Wie lassen sich solche Vermutungen jedoch konkretisieren oder gar priorisieren? Wie lässt sich ein für das Unternehmen größter Nutzen einordnen?

Im Rahmen des Projektkernteams setzten wir verschiedene Annahmen und Vermutungen in Szenarien um und bewerteten diese durch eine Chancen-Risiken-Analyse. Bei der Ermittlung wurden eher weiche, qualitative Kriterien verwandt, harte Kennzahlen haben sich als nicht pragmatisch erwiesen.

Abbildung 11 gibt einen Überblick über Chancen und Risiken der einzelnen Handlungsoptionen, die STACO aus den ermittelten Potenzialen abgeleitet hat. Aus dem Potenzial *Sonderanfertigungen* gingen die Handlungsoptionen *neue Anwendungen* und *neue Kunden(-gruppen)* für Gitterroste hervor. Sie versprachen einerseits neue Absatzchancen, die die weggebrochenen Marktsegmente aus Industrie- und Anlagenbau kompensieren könnten. Bisherige Erfahrungen mit diesen Aufträgen zeigten, dass höhere Preise und Deckungsbeiträge erzielbar waren als im bisherigen Betätigungsfeld. Bedeutend war hingegen bei geringeren Auftragsgrößen, dass diese eine deutlich größere Anzahl Aufträge erforderlich machten, um das frühere Umsatzvolumen zu erreichen. Außerdem enthielten die neuen Auftragstypen Anforderungen, die fertigungstechnisch bislang nicht voll beherrscht wurden. Zudem zeigte sich, dass neue Gitterrostanwendungen und Kundengruppen andere Vertriebswege erforderten als die, die für den Industrie- und Anlagenbau geeignet waren; Reklamationen haben STACO darauf aufmerksam gemacht, dass das Produkt Gitterroste für andere Anwendungen eingesetzt wurde als STACO dies bislang für möglich gehalten hat. Aber trotz des Wissens um den Einsatz von Gitterrosten für andersartige Anwendungen war der Zugang für den Vertrieb nicht einfach, weil es sich um Kunden handelte, die nicht vermuteten, bei einem Lieferanten für den Industrie- und Anlagenbau Produkte für ihren Bedarf zu finden.

Ableitung neuer Handlungsoptionen	**Bewertung neuer Handlungsoptionen**	
	positiv	**negativ**
Neue Anwendungen für Gitterroste erschließen	Chance zur Kompensation weggebrochener Produktfelder Gute Chance auf bessere Preisqualität	Kleine Auftragsgrößen Zum Teil noch nicht beherrschte Fertigung STACO fehlen die geeigneten Vertriebswege
Neue Kundengruppe gewinnen	Chance zur Kompensation weggebrochener Produktfelder Aufwertung des Produktes Gitterroste durch ansprechendes Design Gute Chance auf bessere Preisqualität	Höhere Ansprüche der Kundengruppe an das Design der Produkte Geringere Auftragsgrößen
Kunden durch außergewöhnlichen Service binden, z.B. bei der Reklamationsbearbeitung oder Kunden mit branchenunüblichen Leistungen überraschen	Gute Erfahrung mit Kundenbindung in der Vergangenheit	Begeisterungsmerkmale entfalten ihr Potenzial nur, wenn auch Basisanforderungen erfüllt werden (Liefertreue, Qualität)

Aufträge/Kunden durch kurze Lieferzeiten akquirieren, Kunden binden	Ein echtes Differenzierungsmerkmal zu Wettbewerbern Höhere Preisqualität bei kürzeren Lieferzeiten Machbarkeit kürzerer Lieferzeiten bereits unter Beweis gestellt	
Positives Image von STACO als attraktiver Arbeitgeber in der Region	Rekrutierung der besten Mitarbeiter als Voraussetzung für beste Unternehmensabläufe	
Produkte (mit hohem vermutetem Kundennutzen, aber geringen Verkaufszahlen) wiederbeleben	Absatzpotenzial für bestehende Produkte risikolos nutzbar	

Abb. 11. Ableitung und Bewertung von Handlungsoptionen

Abb. 11 zeigt Chancen und Risiken weiterer Handlungsoptionen, die wir mit Hilfe des Potenzialscanners ermittelt haben.

Zum Projektkernteam der STACO gehörte auch – wie zuvor erwähnt – die Unternehmensführung. So konnten die Potenzialbewertungen im Rahmen der Kernteamsitzungen bis zu einer Ergebnisfindung in Richtung Strategieentwicklung durchdiskutiert werden. Handlungsoptionen sollten realisiert werden,

- wenn sie technisch und wirtschaftlich machbar waren (also zu fertigen sind und positive Deckungsbeiträge erbringen),
- wenn sie die von Kernteam und Geschäftsführung getroffene strategische Entscheidung unterstützten und
- wenn sie zu den anderen Stärken von STACO passten, so dass ein Netz eng aufeinander abgestimmter Stärken entsteht.

Zusätzliche Entscheidungskriterien kommen hinzu, sobald wir mehr Potenziale ermittelt haben als wir gleichzeitig verfolgen können (siehe 3.2.9).

3.2.6 Die strategische Entscheidung

Durch die Sammlung und Bewertung der STACO-Potenziale zeichnete sich ein Weg ab, wie sich das Unternehmen in einem hart umkämpften Wettbewerb behaupten kann. Die Erhebung mehrerer Kunden-Potenzialfilter zeigte, dass STACO über Kompetenzen verfügt, die in Marktsegmenten außerhalb des Industrie- und Anlagenbaus von Kunden honoriert werden. Dies sind z.B. neue Anwendungsmöglichkeiten von Gitterrosten, die für neue Kundengruppen interessante Möglichkeiten bieten. Anwendungen von Gitterrosten als Designelemente stellen zudem eine deutliche Aufwertung des Produktes dar, das bislang immer *mit Füßen getreten wurde*.

Ein weiteres Marktsegment, in dem STACO seine Kompetenzpotenziale verwerten kann, sind regionale Kunden mit kleineren Gitterrostbedarfen. Kunden wie z.B. Schlossereien und Metallbauer in der Umgebung schätzen die räumliche und inhaltliche Nähe zum STACO-Produkt. Auftrags- und Produktanforderungen mit einem hohen Grad an Individualität und die Abstimmung von Aufträgen können schnell an Ort und Stelle besprochen werden. Auch die Kombination der Arbeitsschritte Fertigung und Oberflächenbehandlung, die STACO an einem Standort anbietet, hat neue Kunden über ein Cross-Selling von Gitterrosten und Verzinkungsleistungen erreichen bzw. binden können.

Die so ermittelten Potenziale machten deutlich, dass eine Alternative zur bisherigen Konzentration auf das Marktsegment Industrie- und Anlagenbau bestand: Die Diversifizierung in kleinere Marktsegmente, in denen sich STACO gegenüber Wettbewerbern durch seine Kompetenz bei Sonderanfragen und durch eine ausgeprägte Kundennähe differenzieren kann. Der Wettbewerb wird sich in diesen Segmenten nicht allein über den Preis entscheiden, so dass STACO seine Stärken besser zur Geltung bringen kann als im bisherigen Betätigungsfeld. Die folgende Abbildung gibt einen Überblick über die wichtigsten Chancen und Risiken einer Neuausrichtung sowie die daraus resultierende strategische Entscheidung.

Chancen und Risiken

Geringere Dominanz durch einzelne Anbieter, höhere Preise, ausgeprägtere Kundennähe, höhere Kundenbindung möglich, cross selling-Möglichkeiten Gitterroste-Verzinkung, höherer Aufwand für Vertrieb und Fertigung je qm Gitterrost

Die Entscheidung

Generell: Rückzug aus - preismäßig - hart umkämpften Marktsegmenten.

Vordringen in neue Marktsegmente mit ausgeprägtem regionalen Bezug und in Marktsegmente mit spezifischen Kundenanforderungen (Sonderanfragen).

Abb. 12. Die strategische Entscheidung

Diese Grundsatzentscheidung war mit folgenden Konsequenzen verbunden:

- Um das Produkt Gitterrost herum entstand ein zunehmender Bedarf nach Dienstleistungen, die die Ausrichtung von STACO auf eine kundenindividuelle Service-Produktion forciert. Service bedeutet vor allem: Beratung bei der Auswahl und dem richtigen Einsatz der STACO-Produkte tritt zunehmend an die Stelle der bloßen Auskunft über Verfügbarkeit, Preise und Lieferzeiten von Produkten.
- Die stärkere Konzentration auf Kunden in der Region macht eine sofortige Erledigung von Kundenfragen an Ort und Stelle möglich. Damit kommt eine Stärke von STACO systematischer zum Einsatz, die bislang hauptsächlich den Kunden von Verzinkungsleistungen zugute kam: Bei Reklamationen schnell und unbürokratisch Abhilfe zu schaffen. Dies ist einer der wichtigsten Gründe dafür, dass sich Kunden bei STACO gut aufgehoben fühlen (s.o. Potenzialfilter *Bestellende Kunden*).
- Die Beziehung zum Kunden spielt in den neu anvisierten Marktsegmenten eine größere Rolle als in dem stark vom Preiskampf bestimmten Segment des Industrie- und Anlagenbaus. Auch hier liegt eine spezifische STACO-Stärke, die nun gezielt zum Einsatz kommen kann.
- STACO setzt mit seiner Neuausrichtung zunehmend auf kleinere Aufträge mit besserer Preisqualität. Dies stellt besondere Anforderungen an die Flexibilität des Unternehmens; außerdem steigt der Aufwand in den meisten Bereichen des Unternehmens je Quadratmeter Gitterrost. Diesen Weg gehen nur die Wettbewerber mit, die diese Veränderungen organisatorisch beherrschen (lernen).
- In allen Marktsegmenten setzt STACO auf eine Verkürzung der Lieferzeiten, die Kunden mit einer besseren Preisqualität honorieren.

Fazit: Die im Unternehmen vorhandenen Potenziale machten eine Neuausrichtung auf (kleinere, z.T. regionale) Marktsegmente möglich, die einen Ausweg aus dem massiven Preiswettbewerb in den bisherigen Segmenten boten. Es bestehen gute Chancen, dass die potenziellen Stärken von STACO eine weitaus höhere Übereinstimmung mit den Anforderungen der Kunden erzielen als bisher. Damit aus Potenzialen Stärken werden, die im Wettbewerb ausgespielt werden können, war allerdings noch manches zu tun.

3.2.7 Maßnahmen zur Umsetzung der Strategie

Das Material Stahl trat also in den Hintergrund und wichtig wurde der Service um das Material herum.

Wenn aber nun das Material, dem über Jahre bzw. Jahrzehnte die größte Aufmerksamkeit geschenkt wurde, nicht mehr im Mittelpunkt der Aktivitäten steht, sondern dieses eingebunden werden sollte in ein Leistungsgeflecht, musste eine Menge an Erschließungsarbeiten geleistet werden, die die Grundlage für die *Nutzung der identifizierten Potenziale* bildeten. Welche waren das in unserem Fall? In erster Linie Maßnahmen, die

- aus Potenzialen ausgeprägte Stärken machen und
- dazu beitragen, die einzelnen Stärken so eng aufeinander abzustimmen, dass ein ganzes Netz von Stärken bei STACO (s. Abb. 13) entsteht und zunehmend feinmaschiger wird.

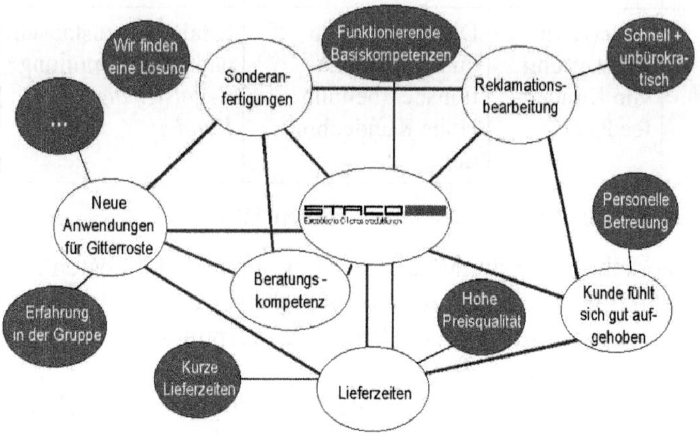

Abb. 13. Das Netz von Stärken bei STACO[23]

[23] In Anlehnung an Porter (1997).

Die Wandlung von der Metallverarbeitung hin zu einer kundenindividuellen Service-Produktion sowie der Erhalt der Wandlungsfähigkeit basierte bei STACO auf einer Politik der kleinen Schritte. Nur ein erfolgreiches Zusammenspiel der einzelnen STACO-Stärken ließ bis heute das Netz dichter und die Wettbewerbsvorteile des Unternehmens damit weniger kopierbar werden. Abb. 14 enthält eine Aktionsliste mit ausgewählten Maßnahmen, die zur Erschließung der bereits identifizierten Potenziale realisiert wurden und damit einen Beitrag zum Netz von Stärken lieferten.

Filter	Methoden	Potenzial	Aktionsliste
Unerwartete Anfragen und Aufträge/Reklamationen	Sammlung und Auswertung im Kernteam	Sonderanfertigungen mit angemessener/hoher Preisqualität	Neues Selbstverständnis schaffen, neue Qualität der STACO-Arbeit
Nicht bediente Anfragen von Kunden	Sammlung und Auswertung im Kernteam	Differenzierung durch Lieferzeiten	Erarbeitung von Maßnahmen zur Lieferzeitverkürzung (in Teams)
Bestellende Kunden	Interviews	Kunde fühlt sich gut aufgehoben (auch wenn die Leistung nicht auf Anhieb 100%ig erbracht wurde)	Erfahrungsaustausch und Ideensammlung *Betreuung von Kunden*
Begeisterte Kunden	Interviews Auswertung von Kundenfeedback	Differenzierung durch Reklamationsbearbeitung Hohe Kundenbindung	Erfahrungsaustausch und Ideensammlung *Begeisterung von Kunden*

Abb. 14. Die Aktionsliste zur Erschließung von Potenzialen

Regelmäßige Workshops für die Mitarbeiter der unterschiedlichsten Arbeitsbereiche (Produktion, Technisches Büro, Kundenbetreuung, Auftragsannahme etc.) fanden statt, um die neuen Arbeitsschwerpunkte für STACO zu definieren. Einige Beispiele:

Die Geschäftsführung stellte fest, dass die Neuausrichtung des Unternehmens auf Sonderaufträge und andere Aufträge mit kleinerem Volumen im Widerspruch zu den Zielen der Führungskräfte und Mitarbeiter bei STACO stand. Sie hatten bisher einen erfolgreichen Arbeitstag immer mit großen Mengen an Tonnen und Quadratmetern gleich gesetzt, die täglich verkauft, gezeichnet und produziert wurden. „Wann ist ein Arbeitstag ein guter STACO-Tag?" war das Thema eines Workshops, der den Maßstab für Erfolg neu definieren half. Die Veranstaltung zeigte auf, dass auch Auftragseingänge mit weniger hohen Flächen- bzw. Gewichtsmengen gute Auftragseingänge sein können, wenn durch diese – aufgrund ihrer Komplexität – ein entsprechendes Preisniveau realisiert werden konnte.

Einen weiteren Workshop haben wir dem Thema gewidmet: „Was STACO alles kann", um ein gemeinsames Verständnis über die Produkt- und Dienstleistungspalette des Unternehmens aufzubauen. Diese Erkenntnis haben wir bei der Analyse der Potenziale *Sonderanfragen* und *Abgelehnte Anfragen* gewonnen. Dabei wurde deutlich, dass im Unternehmen gar nicht alle Leistungen und Gitterrostanwendungen bekannt waren, die STACO zu leisten in der Lage ist oder bereits realisiert hat (z.B. über Standorte im Ausland, deren Leistungsspektrum Mitarbeitern in Deutschland nicht immer transparent war). Das Ziel, diese Transparenz herzustellen, haben wir auch durch die Einrichtung eines Showrooms verfolgt: Hier sind Muster und Fotos von neuartigen Gitterrostanwendungen zu sehen. Auch haben wir ein Vertriebstraining zu den neuen STACO-Leistungen durchgeführt.

Weitere Diskussions- und Arbeitskreise zur Umsetzung der Potenziale *Betreuung von Kunden* fanden zu den Themen „Wie betreue ich Kunden oder begeistere diese gar?" und „Wie lerne ich Kundenbedarfe kennen?" statt.

Diese Beispiele machen deutlich, dass die Entfaltung der ermittelten Potenziale eng verbunden ist mit der Weiterentwicklung von Führungskräften und Mitarbeitern. Eine zukünftig kundenindividuelle Service-Produktion erforderte ein Loslassen von herkömmlichen Arbeits- und Verhaltensweisen. Sowohl die verstärkte Prozessorientierung als auch der Fokus auf den Kunden war in jedem Arbeitsbereich spürbar geworden, denn fast alle Mitarbeiter wurden mit den neuen und hohen Kundenanforderungen unmittelbar konfrontiert. Wollten wir die identifizierten und vielversprechenden Potenziale wirklich nutzen, musste unser Arbeitsverständnis und -verhalten den neuen Anforderungen entsprechen. Dazu wurden eine Reihe weiterer Maßnahmen der Personalentwicklung realisiert, die über die in Abb. 14 dargestellte Aktionsliste zur unmittelbaren Erschließung von Potenzialen weit hinaus ging. Der gemeinsame Nenner dieser Aktivitäten besteht darin, dass STACO heute vielmehr als früher auf die gezielte Entwicklung von Mitarbeitern setzt.

Nennen wir ein paar Beispiele aus der Vorher-/Nachher-Perspektive:

Für den Bereich STACO Verzinkerei

Vorher

Neben dem Werksleiter der Verzinkerei und der Mitarbeiterin für die operative Kundenbetreuung im Haus gab es einen zusätzlichen Außendienst-Mitarbeiter. Immer wieder kam es zu Abstimmungs- und Klärungsbedarfen zwischen diesen drei Personen, zumal der Werksleiter bei komplexeren Verzinkungsfragen stets mit in die Kundenberatung integriert werden musste.

Nachher

Der Außendienst-Mitarbeiter ist in den Ruhestand ausgeschieden. Der Werksleiter hat durch Schulung und Training seine Vertriebsmitarbeiterin und seine Schichtmeister zu einem kompetenten Team qualifiziert, das ihn vertritt, wenn er selbst gezielt zu Kundenbesuchen und -beratungen unterwegs ist. Neben seiner Kompetenz für die Leitung des Verzinkungsbetriebs ist er durch weitere Produkt- und Vertriebsschulungen heute *der* Ansprechpartner für Kunden, Lieferanten, Mitarbeiter und Geschäftsleitung.

Vorher

In der Kundenannahme für Verzinkungsgut arbeitete ein Mitarbeiter. Es stellte sich heraus, dass ein Schreibtischjob allein nicht seine Arbeitszufriedenheit förderte. Er äußerte den Wunsch, mehr praktisch arbeiten und eher den Versand- und Lagerplatz für die Verzinkungskunden mitbetreuen zu wollen.

Nachher

Dieser Mitarbeiter wickelt nun die Kundenbetreuung auf dem Platz (also auch mit dem Gabelstapler) ab und ist ein kompetenter Ansprechpartner für die anliefernden und abholenden Kunden. Er vertritt vorgenannte Verkaufsmitarbeiterin während ihres Urlaubs oder anderer Abwesenheitszeiten. Die Kunden der STACO Verzinkerei dürfen mit einer durchgängig guten Beratungsqualität rechnen.

Für den Bereich STACO Individuell

Vorher

STACO Vertriebsmitarbeiter waren bislang eher Auskunftsgeber zu Lieferzeiten und Preisen bei üblichen Gitterroststandardprogrammen. Seltenere Anfragen abweichend vom Normalprogramm wurden zur Klärung vor Angebotsabgabe ins Technische Büro *abgeschoben*.

Nachher

Individualanfragen und -kundenberatungen gehören nun zum Tagesgeschäft. Vertriebsmitarbeiter wurden qualifiziert und lernten, die Bedarfssituation bei Kunden einzuschätzen sowie die technischen Machbarkeiten von Gitterrosten und STACOs Leistungsspektrum kennen. Die Mitarbeiter des Technischen Büros nahmen ebenfalls an den Vertriebsschulungen teil. Zudem wurde ein Verkaufsteam aus einem Vertriebs- und einem Technischen Mitarbeiter zusammengesetzt, so dass auch Kundenanfragen weit außerhalb des üblichen Gitterrostgeschäfts heute unkompliziert geklärt werden können. Auch erfuhren die Mitarbeiter des Technischen Büros darüber eine gleichbleibendere Auslastung ihres Arbeitsalltags, da sie sich in Zeiten, in denen weniger Zeichenbedarf besteht, auch der Kundenakquisition und -beratung widmen können.

Für den Bereich STACO Verwaltung

Vorher

Mitarbeiter arbeiteten abteilungsorientiert. Abteilungsübergreifende Tätigkeiten wurden hauptsächlich durch die Team- oder Abteilungsleiter wahrgenommen. Da die Tätigkeiten mit übergreifenden Anforderungen zunahmen, entpuppte sich diese Arbeitsweise als Flaschenhals.

Nachher

Mitarbeiter wurden immer häufiger in verschiedenen Arbeitsbereichen eingesetzt und bei bereichsübergreifenden Fragen miteinbezogen. So lernten sie die Geschäftsprozesse besser kennen und trugen damit zu einem reibungsloserem Tagesablauf bei. Dies wurde umso deutlicher, als bei der Erarbeitung von Maßnahmen zur Lieferzeitverkürzung die Durchläufe der Kundenauftragspapiere im Verwaltungsbereich beleuchtet und komprimiert werden mussten.

Auszubildende durchlaufen ihre Ausbildung heute ebenfalls prozessorientiert und erlernen neben der fachlichen Arbeit genauso Sozial- und Methodenkompetenzen.

Die prozessorientierten und bereichsübergreifenden Qualifizierungen und Schulungen sollten bei jedem einzelnen Mitarbeiter diejenigen Fähigkeiten und Kenntnisse sensibilisieren und stärken, die ein fähiges und erfolgreiches Tun eines jeden Arbeitsbereichs bedingten. Nur ein funktionierendes Handeln im Kleinen bot die Voraussetzung für den Erfolg des ganzen STACO-Stärkennetzes.

3.2.8 Potenzialnutzung messen und bewerten

Um die Nutzung der Potenziale bzw. den Beitrag der Potenzialnutzung zum Unternehmenserfolg darzustellen und zu messen, brachten wir bekannte und neu zu definierende Erfolgszahlen für eine laufende Bewertung zusammen. Welchen Beitrag liefern Potenziale zu profitablem Wachstum und Preissicherung durch Differenzierung?

Anhand von Messgrößen wie z.B. Umsatz, Ergebnis, Deckungsbeiträge, die auch schon früher verwendet wurden, konnte STACO verfolgen, inwieweit es gelingt, (Umsatz-, Ergebnis-) Einbußen aus aufgegebenen Marktsegmenten zu kompensieren. Damit wird erkennbar, ob der 1999 eingeschlagene Wachstumskurs mit Aufträge in den neuen Marktsegmenten (Sonderanfragen, regionale Kunden etc.) fortgesetzt werden kann. Um die Neuausrichtung von STACO kontinuierlich verfolgen zu können, haben wir weitere Messgrößen auf unserem *Erfolgsmeldeblatt* aufgenommen. Dazu zählen die Anzahl Bestellungen, Anzahl Neukunden und Lieferzeiten/Liefertreue.

Hinter diesen explizit verwendeten Messgrößen stehen weitere Indikatoren, die den Grad der Umsetzung der Unternehmensstrategie nachvollziehbar machen:

- Wir verfolgen den Grad der Diversifikation unserer Produkte und unserer Kundengruppen. Die deutliche Ausweitung unseres Produktspektrums, der Anwendungen von Gitterrosten und der Zielkunden, die wir in den letzten drei Jahren realisiert haben, hat unsere Krisenanfälligkeit deutlich reduziert – die Abhängigkeit von einzelnen Produkten und Kundengruppen ist deutlich zurückgegangen.

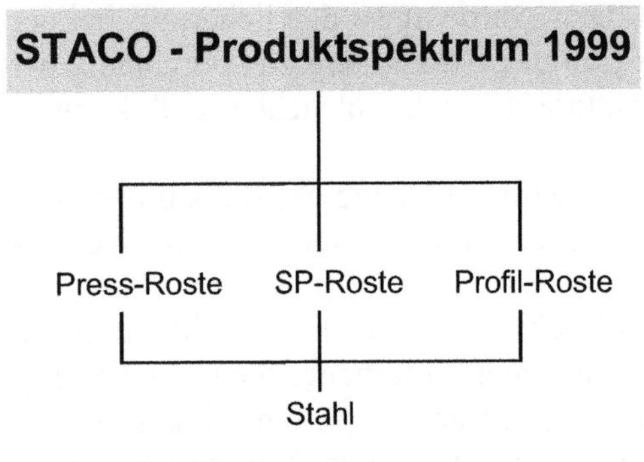

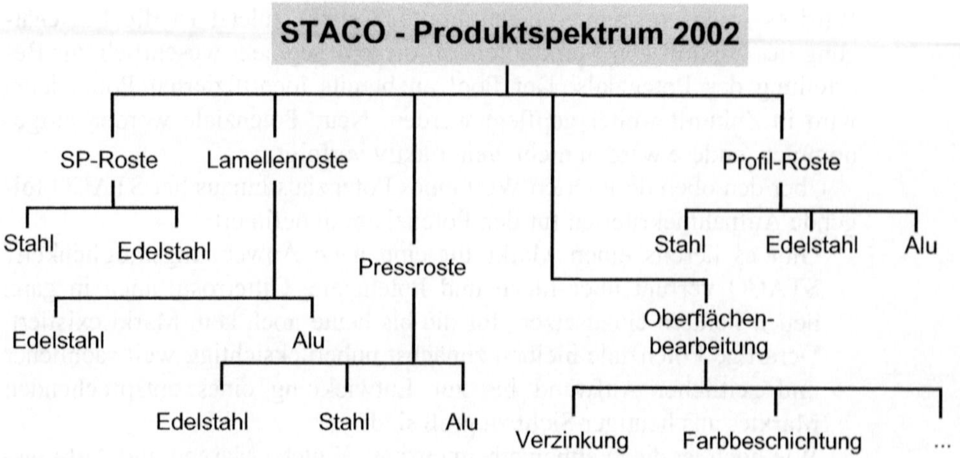

Abb. 15. Vergleich des STACO-Produktspektrums 1999-2002

- Zudem ist das Volumen unserer neuen Zielmarktsegmente deutlich größer geworden. Das eröffnet erhebliche Wachstumsperspektiven, wenn wir den bisher eingeschlagenen Weg konsequent fortsetzen.
- Fortschritte in der Bearbeitung der neuen Segmente erkennen wir anhand von Indikatoren wie Anfragen aus neuen Branchen/von neuen Kunden (-gruppen), Anzahl Prospektanforderungen als Reaktion auf Mailing-Aktionen für neue Kunden, Anzahl Gespräche mit Kunden mit neuen Anwendungsmöglichkeiten für Gitterroste.
- Der Grad der Wandlungsfähigkeit von STACO lässt sich daran erkennen, das 60 Prozent der Produkte und Dienstleistungen, die das Unternehmen heute anbietet, jünger als drei Jahre sind.

Diese Messgrößen und Indikatoren zeigen, dass die Richtung des Unternehmens stimmt, auch wenn wir noch am Anfang des Weges stehen.

3.2.9 Die Dynamisierung des Potenzialpools

Ein Pool von Potenzialen ist nicht fix. Beim Erkennen neuer Potenziale sollten diese – falls sie attraktiv genug sind – alte Potenziale ersetzen. Die Frage ist, nach welchen Kriterien werden neue Potenziale aufgenommen und alte ersetzt?

Die bisher ermittelten STACO-Potenziale waren zusätzliche Absatzchancen in Form von neuen Produktvarianten, neuen Kundengruppen/Branchen, neuen Anwendungsmöglichkeiten für Gitterroste, neuen Dienstleistungen. Ihr Wert für das Unternehmen lässt sich daran bemessen, wie groß das Volumen des Marktsegmentes ist, das sich mit einem Potenzial erschließen lässt und wie sich dieses Marktsegment in Zukunft entwickelt.

Wird es wachsen-stagnieren-schrumpfen? Nicht zuletzt ist die Einschätzung des zukünftigen Marktanteils in diesem Segment wesentlich zur Beurteilung des Potenzials. Der Pool an bereits identifizierten Potenzialen wird in Zukunft weiter gepflegt werden: Neue Potenziale werden aufgenommen, andere werden nicht weiter aktiv verfolgt.

Über den oben definierten Wert eines Potenzials hinaus hat STACO folgende Aufnahmekriterien für den Potenzialpool definiert:

- Gibt es bereits einen Markt für eine neue Anwendungsmöglichkeit? STACO verfügt über Ideen und Potenziale, Gitterroste auch in ganz neuen Feldern einzusetzen, für die bis heute noch kein Markt existiert. Derartige Potenziale bleiben zunächst unberücksichtigt, weil sachlicher und zeitlicher Aufwand bis zur Entwicklung eines entsprechenden Marktes aus heutiger Sicht zu groß sind.
- Wie hoch ist die Wettbewerbsintensität? Welche Margen und Auftragsvolumina lassen sich realisieren? Wie entwickeln sich die Preise? Die angestammten STACO-Märkte sind durch eine sehr hohe Wettbewerbsintensität mit einem ruinösen Preiswettbewerb gekennzeichnet. Ein Engagement in neuen Segmenten macht das Unternehmen davon abhängig, dass diese frühere Situation nicht wiederholt wird.
- Ein weiteres Kriterium ist die Wettbewerbsdynamik in neuen Marktsegmenten: Sind und bleiben wir mit unseren Kompetenzen fit genug für die Kundenanforderungen (Preise, Lieferanten, Qualität, Betreuung, Kundennähe etc.)? Wie schnell werden Wettbewerbsvorteile in einem Marktsegment abgelöst? Ist STACO stark genug, um Schrittmacher in der Wettbewerbsdynamik zu sein?

Umgekehrt hat STACO einige Kriterien definiert, die zum Ausscheiden von Potenzialen aus dem Pool führen. Dazu gehören Produkte und Anwendungen, die keine hinreichenden Deckungsbeiträge erbringen. Weiterhin gehören Potenziale dazu, die ein hohes Investitionsrisiko enthalten, z.B. bei einem Engagement in einem noch nicht existierenden Markt(-segment). Auch wenn sich zeigt, dass Wettbewerber in einem Zielsegment über die größeren Potenziale verfügen, Leistungen besser und kostengünstiger erbringen können, wird das Potenzial nicht aktiv weiterverfolgt.

3.2.10 Welche besonderen Ergebnisse und Erfahrungen aus der Arbeitspraxis in UNIKAT möchten wir an den Leser weitergeben?

Unseren eigenen Mitarbeitern in Betrieb und Vertrieb war lange nicht klar, was STACO als Unternehmensgruppe anbieten kann und was nicht.

So wurden Kundenanfragen oder -wünsche außerhalb des gängigen Produktprogramms zu lange wie ungeliebte Kinder behandelt.

Mengen (in qm und t) waren über Jahre und Jahrzehnte hindurch die persönlichen Erfolgsindikatoren von Mitarbeitern und Führungskräften. Es musste eine gemeinsame neue Sprache gefunden werden: Die Umstellung auf neue Erfolgsgrößen bei mengenmäßig kleineren Auftragsvolumina mit besserer Preisqualität und höherem Differenzierungspotenzial wurde erforderlich.

Eine weitere Erkenntnis war: Kernkompetenzen lassen sich nicht unabhängig von Basiskompetenzen behandeln. Bei der Identifizierung und Nutzung von strategischen Potenzialen ist STACO immer wieder auf operative Potenziale/Verbesserungsbereiche gekommen, die STACO als Basisanforderungen beherrschen muss, um bei Leistungs- und Begeisterungsmerkmalen glaubwürdig zu sein. Das bedeutete konkret: Jedermann-Fähigkeiten durften nicht vernachlässigt werden. Eine begeisternde Kundenbetreuung und die Akquisition von Aufträgen in neuen Branchen benötigten stets auch eine funktionierende Verwaltung. Wir haben zunächst unsere Basiskompetenzen so weit ausgebaut, dass die Lücke zwischen Begeisterungsmerkmalen, die Kunden (positiv) überraschen, und nicht konsequent beherrschten Basisanforderungen, die unsere Kunden (negativ) überraschen, geschlossen wurde.

Mitarbeiter im Vertrieb waren in früheren Zeiten dem Kunden gegenüber eher *Auskunftgeber*, heute wünscht der Kunde eine *Beratung* (insbesondere bei Spezialaufträgen). Zu notwendigen Erschließungsmaßnahmen, die Voraussetzung zur Potenzialnutzung sind, gehört so auch die Qualifizierung von Führungskräften und Mitarbeitern entlang der Produktentstehungskette. Und/oder: Strukturen im Unternehmen werden verändert. *Beispiel: Vertrieb und Technisches Büro werden neu gebildet. Die Zuordnung von Mitarbeitern zu einer bestimmten Kundengruppe oder einer Region und die Besetzung der Teams mit jeweils am Prozess beteiligten Personen (Kundenbetreuer und Techniker) tritt an die Stelle der bisherigen strikten Zugehörigkeit zu den einzelnen Abteilungen Verkauf/Technisches Büro usw.*

3.2.11 In Kürze: Was hat uns der UNIKAT-Ansatz gebracht?

- 50 Jahre STACO bedeuten Charakterstärke. Die Vergangenheit des Unternehmens enthält eine Reihe gewachsener Kompetenzen, die wir für die Neuausrichtung des Unternehmens nutzen können.
- Der UNIKAT-Ansatz hat uns motiviert, unsere Talente zu fördern und die Perspektive zu wechseln. Haben wir früher großen Wert darauf ge-

legt, dem Kunden ähnlich unserem Wettbewerb gegenüberzutreten, ist es uns heute wichtig, wie wir Kundenanforderungen STACO-gerecht ideenreicher als am Markt üblich lösen können; unser Können soll sich eher getrennt vom Erfolg/Misserfolg unserer Mitbewerber feststellen lassen.

- UNIKAT hat die Anforderungen des Kunden mit den Kompetenzen der STACO zu einer Win-Win-Situation zusammengebracht.
- Der *Teich, aus dem wir fischen* – sprich: Das Volumen des Marktes, den wir heute und in Zukunft bearbeiten –, ist deutlich größer geworden.
- STACO hat auf dem Weg zur Service-Produktion eine Vielzahl neuer Kunden gewonnen: Kunden aus der regionalen Umgebung, Kunden, die wir über ein Cross-Selling von Gitterrosten und Verzinkungsleistungen gewonnen haben und Kunden, die wir über das erweiterte Leistungsspektrum von STACO angesprochen haben.
- Das Handbuch Potenzialscanner ist ein sehr gutes Arbeitsmittel für jede Führungskraft, wenn man ehrlich damit umgeht.

3.3 Strategische Potenziale eines IT-Dienstleisters – Erfahrungen der März Internetwork Services AG

Klaus Schönnenbeck

3.3.1 Unternehmensdarstellung

Die Unternehmensgruppe März

Die März Internetwork Services AG mit Sitz in Essen ist die Holding der März Network Services Gruppe. Mit einem Jahresumsatz von 30 Mio. €, der von 250 Mitarbeitern erwirtschaftet wird, zählt März Network Services laut der Buchreihe „Top 100: der innovative Mittelstand Deutschland 2001“[24] zu den 100 innovativsten mittelständischen Unternehmen Deutschlands.

Das Unternehmen – 1982 durch Dipl.-Ing. Harald März gegründet – konzentrierte sich bereits kurz nach der Start- und Aufbauphase auf den Bereich *Datennetze.* Dieser Marktbereich erwies sich als geeignete Nische, um ein expansiv orientiertes Unternehmenskonzept erfolgreich umzusetzen. Die regionale Präsenz wurde mittels einer eigenen Wachstumsstrategie für Tochtergesellschaften zu einer Bedeutung für den gesamtdeutschen Markt ausgebaut. Insbesondere für Kunden, die ebenso wie März eine Flächenstruktur in Deutschland aufweisen, lassen sich auf diese Weise einheitliche Qualitätsstandards mit einem zentralen Ansprechpartner vereinbaren.

Die Unternehmensstruktur besteht aus einer Holding und einer flächendeckenden Niederlassungsstruktur mit 9 rechtlich selbständigen Niederlassungen sowie ca. 30 Standorten des Logistic Centers.

Das Produktportfolio

Zu Beginn der 90er Jahre führte die zunehmende Normierung der DV-Netzwerke zu einer Austauschbarkeit der Netzwerkkomponenten. Das Unternehmen erkannte frühzeitig diesen Markttrend und fällte 1992 die Entscheidung, das Dienstleistungsangebot zu erweitern. 1993 trat März erstmalig mit einem eigenen Produkt mit Namen UniCab® im Markt an – das

---

24 Warnecke (2001).

fertig installierte Netzwerk als Markenprodukt. Für UniCab® wurden von den März-Ingenieuren optimale Spitzenprodukte von unterschiedlichen Produzenten selektiert und zusammengeführt. Produktinnovationen und Marktveränderungen wird aktiv und flexibel begegnet, indem einzelne Komponenten durch neue oder verbesserte ersetzt werden. Der Einsatz weniger und hochwertiger Komponenten steigert durch die Konzentration das Know-how sowie die Qualität der Dienstleistung und senkt die Kosten der Logistik.

Die Grundlage für den Unternehmenserfolg bildet ein modular aufgebautes Dienstleistungskonzept, das sich aus einzelnen Dienstleistungsprodukten zusammensetzt, die individuell kombiniert und ausgestaltet werden können. Hierzu zählen z.B.:

- UniCab®structure — Physikalische Infrastruktur (Kupfer)
- UniCab®pronet — Selectservice für IT-Strukturen
- UniCab®run — Netzwerk- Betreiberkonzepte

März Network Services greift frühzeitig neue Trends auf, um weitere innovative Dienstleistungsprodukte zu entwickeln und so die Wirtschaftlichkeit und Wettbewerbsfähigkeit von Unternehmen und Organisationen zu steigern.

Die Basisstrategie – Differenzierung im Wettbewerb

Im Wettbewerb differenziert sich März Network Services vor allem durch Kundennähe. Gemäß dem Motto *Wir sind kleiner als die Großen und größer als die Kleinen* gibt es in den Niederlassungen kompetente und flexible Ansprechpartner aus der jeweiligen Region. Außerdem verfügt März über ein ausgeprägtes Know-how und langjährige Erfahrung in der Realisierung von bundesweiten Großprojekten. Dadurch ist eine enge Zusammenarbeit mit dem Kunden und ein großes Leistungspotenzial gewährleistet, um stets die Erarbeitung und Umsetzung einer an den Bedürfnissen des Kunden orientierten Lösung zu ermöglichen und engen Kontakt zum Markt zu halten.

Um fundierte und zukunftssichere Entscheidungen treffen zu können, wünschen sich viele Unternehmen und Organisationen einen methodischen Ansatz, mit dessen Hilfe sowohl technologische Anforderungen als auch zukünftige Trends und strategische Ziele berücksichtigt werden. Einen solchen methodischen Ansatz – das Trendworkshopkonzept – hat die März Internetwork Services AG in einem gemeinsamen Projekt mit der Fraunhofer Gesellschaft[25] im Zeitraum Ende 1999/Anfang 2000 für Themen im

---

[25] Fraunhofer-Institut für Fabrikbetrieb und -automatisierung, Magdeburg.

Netzwerkumfeld entwickelt. Diese enge Form der Zusammenarbeit mit dem Kunden im Rahmen eines Trendworkshops ist nicht branchenüblich.

Ausblick und strategische Ziele

Die strategischen Ziele von März Network Services ruhen im Wesentlichen auf vier Säulen:

Als erstes ist hier die klare Expansionsstrategie mit der Konzentration auf Wachstumsmärkte und der im Vergleich zum Wettbewerb schnelleren Expansion der Unternehmensgruppe zu nennen.

Der zweite Erfolgsgarant sind die permanenten Innovationen. In chaotischen und turbulenten Märkten ist es erforderlich, immer neue kreative Produkte und Dienstleistungen anbieten zu können.

Die dritte Säule sind strategische Kooperationen als Ergänzung eigener Leistungen. März Network Services konzentriert sich auf seine Kernkompetenzen, die im Bereich Dienstleistungen für Internet-, WAN- und LAN-Lösungen liegen. Wenn März Network Services neue Ansätze für Dienstleistungen entwickelt, wird zunächst geprüft, inwieweit es sinnvoll ist, eigene Kompetenz in neuen Bereichen aufzubauen. Erscheint dies nicht als sinnvoll oder als zu langwierig, wird eine Kooperation mit anderen Unternehmen angestrebt.

Die vierte tragende Säule des Unternehmenserfolges ist das dezentralisierte Unternehmertum gemäß der Formel *Mitarbeiter = Unternehmer*.

3.3.2 Potenziale identifizieren: Der Einsatz des Potenzialscanners im Umfeld eines IT-Dienstleisters

Ausgangssituation

März Network Services ist als Dienstleister in der Netzwerkbranche an neun Standorten in Deutschland tätig. Diese dezentrale Struktur führte dazu, dass regional gewonnene Erfahrungen und in Projekten erworbenes Wissen der Techniker und Vertriebsmitarbeiter den Fachkollegen in den anderen Niederlassungen nicht bekannt oder nicht zugänglich war. Von einer Zusammenführung und Nutzung dieses unternehmensspezifischen Know-hows versprach sich März Network Services die Vermeidung von Doppelarbeit, daraus folgend kürzere Entwicklungszeiten und eine erhöhte Flexibilität und somit eine Stärkung der Differenzierungsmerkmale. Der UNIKAT-Gedanke *Einzigartigkeit kommt von innen* fand vor diesem Hintergrund im März-Vorstand einen Mentor für die erfolgreiche Umsetzung des Projektes.

Ein weiteres Problem war, dass vorhandene technische Lösungen zum Wissens- und Informationsaustausch wie die Groupware Lotus Notes, das firmeninterne Intranet, Telefonkonferenzen etc. nicht ausreichend genutzt wurden. Die Ursachen lagen in der zeitlichen Zusatzbelastung und dem Druck durch das Tagesgeschäft, in der unzureichenden Kongruenz der Ziele zwischen Niederlassungen und Gesamtunternehmen sowie in der mangelnden Transparenz der Notwendigkeit des Wissenstransfers.

Ein wesentlicher Wettbewerbsvorteil liegt hingegen in dem flexiblen Eingehen auf Kundenwünsche. Dazu werden vermehrt Mitarbeiter benötigt, die über eine technisch/vertriebliche Doppelqualifikation verfügen. Im Vertrieb wie auch im Service der Dienstleistungsprodukte ist sowohl technisches als auch kaufmännisches Wissen in unterschiedlichen Ausprägungen erforderlich. In der Regel können aber nur technisch *oder* vertrieblich ausgebildete Mitarbeiter gewonnen werden. Der konkrete Bedarf an doppelt qualifizierten Mitarbeitern kann trotz gesamtwirtschaftlicher Stagnation nicht auf dem Arbeitsmarkt abgedeckt werden.

Um einen Projekterfolg von UNIKAT messbar darzustellen, wurde die gegenwärtige Situation als Ausgangspunkt fixiert. Vor diesem Hintergrund entstand nun die Definition des Zeitpunktes *t minus 1* vor UNIKAT.
Auf dieser Basis erfolgte die Introspektion und das unternehmensspezifische Design des Potenzialscanners.

Ergebnisse der Introspektion

Im Rahmen der Introspektion wurden Interviews im Vorstand und in den Funktionsbereichen Vertrieb, Projektabwicklung, Service und Montage durchgeführt. Die komprimierten Ergebnisse der Introspektion sind nachfolgend dargestellt.

1. Welche Eigenschaften prägen das Unternehmen?
Veränderungsfähigkeit
- Routine mit Veränderungszyklen - Eigene Stärken kennen und aktivieren - Vertrauen in die eigene Kraft, Krisen zu überwinden - Positive Einstellung zum permanenten Wandel - Chancen erkennen und ergreifen; Nutzen von Gelegenheiten

Innovativität
- Regelmäßige Überprüfung und Anpassung der Strategie - Angebot innovativer Produkte und Dienstleistungen - Anstoßen von kreativen Prozessen - Nutzung des innovativen Potenzials der Mitarbeiter (Ideen zu neuen Serviceprodukten) - Einbindung der Mitarbeiter in die Optimierung von Geschäftsprozessen
Selbstvertrauen
- Gesundes Selbstvertrauen a) in die eigenen Stärken und b) in die eigene Fähigkeit zur Überwindung von Krisen - Wir-Gefühl, starke Gemeinschaft
Kommunikation
- Offene Kommunikation; jeder spricht mit jedem; Anrede mit Vornamen und Sie (baut Hemmschwellen ab, wahrt aber eine gesunde Distanz) - Hoher Anteil persönlicher Kommunikation (Meetings) - Einbindung der Mitarbeiter (innovative Produkt- und Service-Ideen; Gestaltung der eigenen Arbeitsabläufe)
Welche Eigenschaften hätte das Unternehmen, wenn es eine Person wäre?
Reflektiert, ausdauernd, zielgerichtet, erfolgsorientiert, dynamisch, neugierig, begeisterungsfähig, kann mit Krisen umgehen
2. Führung und Unternehmenskultur
Unternehmensführung
- Ausgeprägtes unternehmerisches Denken und Handeln - Regelmäßige Überprüfung und ggf. Neuausrichtung der Strategie - Beharrlichkeit, Durchhaltevermögen - Fähigkeit zur Selbstreflexion
Mitarbeiterführung
- Überzeugen und aushandeln statt anordnen - Kreative Ideen anstoßen - Andere neben sich gelten lassen - Freiräume gewähren - Einbindung von Mitarbeitern
Werte, die im Unternehmen gefördert und auch gelebt werden
- Eigenverantwortlichkeit und Eigeninitiative, sich um die Dinge kümmern, über die man stolpert - Unternehmerisches Denken und Handeln; Dinge hemdsärmelig tun - Überdurchschnittliches Engagement - Verbindlichkeit - Professionalität vor Individualität - Wir-Gefühl

3. Stärken und Schwächen des Unternehmens
Stärken des Unternehmens
- Strategieorientierung; Engpasskonzentrierte Strategie (EKS) - Kunden- und Dienstleistungsorientierung; Differenzierung durch Kundennutzen - Struktur: Regionale Präsenz; Nutzung regionaler Vorteile - Größe: Flexibel wie die Kleinen und professionell wie die Großen - Qualifizierte Mitarbeiter, Experten, Spezialisten - Know-how, individuelle Lösungen für den Kunden zu entwickeln - Marktüberblick – preisgünstige Lösung bei gleich guter Qualität für den Kunden finden
Wirkung nach Außen
- Professionelles Auftreten und Verhalten zum Kunden - Einheitliches Erscheinungsbild - „Edelverkabler" - Understatement - Maßgeschneiderte optimale Lösungen für den Kunden
Wodurch war das Unternehmen in der Vergangenheit erfolgreich?
- „Die Überwindung von Krisen sind echte Erfolgserlebnisse, die das Unternehmen geprägt haben und Zutrauen in die Fähigkeiten geschaffen haben, auch künftige Herausforderungen bewältigen zu können." - Die Produkte waren Erfolgserlebnisse - Nutzung regionaler Vorteile; hohe Selbständigkeit der Niederlassungen.
Was könnte besser sein?
- Die Qualifikation der Mitarbeiter ist noch nicht ausreichend (Softwareprodukte); Weiterqualifizierung zu Experten und Spezialisten. - Doppelarbeit; Probleme werden parallel bearbeitet; Meetings kosten viel Zeit. - Ein Teil der Leute scheut die Übernahme von Eigenverantwortung.
Was muss passieren, damit das Unternehmen auch weiterhin erfolgreich ist?
- Bündelung der Kräfte und Fähigkeiten - Prozess der Verselbständigung der Niederlassungen stoppen - Mittelfristig andere Organisationsstrukturen in Erwägung ziehen

Abb. 16. Ergebnisse der Introspektion

Die dargestellten Ergebnisse zeigen die Vielschichtigkeit der Problemstellungen. Eckpunkte für den Einsatz des Potenzialscanners waren hier die verdichteten Erkenntnisse der Introspektion:

- Im Unternehmen ist Know-how vorhanden, aber
- Es gibt kein Steuerungselement dafür
- Darin enthaltene Potenziale bleiben ungenutzt
- Jede Niederlassung bewahrt ihren lokalen „Wissensschatz"
- Die Kundenanforderungen bleiben ungefiltert

- Der Grundsatz *Aus Fehlern lernen* bleibt unberücksichtigt
- Vorhandenes Know-how nimmt Einfluss auf die Strategie des Unternehmens und
- Wird genutzt zur effektiveren Produktentwicklung.

Der Potenzialscanner

Vor dem Hintergrund der Introspektions-Ergebnisse wurden als Einsatzschwerpunkte für den Potenzialscanner die Bereiche Mitarbeiter und Kunden herausgearbeitet. Weitere Bereiche kommen in Zukunft noch hinzu. Für die Anwendung des Scanners mussten geeignete Potenzialfilter geschaffen werden. Stellvertretend seien hier die Filtermöglichkeiten durch die Endkundenveranstaltungen *Roadshow* und *Kaminabend* genannt, welche später eingehend erläutert werden.

Identifikation unternehmensinterner Mitarbeiterpotenziale

Wichtige Anforderungen an die Mitarbeiter sind eigenständiges Arbeiten und ein enger Bezug zu den realisierten Projekten in einer flachen Hierarchie. Durch die Filteranwendung lassen sich die Potenziale der Human Resources zielgerichtet abbilden und zur Vorbereitung strategischer Entscheidungen nutzen. Im Rahmen von UNIKAT sollen damit zum Einen Impulse gesetzt werden, auf allen Ebenen und in allen Regionen permanent mehr Mitarbeiter zu Experten weiterzubilden, um noch detaillierter und flexibler auf Kundenwünsche eingehen zu können. Hierzu gilt es, Mitarbeiter mit geeigneten Ausgangsvoraussetzungen auszuwählen und zu fördern. Zum Anderen sollen das Wissen und die Erfahrungen der bundesweit verteilten Spezialisten zukünftig in einer Skill-Datenbank unternehmensweit abrufbar sein und so zu Synergieeffekten beitragen. Hierzu wurden im Rahmen der Filteranwendung die fachlichen Qualifikationen der Mitarbeiter abgefragt.

Darüber hinaus wurden die Potenzialfilter *Doppelarbeit*, *Eindrücke neuer Mitarbeiter* und *Interessenlagen* angewendet; die Fragen sind im Folgenden auszugsweise aufgeführt. Deren praktische Durchführung erfolgte über Interviews mit dem Vorstand und Mitarbeitern aus den Bereichen Vertrieb, Projektmanagement, Service und Montage.

Hierbei stellte sich z.B. heraus, dass unerwartet viele Techniker auch über Kenntnisse im Bereich *Netzwerk-Analyse-Software* verfügen. Dies wurde zudem noch durch Mehrfachnennungen (*fachliche Qualifikation* und *Interessenlage*) untermauert.

Scannerfragen zu *Doppelarbeit*
- Kennen Sie Beispiele für Doppelarbeit in Ihrem Arbeitsbereich? Wenn ja, welche? - Wann und woran ist es Ihnen aufgefallen? - Wodurch hätte das vermieden werden können? - Was tun Sie, um Ihre nachgelagerten Kollegen zu unterstützen, damit sie Ihre Ergebnisse optimal weiter bearbeiten können? - Wie nutzen Sie den Wissensstand und die Fähigkeiten Ihrer Kollegen niederlassungsübergreifend?
Scannerfragen zu *Eindrücke neuer Mitarbeiter*
an Mitarbeiter, die nicht länger als 6 Monate beim Unternehmen sind:
- Was war Ihr erster Eindruck, als Sie in die Firma eintraten, im Unterschied zu früheren Arbeitgebern? - Was ist Ihnen aufgefallen, wodurch sich die Firma März im Vergleich zu früheren Arbeitgebern hervorhebt ▪ im Auftreten beim Kunden, ▪ im internen Umgang miteinander, ▪ im Auftreten am Markt?
an alle Mitarbeiter:
- Wie lange hat bei Ihnen das Gefühl angehalten, noch neu und relativ *außen vor* zu sein? - Was genau hat Ihnen geholfen, dass Sie sich integriert fühlten? - Wer oder was hat Sie dabei unterstützt? - Wie unterscheidet sich der Arbeitsablauf bei März von dem in anderen Unternehmen?
Scannerfragen zu *Interessenlagen von Mitarbeitern*
- Was ist in diesem (im letzten) Jahr besonders gut gelungen? - Was ist Ihnen im Beruf wichtig? - Welche beruflichen Erfolge hatten Sie bei März? - Stellen Sie sich vor, Sie hätten 10 Prozent Ihrer Arbeitszeit zur Verfügung, was würden Sie damit (im Büro) machen?

Abb. 17. Fragen zur Ermittlung mitarbeiterbezogener Potenziale

Der Einsatz des Potenzialscanners bei Kundenveranstaltungen

Mit der Neuorganisation der Unternehmensgruppe im Jahre 1998 fanden weitere Veränderungen statt. Die Wettbewerbssituation des IT-Marktes machte neue Dienstleistungen erforderlich. Seitdem werden kontinuierlich neue Produkte und Dienstleistungen entwickelt und im Rahmen von umfassenden Marketingaktivitäten der Öffentlichkeit präsentiert. Problematisch erwies sich jedoch die Tatsache, dass viele März-Kunden ein falsches oder veraltetes Bild von der März-Gruppe hatten/haben. Beispiele für dieses Manko sind allgegenwärtig:

- Ein Interessent berücksichtigt die März-Gruppe bei der Anbieterauswahl nur im *Passiv-Bereich*, d.h. Verkabelung und Installation. Die

Tatsache dass März auch aktive Lösungen (Switches, Router) anbietet, ist ihm gänzlich unbekannt.

- Ein langjähriger März-Kunde erfährt durch Zufall von dem Produkt UniCab-Secure, eine umfassende Sicherheitslösung für die IT. Der Auftrag ist jedoch bereits an einen Wettbewerber vergeben.
- Ein Interessent vergibt einen umfassenden Auftrag an den Wettbewerber. Als Begründung wird fehlendes Vertrauen in die Kompetenz von März im Servicebereich genannt.
- Weitere Beispiele sind durch das Tagesgeschäft in allen März-Niederlassungen belegbar.

Im Rahmen der Anwendung des Potenzialscanners sollten nun bei Kundenveranstaltungen die Möglichkeiten des persönlichen Gespräches genutzt werden, um hierdurch einerseits einen fundierten Eindruck zu bekommen, wie das Unternehmen von Kunden und Interessenten wahrgenommen wird und andererseits um Anregungen für neue Geschäftsfelder zu erhalten.

Nachfolgend einige ausgewählte Scannerfragen zu den Veranstaltungen *Roadshow* und *Kaminabend*:

Ausgewählte Scannerfragen für *Roadshow* und *Kaminabend*
- Welche Bedeutung messen Sie einer kompletten Betreuung Ihres Unternehmens durch einen Serviceanbieter zu? - Welche Aufgaben sehen Sie nach der heutigen Veranstaltung in den Händen der März-Gruppe? - Welche Leistungen würden Sie von einem Dienstleistungsunternehmen erwarten, welches nicht nur die Überwachung der lokalen Dienste realisiert, sondern auch eine Sicherstellung der SLA´s (Service Level Agreement) mit den WAN-Providern garantiert? - Sehen Sie in der März-Gruppe einen *Generalisten* oder eher die *Spezialisten*? - Gibt es Dienstleistungen die Sie in der März-Produktpalette vermissen? - Welche Dienstleistungen würden Sie explizit nur einem Nischenanbieter anvertrauen? - Welchen Stellenwert hat der Begriff *one face to the customer* für Ihre tägliche Arbeit? - Wie beurteilen Sie die vorgestellte Servicestruktur der März-Gruppe? - Welche der während der Veranstaltung gewonnenen Erkenntnisse haben Auswirkungen auf Ihre IT-Strategie?

Abb. 18. Fragen zur Ermittlung kundenbezogener Potenziale

Die Roadshow

Um das Leistungsspektrum der März-Gruppe besser darstellen zu können, veranstalten die einzelnen März-Niederlassungen Kunden-Events in ausgewählten Tagungshotels. Durch die Vertriebsbeauftragten wurden gezielt mögliche Interessenten zu diesen Roadshows eingeladen. Die Besucher haben die Möglichkeit, mit Experten der jeweils dargestellten Fachbereiche intensive Gespräche zu führen. Dieser Meinungsaustausch auf Fachebene führt zu Anregungen und Impulsen für die weitere Zusammenarbeit und Projektrealisierung. Bisher wurden die Möglichkeiten solcher Veranstaltungen aber nur unzureichend genutzt.

Für den Einsatz des Scanners im Rahmen der Roadshow stand nun die Suche nach Potenzialen für neue Geschäftsfelder im Vordergrund. Anders ausgedrückt: „Was traut der Kunde uns zu, was nicht?" Durch den Potenzialscanner konnten die Wahrnehmungen der Interessenten erfasst und anonym ausgewertet werden.

Der Kaminabend

Während die Roadshow mit dem eher technischen Themenmix die Ebene der technischen Entscheider und Administratoren anspricht, zielt der Kaminabend ausschließlich auf den Dialog mit Vorständen und Geschäftsführern. Ziel des Kaminabends ist die Pflege bestehender Geschäftsbeziehungen sowie die Identifikation vorhandener Geschäftspotenziale. In diesem Dialog ergaben sich vielfache Ansätze für die nächsten Projekte. Vielversprechend war insbesondere auch die Meinungsforschung unter den geladenen Gästen. Ähnlich der Befragung während der Roadshows wurde auch hier das aktuell wahrgenommene Bild der März-Gruppe reflektiert.

Die aus den Scanneranwendungen gewonnenen Ansätze liefern im Rahmen des UNIKAT-Projektes wertvolle Anregungen für die Weiterentwicklung von bestehenden Produkten, bzw. die Neudefinition von Zielgruppen und die damit verbundenen neuen Dienstleistungen. Darüber hinaus trauen die Kunden März – auch über das bisher bekannte Leistungsspektrum hinaus – die Rolle eines Generalunternehmers zu. Dies bedeutet, dass März praktisch alle EDV-Dienstleistungen für den entsprechenden Zielkunden abdecken kann.

Zusammenfassend lassen sich die Ergebnisse der Kundenveranstaltungen folgendermaßen darstellen:

- Das Bild der März-Dienstleistungen ist in den Augen der Endkunden teilweise falsch.
- Erklärungsbedürftige Dienstleistungen müssen persönlich vorgestellt werden. Daher die gute Resonanz auf die Roadshow.
- Bei der Entwicklung neuer Produkte fehlt oft die Sicht des Kunden.
- Feedback aus dem Feld erweist sich als wertvolle Informationsquelle.
- Vertrauen in ein Unternehmen allein reicht nicht, die Kunden suchen Referenzen.

- Eine Konzentration auf eine Zielgruppe schützt vor Verzettelung.
- Durch Entwicklung zielgruppenspezifischer Dienstleistungen wird eine Differenzierung vom Wettbewerb möglich.

Aus diesen Ergebnissen wurde z. B. das neue Produkt UniCab®tuning entwickelt. Durch Interviews im Rahmen der Scanneranwendung konnten Mitarbeiter mit den hierzu benötigten Fachkenntnissen identifiziert werden. Die Stärken einzelner Mitarbeiter wurden gezielt ausgebaut und sind für das gesamte Unternehmen nutzbar.

3.3.3 Handlungsoptionen bewerten

Der Gedanke Unternehmenswachstum durch permanente Erschließung neuer Potenziale bedeutet, dass die durch den Scanner erhobenen Informationen entscheidungsgerecht aufbereitet werden müssen, um in die Unternehmensstrategie einfließen zu können. Dabei kann es sich um Informationen handeln, die zu einer Weiterentwicklung der strategischen Ausrichtung und zur Weiterentwicklung von innovativen Produkten führen oder um solche, die eine Entscheidung zur Erschließung und Nutzung der Potenziale direkt auf der operativen Ebene nach sich ziehen. Ein Beispiel für die Auswertung der Potenziale ist nachfolgend dargestellt:

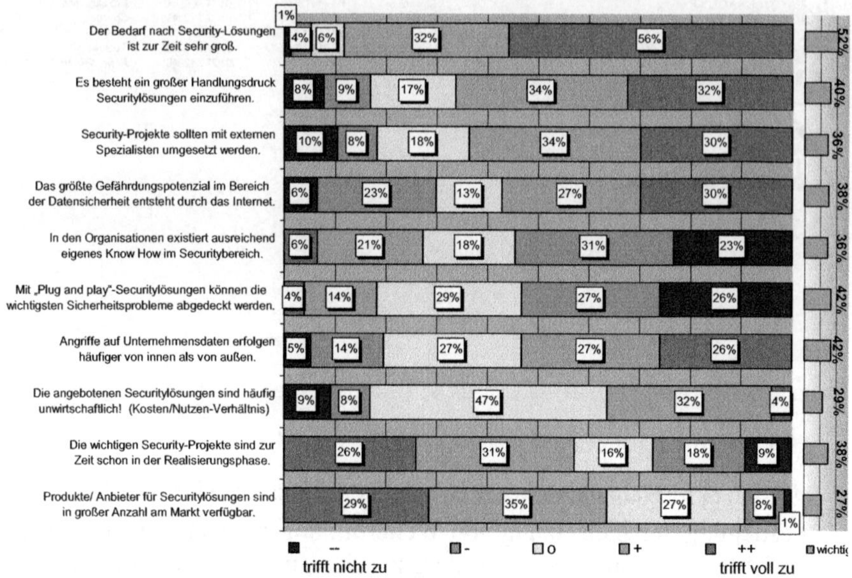

Abb. 19. Beispiel Potenzialbewertung

In diesem Zusammenhang wurden Interessenten nach ihrer Einschätzung des Produkt- und Dienstleistungsangebotes von März zum Security-

Bereich befragt. Das daraus abgeleitete Ranking der Ergebnisse beeinflusste direkt die Entwicklung bzw. Weiterentwicklung des Produktes UniCab secure.

Die Ergebnisse der Potenzialidentifizierung ergaben zahlreiche Anregungen für die Produktentwicklung. Für eine Entscheidungsfindung musste aber die Frage beantwortet werden, ob die benötigten Qualifikationen der ausführenden Mitarbeiter im Unternehmen vorhanden sind, bzw. mit welchem Aufwand diese bereit gestellt werden können.

Hierzu wurden die ermittelten Fähigkeitspotenziale der Mitarbeiter nach einer Einverständniserklärung in einer Skill-Datenbank abgebildet. Diese Informationen werden ausschließlich für interne Zwecke genutzt und sind nicht zu veröffentlichen. Die hier dargestellten Informationen sind deshalb anonymisiert.

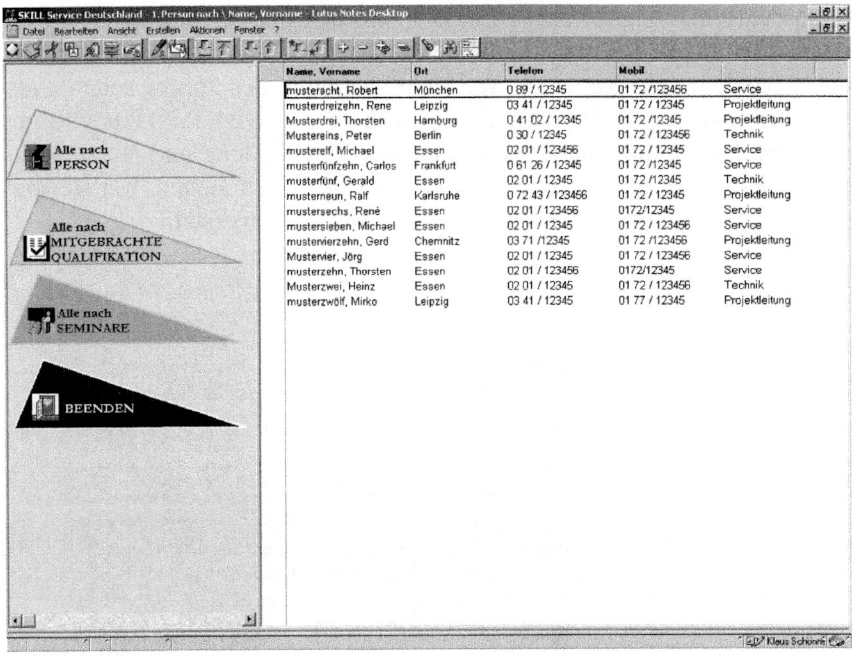

Abb. 20. Auszug aus der Skill-Datenbank

Mit der Skill-Datenbank konnten folgende Ziele realisiert werden:

- Festlegung der Zielsetzung von Weiterbildungsmaßnahmen ausgewählter Mitarbeiter unter Berücksichtigung der Zusammenführung der Interessen des Mitarbeiters und der Interessen von März Network Services im Rahmen von z.B. Mitarbeitergesprächen.

- Weiterentwicklung einer systematischen Personalentwicklung unter besonderer Berücksichtigung der erforderlichen Doppelqualifikation (Vertrieb/Technik)
- Technische und organisatorische Nutzbarmachung intern vorhandenen Expertenwissens und Know-hows für die Qualifizierung der Mitarbeiter.

Die technische Basis für die Skill-Datenbank ist die unternehmensweit im Einsatz befindliche Groupware Lotus Notes. Der Grundgedanke lässt sich jedoch auch auf andere Plattformen übertragen.

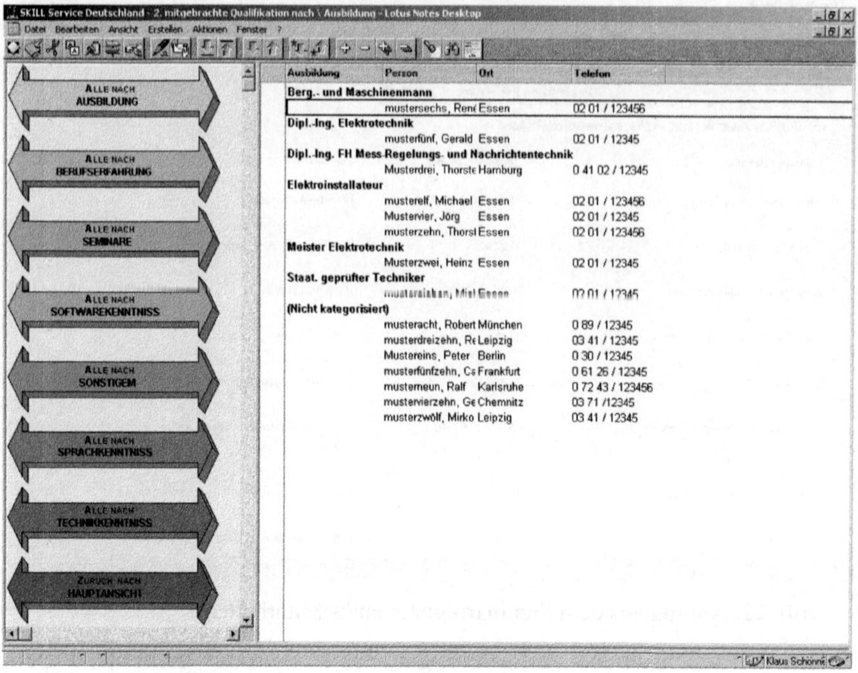

Abb. 21. Weitere Suchkriterien der Skill-Datenbank

Bisher unbekannte Wissenspotenziale lassen sich nun auf Knopfdruck darstellen. So verfügen – wie bereits oben erwähnt – eine Reihe von Mitarbeitern über Kenntnisse der softwaregestützten Netzanalyse. Eine Kundenbefragung im Rahmen der Roadshows spiegelte wider, dass die März-Kunden diese Dienstleistung von März realisiert haben möchten. Dies führte zu der Einführung eines weiteren Servicebereiches im Rahmen des Dienstleistungsproduktes UniCab Pronet. Entscheidungen bezüglich Unternehmensstrategie oder Produkteinführung lassen sich so fundierter untermauern.

Ein weiterer positiver Aspekt dieser Art von Wissensmanagement in Form einer Skill-Datenbank liegt in der operativen Nutzung von Erfahrungen bzw. der Vermeidung von bereits erlebten Fehlern in laufenden Geschäftsprozessen. Durch die Möglichkeit der Detaildarstellung von Mitarbeitererfahrungen können andere Niederlassungen auf die Erfahrungen von Projekten zurückgreifen. Steigende Effizienz und optimale Projektergebnisse sind die Folge.

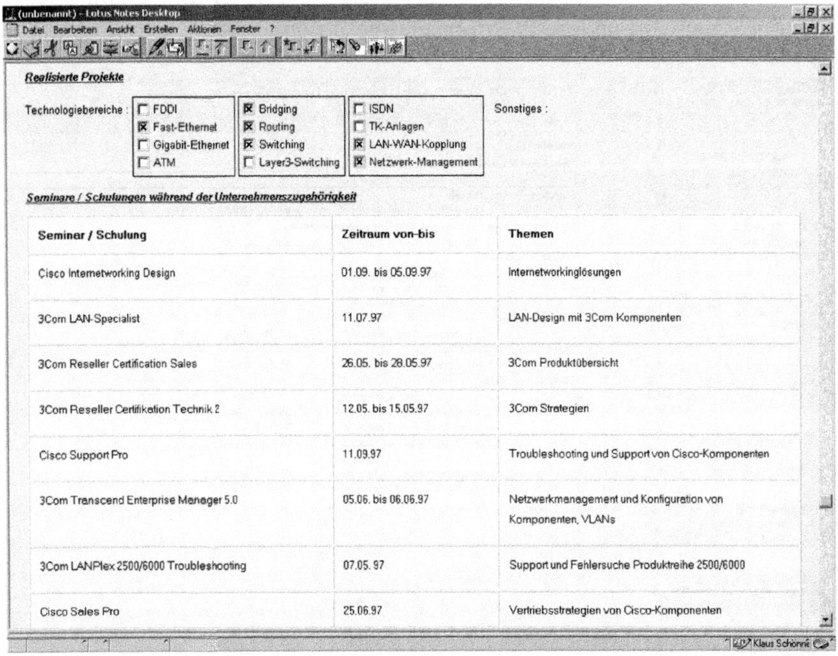

Abb. 22. Auszug aus dem Seminarregister eines Mitarbeiters

Um den wechselnden Anforderungen des IT-Marktes gerecht zu werden, wird eine optimale Qualifizierung der Mitarbeiter durch die März-Akademie gewährleistet. Bei der März-Akademie handelt es sich um eine Einrichtung innerhalb der März-Gruppe, die bisher nur für die Schulung von Kundenmitarbeitern genutzt wurde. Das Seminarangebot wird jetzt für die März-Mitarbeiter ausgeweitet und bezieht sich auf verschiedene Themen des IT-Umfeldes wie „Grundlagen der Netzwerktechnik", „Netzwerksecurity für Kundenberater", „Grundlagen von Lotus Notes", „Präsentationsgrundlagen", „Der Produktworkshop" oder „Sicher Präsentieren". Mit der März-Akademie kann das Unternehmen flexibel auf Wissensdefizite reagieren. Die im Rahmen der Mitarbeitergespräche gesteckten Ziele können durch kurzfristige Trainingsmaßnahmen untermauert werden. Eine

Abhängigkeit von externen Trainingsinstituten wird so weitgehend vermieden.

Über die März-Akademie lassen sich die Ausbildungsinhalte sehr exakt auf die Anforderungen des Marktes abstimmen. Das Seminarangebot wird ständig erweitert, so dass sich auch neue Themen schnell und effizient in die Geschäftsstellen tragen lassen. Nicht zuletzt sorgt die ständige Weiterbildung der Mitarbeiter für einen Motivationsschub, der sich als Geschäftserfolg niederschlägt.

Zentrales Steuerungselement für die Abstimmung und damit auch für die Bewertung von Markt- und Mitarbeiterpotenzialen ist hierbei ein im Rahmen des UNIKAT-Projektes entwickeltes *Kennzahlensystem*.

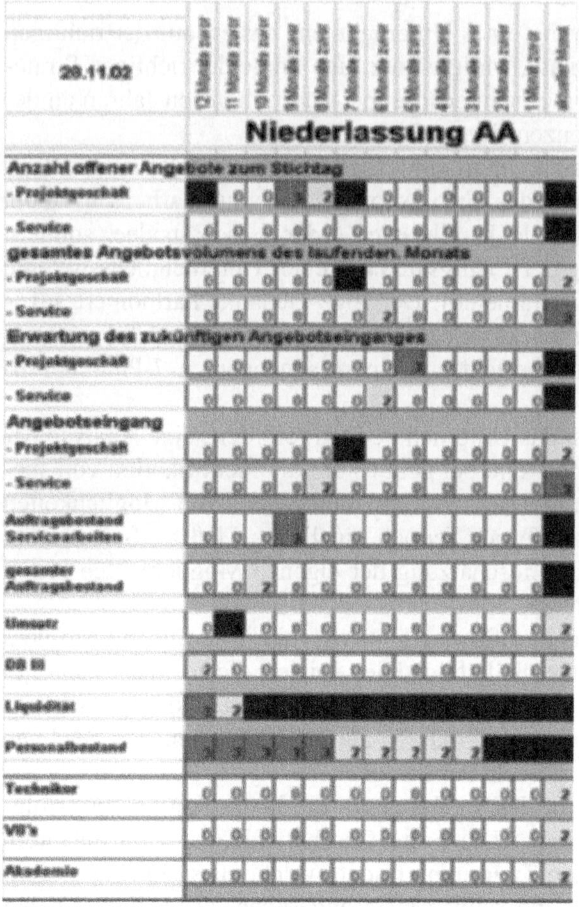

Abb. 23. Ein Auszug aus dem Kennzahlensystem

Nach verschiedenen Experimenten mit teils sehr komplexen Systemen (Balanced Scorecard) stellte sich heraus, dass ein einfacheres Kennzahlensystem für die Steuerung der März-Mitarbeiter effektiver ist. Ziel war ein System für die Praxis, welches mit vertretbarem Aufwand steuerbar ist und aktuell gehalten werden kann. Ein solches System darf kein Selbstzweck sein, die Gefahr des „Dateifriedhofs" ist zu groß. Das gewählte System bietet einen guten Kompromiss zwischen Darstellung der Information und Pflegeaufwand (vgl. hierzu auch 3.3.5 Erschließung der Potenziale).

3.3.4 Strategische Entscheidungen treffen

Die EKS-Strategie nach Wolfgang Mewes

Die erfolgreiche Führung eines Unternehmens basiert auf der richtigen Strategie. Gemäß dem Zitat „Erfolg ist nur eine Frage der richtigen Strategie" orientiert sich die Unternehmensgruppe März schon seit Jahren an der sogenannten Engpass-Konzentrierten-Strategie[26].

Ziel bei EKS ist es, eine Unternehmensidee durch eine Reihe von Einzelschritten zu filtern und das Erfolgspotenzial herauszuarbeiten. Dabei geht es nicht um das simple Durchsetzen jeder Geschäftsidee, sondern vielmehr um die Prüfung der Erfolgsaussicht einer Unternehmensstrategie entlang einer Reihe von Parametern. Der EKS-Gedanke harmoniert auf ideale Weise mit der Vorgehensweise im Rahmen des UNIKAT-Projektes. Die EKS-Vorgehensweise besteht aus einem sogenannten 7-Phasen Programm:

In der ersten Phase ist das Unternehmen aufgefordert, eine Analyse der Ist-Situation durchzuführen. Hierbei geht es um die Identifikation von speziellen Stärken, von Kenntnissen der Mitarbeiter oder von Möglichkeiten in der Produktion. Dies erfordert jedoch ein hohes Maß an Selbstkritik, denn nur eine realistische Einschätzung der eigenen Möglichkeiten bringt auch verwertbare Ergebnisse.

Die zweite Phase bedeutet für das Unternehmen eine Suche nach dem erfolgversprechendsten Geschäftsfeld. Hier spielen die in Phase eins gewonnenen Erkenntnisse eine wichtige Rolle. Das Geschäftsfeld muss nicht nur zum Unternehmen passen, es müssen auch die Mitarbeiter in der Lage sein, den Anforderungen gerecht zu werden.

In der dritten Phase von EKS geht es um die Identifikation der erfolgversprechendsten Zielgruppe. Die beste Geschäftsidee ist zum Scheitern verurteilt, wenn sich keine Zielgruppe findet, welche diese Idee honoriert. Diese Phase wird oft als die schwierigste angesehen, denn hierbei spielt

[26] Mewes (2000).

die Meinung des Marktes eine Rolle. Vereinfacht ausgedrückt muss sich das Unternehmen die Frage stellen: „Sieht uns der Markt auch in der Rolle des Anbieters/des Experten für diese Leistung?"

Die Phase vier bezieht sich auf die nun definierte Zielgruppe. Um das zentrale Bedürfnis nach Dienstleistung innerhalb der Zielgruppe zu erkennen, wird das *brennendste Problem* der Zielgruppe herausgearbeitet. Damit sind übergeordnete Kundenbedürfnisse gemeint, die auf eine Steigerung der Wettbewerbsfähigkeit des Kundenunternehmens abzielen: Welche Leistung fehlt in den meisten Unternehmen der Zielgruppe? Welche Dienstleistung haben sich die Ansprechpartner *schon immer gewünscht*? Welche Defizite und Zeitfresser im Tagesgeschäft lassen sich durch geeignete Produkte und Dienstleistungen neutralisieren? Beseitigt man einen solchen Entwicklungsengpass, lösen sich viele weitere Probleme kettenreaktionsartig von selbst.

Die Phase fünf, die Innovationsstrategie, folgt dem Grundsatz der Weiterentwicklung. Jede Leistung muss ständig verbessert werden. Durch eine Fokussierung auf die Probleme der Zielgruppe lässt sich ein größerer Vorsprung gegenüber dem Wettbewerb gewinnen. Die Innovation wird zur strategischen Daueraufgabe.

In der Phase sechs geht es um den Kooperationsgedanken. Rein auf das eigene Unternehmen bezogene Vorgehensweisen sind häufig zum Scheitern verurteilt. Dagegen wird durch eine Bündelung der Kräfte die Schlagkraft erhöht. Kooperationen bewirken Synergien. Kooperation ist (dauerhaft) erfolgreicher als Konfrontation. Viele Kooperationspartner erhöhen die eigene Attraktivität.

Die siebte und letzte EKS-Phase definiert das *konstante Grundbedürfnis*. Zielsetzung ist es, dauerhaft der beste Problemlöser zu sein. Die Spezialisierung eines Unternehmens auf *variable* Bedürfnisse birgt ein hohes Risiko. Die Spezialisierung auf ein *konstantes* Bedürfnis sichert den dauerhaften Erfolg. Die Frage für das Unternehmen lautet also vereinfacht: „Welche konstanten Grundbedürfnisse stehen hinter dem von der Zielgruppe am brennendsten empfundenen Problem"?

Identifikation einer Kunden-Zielgruppe

Das Management von März Network Services hat sich zum Ziel gesetzt, die ursprüngliche Wachstumsdynamik nun auch auf Dienstleistungen im Umfeld der gesamten IT-Welt zu übertragen. Hier werden gezielt unbesetzte Marktnischen aufgespürt und besetzt. Um die eigenen Stärken und Potenziale zur Differenzierung im Wettbewerb ausspielen zu können, gilt es im Sinne der EKS-Strategie eine neue Kunden-Zielgruppe zu finden und anzusprechen, die diese Vorteile optimal zu nutzen weiß.

Diese Zielgruppen-Identifikation folgt sehr eng angelehnt an die eigene Organisation der März-Gruppe. Idealerweise verfügt der März-Kunde über eine Niederlassungsstruktur in ganz Deutschland mit einer zentralen EDV.

Somit kann der Kunde nach dem Prinzip *one face to the customer* betreut werden. Die betreuende März-Niederlassung übernimmt die Steuerung der bundesweiten Aktivitäten und organisiert in Zusammenarbeit mit dem Kunden die anstehenden Projekte. Die Kommunikation läuft idealerweise an zentraler Stelle zusammen. Reibungsverluste werden vermieden und Projekte können effektiver abgewickelt werden. Der nach Projektabschluss einsetzende Serviceplan funktioniert nach gleichem Muster.

Wie gelangen nun potenzialorientierte Informationen in den strategischen Entscheidungsprozess bei März?

Durch die Anwendung des Potenzialscanners konnten wichtige Hinweise für die Identifikation einer entsprechenden Kundenzielgruppe gewonnen werden. Die Auswertung ergab zum Beispiel, dass viele Mittelstandsunternehmen verteilt organisiert sind. Von einer Zentrale aus wird die EDV für die gesamte Gruppe gesteuert. In den Filialen mangelt es aber oft an qualifiziertem Personal für die Beseitigung von Fehlern in der IT-Struktur. Durch die bundesweit verteilten März-Niederlassungen kann nun die Zielgruppe der Filialisten optimal bedient werden, wobei der Kunde nur einen Ansprechpartner bei März braucht. Als Generalunternehmer deckt März praktisch alle Dienstleistungsbereiche für diese Zielgruppe ab. Darüber hinaus finden die generierten Anregungen zu neuen Produkten und Dienstleistungen Eingang in die strategischen Entscheidungsprozesse.

Die Ideen zu einzelnen Produkten und Dienstleistungen werden im Rahmen von Arbeitsgruppen diskutiert und auf eventuell vorhandenes Konflikt-Potenzial durchleuchtet. Dies ist nötig, weil die März-Gruppe in den unterschiedlichsten Regionen des Landes auch mit unterschiedlichen Kundenmeinungen konfrontiert wird. Nicht jedes Produkt ist für den bundesweiten Einsatz geeignet.

Im Rahmen von quartalsweise stattfindenden Vorstandstagungen werden alle März-Geschäftsführer in diesen Prozess involviert. Fragen zum Marketing werden hier ebenso diskutiert wie die Mitarbeiterkapazitäten in den einzelnen Niederlassungen. Die bereits beschriebene Skill-Datenbank liefert hier in Verbindung mit dem Kennzahlensystem wertvolle Entscheidungshilfen.

Nach der Freigabe durch die Geschäftsführung wird die Produktidee in die Produktentwicklung eingespeist. Hier gilt es zunächst das Team zu definieren, welches sich schwerpunktmäßig mit der neuen Produktidee auseinandersetzen soll.

Die unterschiedlichsten Fachabteilungen werden involviert. Kernstück der Entwicklungsarbeit ist ein genauer Zeitplan, der festlegt, bis wann das neue Produkt oder die Dienstleistung reif zur Markteinführung ist.

3.3.5 Erschließung der Potenziale

Die Ergebnisse des UNIKAT-Projektes sowie die Erkenntnisse aus der EKS-Vorgehensweise fließen nun ein in die Potenzialerschließung. Im Rahmen der Phase Potenzialerschließung konnten auf Basis der Scannerinformationen zahlreiche operative Verbesserungen in den unternehmerischen Ablauf der März-Gruppe eingearbeitet werden. Hierbei stellte sich die Sichtweise *Von außen nach innen* als optimal heraus. Eine Betrachtung des Gesamtvorganges durch die UNIKAT-Brille erzeugte eine Reihe von kreativen Veränderungen innerhalb des Entwicklungsprozesses. Innerhalb dieser Phase wird nun die Produktentwicklung bis zu einem Stand von ca. 80 Prozent vorangetrieben. Nach der Erstellung eines Strategiepapiers, der Kostenkalkulation und einer Einweisung des Personals geht das neue Produkt an den Markt. Diese 80-Prozent-Regel wird angewendet, um vermeidbare Kosten zu sparen. Aufwendige Marketingmaßnahmen werden beispielsweise erst nach einer Manifestierung des Produktes angestrebt, d.h. wenn die Produktidee vom Markt aufgegriffen wird.

Nachdem erste Erfahrungen mit der neuen Dienstleistung vorliegen, erfolgt die Einweisung in den Geschäftsstellen. Im Rahmen von regelmäßig stattfindenden Schulungen werden primär die Vertriebsmitarbeiter in das neue Produkt eingewiesen. Damit soll eine Sicherheit für den Verkäufer erreicht werden, die diesen dazu in die Lage versetzt, den Grundgedanken und die Vorteile für den Kunden klar und transparent darzustellen.

Nach erfolgreicher Markteinführung eines neuen Produktes stellt sich oft die Frage nach den verfügbaren Personalressourcen. Auch hier konnte durch die Projektarbeit in UNIKAT eine deutliche Verbesserung in der Vorgehensweise erzielt werden: Die bereits vorgestellte Skill-Datenbank bildet die Grundlage für die *strategische Personalentwicklung*. Im zweiten Schritt werden nun *Einzelgespräche mit den Mitarbeitern* der betroffenen Abteilungen geführt. Die Auseinandersetzung mit einem bisher unbekannten Geschäftsfeld (zum Beispiel Sicherheitslösungen) bietet dem einzelnen Mitarbeiter konkrete Ziele und Perspektiven für seine persönliche Weiterentwicklung. Im Rahmen der durch UNIKAT eingeführten *Mitarbeiterbefragungen* können nun die Vorstellungen des Unternehmens mit den Zielen der Mitarbeiter besser in Einklang gebracht werden. Die Steuerung erfolgt durch das bereits vorgestellte *Kennzahlensystem.*

Sind weitergehende Qualifikationen erforderlich, wird ein Trainingsplan erstellt. Die geeigneten Mitarbeiter werden für Trainingsmaßnahmen eingeplant. Diese werden entweder durch die März-Akademie oder durch externe Seminare realisiert.

Ein weiterer Vorteil aus den UNIKAT-Erfahrungen liegt in der frühen Erkennung von Engpässen. Durch eine genaue Überprüfung der Ist-Situation und die anhand von Gesprächsleitfäden durchgeführten *Mitarbeitergespräche* werden schnell mögliche Handlungsfelder aufgezeigt. Für den einzelnen Mitarbeiter bedeutet das auch eine klarere Perspektive für seine eigene Entwicklung und damit eine Erhöhung der Motivation. Der Synergieeffekt für das Unternehmen liegt auf der Hand.

Zielvereinbarungen

Ein wesentliches Element der Erschließung der ermittelten Potenziale sind Zielvereinbarungen. Ausgehend vom angesprochenen Zeitpunkt t minus 1 wurde der bisherige Ansatz der Strategieentwicklung und –umsetzung um den UNIKAT-Gedanken erweitert. Im konkreten Falle bedeutet dies einen systematischen Abgleich von Markt- und Mitarbeiterpotenzialen mit Hilfe von Zielvereinbarungen. Der Zeitpunkt t null (siehe Abb. 24) war der Ansatzpunkt des Scannerprozesses. Ab hier begann ein Lernprozess für das gesamte Unternehmen und es ergaben sich spontan Anregungen für die Unternehmensstrategie, die Personalentwicklung und die Produktentwicklung.

Im Zusammenhang mit dem UNIKAT-Ansatz wurde hieraus ein Modell für die Vereinbarung von Zielen implementiert:

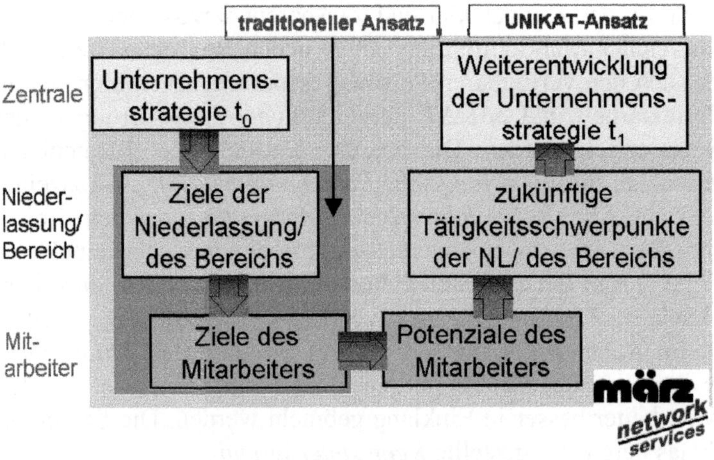

Abb. 24. Der Zielvereinbarungsprozess bei März

Die Erfassung und Integration der Mitarbeiterziele in die Unternehmensprozesse wurde bisher als eine bekannte Größe im Rahmen der Personalpolitik von März betrachtet. Durch den UNIKAT-Ansatz werden nun jedoch ganz gezielt die verborgenen Potenziale des einzelnen Mitarbeiters sichtbar gemacht. Diese Potenziale müssen für die Unternehmensleitung transparent sein. Auf diese Weise wird eine Entscheidungsgrundlage für die Weiterentwicklung der Unternehmensstrategie geschaffen.

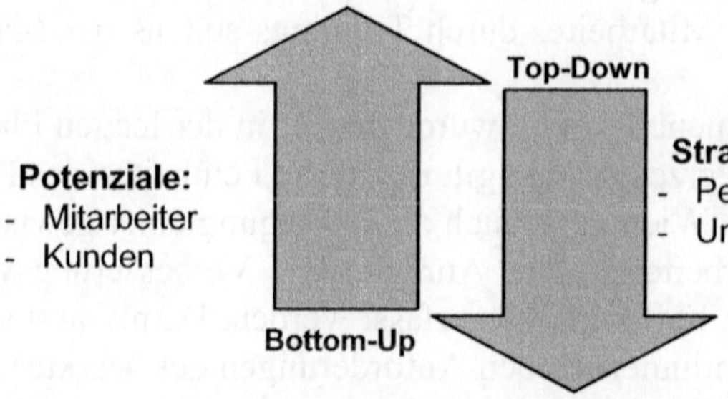

Abb. 25. Strategieentwicklung im Gegenstromverfahren

Die Identifikation von Potenzialen gestaltet sich gerade dann schwierig, wenn das Unternehmen nur nach dem Top-Down-Verfahren funktioniert. Im Rahmen des UNIKAT-Projektes wurde diese Vorgehensweise umgestellt auf das dargestellte Gegenstromverfahren. Dadurch ist es möglich, ganz gezielt Informationen aus den Kundenbeziehungen herauszuarbeiten und mit den Potenzialen der Mitarbeiter über Zielvereinbarungen in Einklang zu bringen. Die Möglichkeit von oben und von unten das Unternehmen zu beeinflussen, schafft neue Möglichkeiten der Wettbewerbsfähigkeit.

3.3.6 Nutzung der Potenziale

Die gefundenen Potenziale gilt es nun zu nutzen. Die Geschäftsidee muss vermarktet werden.

Durch die in der Pilotphase gewonnenen Erfahrungen kann nun eine Weiterentwicklung des Produktes erfolgen. Die bisher erreichten 80 Prozent dienten der marktnahen Erprobung des Produktes, ohne kostenintensive Vertriebsmittel. Nun, da das Produkt offensichtlich vom Markt akzeptiert wird, kann das Feintuning erfolgen, der Schritt von 80 auf 100 Prozent.

Als erstes Sprachrohr der März-Gruppe dient hier das Team des Telemarketings. Nach Entwicklung eines entsprechenden Telefonleitfadens für die Telemarketingmitarbeiter, werden nun intensiv Kundengespräche geführt. Ziel ist es, die neue Dienstleistung einer großen Runde von Zielgruppenkunden bekannt zu machen. Idealerweise bereitet das Telemarketing bereits Besuchstermine der Vertriebsmitarbeiter vor.

Nun erfolgt auch der Transfer der Produktidee an alle verkaufsorientierten Mitarbeiter. Was das Team des Telemarketings via Telefonat leistet, erbringt die Marketingabteilung nun in Schriftform: Broschüren, Prospekte, Datenblätter und Präsentationen werden erzeugt und den Geschäftsstellen zur Verfügung gestellt. Begleitet werden die Maßnahmen durch eine permanente Betreuung der Mitarbeiter durch Trainings seitens der März-Akademie.

Das Verständnis für das neue Produkt wurde bereits in der letzten Phase des Entwicklungsprozesses erzeugt. Nun gilt es auf die Feinheiten des Projektgeschäftes zu reagieren. Wichtig ist auch die Erzeugung einer gewissen Sensibilität bei den Mitarbeitern: Alle Anregungen, Verbesserungsvorschläge und vor allem auch Kritik müssen erfasst werden. Damit lässt sich die neue Dienstleistung kontinuierlich den Anforderungen des Marktes anpassen bzw. optimieren. In diesem Zusammenhang sei noch einmal auf die Phase fünf der EKS-Vorgehensweise hingewiesen.

Nach der teilweise recht umfangreichen Identifikationsphase können nun die Früchte der Arbeit geerntet werden. Durch die Umsetzung der Ideen im Rahmen des UNIKAT-Projektes wurden nicht nur Potenziale identifiziert, sondern auch die einzelnen Phasen der Produktentwicklung optimiert. Die damit verbundenen Vorteile führten zu einer schnellen Akzeptanz dieser potenzialorientierten Vorgehensweise.

3.3.7 Regelkreis und Standardisierung der Potenzialnutzung

Sobald ein Ergebnis nach einem Prozess vorliegt, muss analysiert werden warum dieses Resultat eingetreten ist und welche Faktoren nötig sind, um weitere (positive) Ergebnisse zu erreichen.

Dies führte zum Design eines Regelkreises. Es sollte sichergestellt sein, dass die Vorgehensweise des UNIKAT-Ansatzes auch für Nicht-Projektbeteiligte transparent abgebildet werden kann und dass der Prozess auch nach Projektabschluss weitergeführt wird. Nur wenn die erarbeiteten Ergebnisse auch weiter *gelebt* werden, stellt sich ein spürbarer und langfristiger Erfolg ein. Abbildung 26 gibt Aufschluss über die Schwerpunkte des März-Regelkreises.

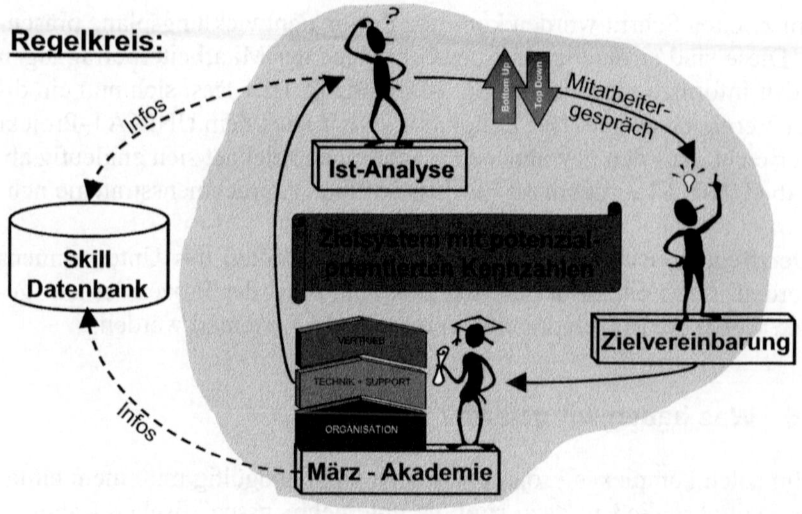

Abb. 26. Der Regelkreis der Identifizierung und Nutzung von Potenzialen

Auf eine potenzialbezogene Analyse der Ist-Situation durch erneuten Einsatz des Scanners erfolgt gemäss dem Gegenstromverfahren eine Reihe von Gesprächen und Interviews mit den Mitarbeitergruppen. Daraus ergeben sich Erkenntnisse in Bezug auf die Ziele der einzelnen Mitarbeiter und die damit verbundenen persönlichen Entwicklungsmöglichkeiten.

Nun muss eine Prüfung erfolgen, wie der Mitarbeiter seine Ziele erreichen kann. Eigenes Know-how wird genutzt, fehlendes Know-how wird durch die März-Akademie ausgeglichen.

Sobald ein Mitarbeiter über entsprechende Qualifikationen verfügt, wird dieses Wissen in einer Skill-Datenbank *abgelegt*. Diese Datenbank bildet nun die Grundlage für eine Reihe von strategischen wie auch operativen Entscheidungen innerhalb des Unternehmens.

Jeder Faktor innerhalb des Regelkreises dient als Informationsbasis für den folgenden. Als Steuerungselement dieses Prozesses dient eine Reihe von Kennzahlen, welche individuell auf die einzelnen Anforderungen der Regelkreisfaktoren abgestimmt sind.

Die Arbeit im Rahmen des UNIKAT-Projektes darf nun aber nicht den Charakter des *Einmaligen* annehmen. Trotz aller Hektik des täglichen Projektgeschäftes gilt es nun, die potenzialorientierte Vorgehensweise sicherzustellen.

Den ersten Schritt hierzu bildete die Präsentation der Gesamtprojektarbeit UNIKAT gegenüber dem Vorstand der März-Gruppe. Es wurde dargestellt, welche Ziele erreicht worden sind und welche Veränderungen des Tagesgeschäftes durch die UNIKAT-Projektphasen eingeleitet wurden. Wichtig war dabei eine klare Nutzendarstellung.

Im zweiten Schritt wurden konkrete Personalentwicklungspläne präsentiert. Diese sind entstanden auf der Grundlage der Mitarbeiterbefragungen und den Informationen aus der Skill-Datenbank. Hier lässt sich nun ein direkter Vergleich ziehen. Der Zeitpunkt *t plus 1* nach dem UNIKAT-Projekt war erreicht. Aus den gewonnenen Erfahrungen zeichnet sich eindeutig ab, dass die UNIKAT-Ergebnisse Einfluss auf die Unternehmensstrategie nehmen.

Der Regelkreislauf ist damit ein fester Bestandteil des Unternehmens geworden. Nach einem definierten Zeitraum wird der Prozess erneut gestartet, wobei die Einzelvorgänge immer wieder verfeinert werden.

3.3.8 Was haben wir gelernt?

Ein solch komplexes Projekt lässt sich nicht endgültig mit einem einfachen Fazit abschließen; dazu sind die unternehmensspezifischen Rahmenbedingungen zu verwoben. Es lassen sich aber einige signifikante Punkte herausstellen:

- Durch die Implementierung des UNIKAT-Regelkreises wird das bei den Mitarbeitern bisher vorherrschende, eher abteilungsbezogene Denken mehr und mehr durch eine ganzheitliche Sichtweise abgelöst.
- Die kontinuierliche Information und Einbeziehung der Mitarbeiter sichert Transparenz, Verständnis und Akzeptanz des potenzialorientierten Vorgehens.
- Aufgrund der wachsenden Kenntnis des Gesamtzusammenhanges und der zunehmenden Einbindung der Mitarbeiter ist eine Erhöhung der Motivation deutlich spürbar.
- Im Zusammenhang mit der Anwendung kundenbezogener Filterfragen konnte die anvisierte Kunden-Zielgruppe konkret fokussiert und entsprechende Produkte und Dienstleistungen passgenau angeboten werden. März versteht jetzt die Nöte des Kunden besser und kann dementsprechend zielgerichtet agieren.
- Im Rahmen des UNIKAT-Projektes wurden die beiden zentralen Stärken von März weiter gestärkt: Das Selbstbewusstsein der Mitarbeiter nach innen und die Kompetenz nach außen.
- Die UNIKAT-Arbeit hat dafür gesorgt, dass bisher unbekannte Qualifikationen der eigenen Mitarbeiter als Potenziale identifiziert wurden. Dies führte zur Entwicklung neuer Produkte (Uni*Cab*®tuning). Die damit verbundenen Geschäftsfelder sind ebenso als neue Potenziale erkannt worden.

- Eine Steuerung des Systems ist unabdingbar, muss aber mit vertretbarem Aufwand beherrschbar sein.
- Eine der entscheidenden Fragen war die Implementierung des Regelkreismodells in der Praxis. Bestehende Strukturen weisen i.d.R. ein nicht zu unterschätzendes Beharrungsvermögen auf. Jeder Eingriff in diese Struktur stößt zunächst auf Skepsis, Kritik, ja sogar Ablehnung! Im Laufe des UNIKAT-Projektes wurde jedoch relativ schnell der konkrete Nutzen für Mitarbeiter und Führungskräfte bei ihrer täglichen Arbeit deutlich:
- Vorteile im operativen Geschäft (Wer kann helfen?)
- Entscheidungsgrundlage für Führungskräfte (Haben wir Fachleute?) Diese Erfolge ermöglichten die Akzeptanz und Neuordnung von Prozessen.
- Die Bestandteile Scanner, Unternehmensstrategie, Mitarbeiterziele/-Potenziale, Wissensmanagement, Qualifizierung und Steuerung durch Kennzahlen sind durch UNIKAT zu einem Gesamtsystem zusammengewachsen. Nicht die Einzelbaustelle bringt den Erfolg, sondern die ganzheitliche Sicht der Dinge.

3.4 Mit strukturierter Kommunikation die Potenziale möglicher Zukunftsfelder erkennen und erschließen – Visionen der Vodafone Pilotentwicklung

Christiane Hipp, Torsten Herzberg

3.4.1 Strategien, Potenziale, Innovationen: Die Vodafone Pilotentwicklung

Die Rolle des Innovationsmanagements in der Telekommunikation

Globalisierter Wettbewerb erhöht die Anzahl konkurrierender Akteure in weltweiten Märkten. Dies zwingt Unternehmen dazu, sich flexibel auf ständig veränderte Rahmenbedingungen einzustellen und damit ihre Unternehmensstrategie stets weiter zu entwickeln und anzupassen. In sehr dynamischen Märkten ist es häufig allenfalls noch möglich, Rahmenstrategien oder Stoßrichtungen vorzugeben und die Umsetzung dezentralen Einheiten zu überlassen. Hieraus resultiert die zentrale Herausforderung des Innovationsmanagements in seiner frühen Phase: Wie müssen Produkte für zukünftige Märkte gestaltet werden, wenn die Rahmenbedingungen des Marktumfelds und der Unternehmensstrategie einem ständigen und sich beschleunigenden Veränderungsprozess unterworfen sind?

Am Beispiel der Telekommunikation lässt sich die Problematik sehr anschaulich verdeutlichen: Die neuen Märkte sind nicht länger als einfache, stringente Wertschöpfungsketten vom Rohstoffproduzenten bis hin zum Endkunden darstellbar. Vielmehr gestalten sich die Prozesse in Netzwerken aus unterschiedlichen Leistungsträgern. Hersteller von Endgeräten, Infrastrukturausrüster und -betreiber, Anbieter von Inhalten, Finanzdienstleister, Provider und viele andere Unternehmen tragen dazu bei, die Kundenbedürfnisse zu befriedigen. Im Wandel zur Dienstleistungsgesellschaft suchen Kunden – gleich ob Endkunde oder Geschäftskunde – eine Problemlösung. Dienstleistungen in Kombination mit Produkten drängen sich in den Vordergrund des Marktgeschehens, denn kein Kunde kauft beispielsweise ein Mobiltelefon, ohne damit nicht auch telefonieren zu wollen.

Die Strukturen der Zukunftsmärkte abzuschätzen und Strategien zu deren Bearbeitung zu entwickeln, erweist sich als Herausforderung: Die emergierenden Kundenanforderungen, die beteiligten Akteure und die einzusetzenden Technologien zu identifizieren sowie die wettbewerbs-relevanten Schnittstellen mit neuen Produkten zu besetzen, ist eine Aufgabe des Strategie- und Innovationsmanagements.

Die Vodafone Pilotentwicklung GmbH (vpe) ist als Teil der Vodafone Group R&D eine Einheit, die in der frühen Innovationsphase, Technologien, Akteure sowie Umfeldbedingungen für die Welt von morgen analysiert, und daraus wettbewerbsfähige Produkte und Dienstleistungen für Vodafone ableitet.

Die Vodafone Pilotentwicklung und ihre Rolle zwischen Innovation und Unternehmensstrategie

Die Vodafone Pilotentwicklung GmbH ist hervorgegangen aus der Mannesmann Pilotenwicklungsgesellschaft mbH (mpe), einer direkt auf Vorstandsebene angesiedelten Einheit, die sich abseits des Tagesgeschäfts mit der langfristigen Weiterentwicklung des Mannesmann Konzerns befasste.[27] Nach der Übernahme von Mannesmann durch Vodafone wurde die mpe in den Vodafone Konzern integriert. Die Vodafone Pilotentwicklung GmbH ist der deutsche Standort der Vodafone Group R&D[28]. Unter dem Leitsatz *driving innovation in a wireless world* arbeiten ihre 25 festen und etwa 15 freien Mitarbeiter mit den Herstellern von mobilen Endgeräten, Infrastrukturausrüstern, Standardisierungsgremien und anderen relevanten Akteuren im Mobilfunkmarkt zusammen. Das Aufgabenspektrum umfasst dabei die Teilprozesse Trendmonitoring, um künftige Kundenbedürfnisse zu erkennen, Market Intelligence, um Marktstrukturen zu analysieren und in besonderem Maße das Technologiemonitoring.

Fazit: Anforderungen an das Vorgehen bei Vodafone Pilotentwicklung

Aus der Beschreibung der vpe im ersten Abschnitt wird deutlich, dass der Beitrag der vpe zur Differenzierung im Wettbewerb direkt abhängt von der erfolgreichen Arbeit der vpe in den oben genannten Kernaufgaben. Je besser und sensibler die vpe als Organisation auf neue Entwicklungen reagiert, umso größer ist der Vorsprung im Wettbewerb, den die Vodafone-Gruppe daraus ziehen kann.

---

27 Siehe auch Mettler. (2000) oder Kainzbauer/Kaelber (1998).

28 Siehe auch http://www.vodafone-rnd.com.

Ausgehend von dieser Zielsetzung lässt sich hinsichtlich der Umsetzung des Projekts UNIKAT folgendes Fazit ziehen.

- Die Vernetzung sowohl innerhalb als auch außerhalb der Unternehmensgrenzen stellt einen wichtigen Faktor für die Identifikation neuer Trends und die Gestaltung neuer Produktideen dar. Konkrete Maßnahmen müssen hier ansetzen.
- Vernetzung wird vornehmlich durch Kommunikation hergestellt und ist ein auslösendes Moment für kreative Prozesse. Kommunikation basiert im weiteren Sinne auf der Aufnahme, Verarbeitung und Weitergabe von Informationen. Dadurch werden die Arbeitsmethoden der Mitarbeiter zu einem zentralen Faktor, um die Potenziale aus Vernetzung und Kreativität zu identifizieren. Methoden der Recherche, Analyse und Aufbereitung, sowie der Moderation von Kommunikation in der Gruppe werden somit zum *Potenzial-Enabler*.
- Erst wenn die Kommunikation reibungsarm funktioniert, können Potenziale identifiziert und erschlossen werden, damit die Einzigartigkeit gewährleistet bleibt.

3.4.2 Die Einordnung des UNIKAT-Regelkreises bei Vodafone Pilotentwicklung

In Anlehnung an den in Kapitel 2.2 dargestellten Regelkreis folgt an dieser Stelle eine Einordnung bei vpe.

Vorstufe Introspektion: Die Introspektion ist bei vpe auf zwei wesentlichen Standbeinen erfolgt.

- Einerseits wurden – aufbauend auf Erkenntnissen theoretischer Vorüberlegungen und Recherchen – Diplom- und Seminararbeiten angestoßen,
- andererseits wurden durch Interviews, Prozessbeobachtungen und Kreativitätsworkshops konkrete Maßnahmen entwickelt.

Diese Vorstufe hat ergeben, dass sich die wichtigsten Potenziale hinter Vernetzung, Kreativität und den Arbeitsmethoden verbergen. Weiterhin konnten wir herausarbeiten, dass der Potenzialscanner kein reines Reporting darstellen sollte, sondern ein lebendiger Prozess entstehen muss, der die Potenzialidentifikation, Erschließung und Nutzung zum Ergebnis hat. Dies kann nur dadurch geschehen, dass die Eigeninitiative und damit Motivation der Mitarbeiter im Rahmen der Selbstorganisation nachhaltig unterstützt werden.

Potenzialidentifikation: Die Potenzialidentifikation beruht vornehmlich darauf, dass methodische Fähigkeiten, Netzwerke und Kreativität der vpe-Mitarbeiter identifiziert bzw. entwickelt werden. Die in jedem Mitarbeiter schlummernden Ideen können somit *gehoben* und für das Unternehmen nutzbar gemacht werden. Als entscheidende Potenzialfiltergruppen wurden Mitarbeiter, Projekte, Kooperationen und Erfolge herausgearbeitet. Dazu wurde der Scannerbaukasten entwickelt, der unten ausführlich dargestellt wird.

Die Prozessabschnitte: *Bewertung von Handlungsoptionen, Definition von Entscheidungswegen, Entwicklung von Strategien, Erschließung und Nutzung von Potenzialen* lassen sich in der Konzeption lediglich analytisch trennen. Im vpe-Modell laufen die hier genannten Prozessabschnitte ständig parallel mit, so dass sich eine enge Verzahnung mit dem eigentlichen Prozess der Potenzialidentifikation ergibt. Die vorhandenen Entscheidungswege sind zu nutzen und Informationen von Experten im Unternehmen zu Rate zu ziehen, um Potenziale zu bewerten und zu erschließen. Da vpe eine recht kleine Einheit ist, lässt sich das leicht verwirklichen. Entscheidungswege sind bekannt, die Kommunikation ist informeller Natur. Ein großes Gewicht liegt auf der Eigeninitiative der Mitarbeiter, um neue Projekte und Ideen *von unten* entstehen zu lassen.

Messung des Erfolgsbeitrags: Dies ist kein zentraler Bestandteil des Projekts aus Sicht der vpe. Der Erfolg lässt sich nur daran messen, ob sich Projekte beim internen Kunden (z.B. Vodafone D2) platzieren lassen. Die Maßnahmen werden jedoch nicht einzeln, sondern integriert in einen Gesamtprozess umgesetzt. Ganz unterschiedliche Akteure (z.B. Handyhersteller, Automobilfirmen, Universitäten, Medienunternehmen) haben ihren Anteil an der Entwicklung eines neuen Wertschöpfungsnetzes. Eine Zuweisung von Erfolgsbeiträgen einzelner Maßnahmen im Gesamtzusammenhang ist kaum möglich. Die Erfolgsmessung verbleibt also bei einer output-orientierten, qualitativen Bewertung, die im Rahmen des Projektmanagements durchgeführt wird.

3.4.3 Der vpe Scannerbaukasten

Als Ergebnis der konzeptionellen Vorüberlegungen und der Introspektion wird folgend der vpe-Potenzialscanner als *Scannerbaukasten* dargestellt. Der Potenzialscanner wurde deshalb als *Baukasten* entwickelt, um die Vielfalt der Methoden und Maßnahmen darzustellen und zu zeigen, dass es die eine beste Methode nicht gibt, sondern nur einzelne, sich ergänzende und flexibel kombinierbare Bausteine zum Ziel führen: Potenziale zu identifizieren und nutzbar zu machen.

Der Scannerbaukasten: Eine Methode und ihr Aufbau

Die vpe ist ein kleines Unternehmen, das für den dynamischen mobilen Telekommunikationsmarkt Innovationen entwickelt. Potenziale zur Differenzierung gilt es kontinuierlich zu finden. Um die UNIKAT-Idee auch langfristig nutzen zu können ist es wichtig, dass jeder Mitarbeiter in die Lage versetzt wird, sein spezifisches Umfeld (intern und extern) zu evaluieren und nach verborgenen Schätzen zu suchen. Das bedeutet, dass sowohl ein Werkstudent als auch ein erfahrener Mitarbeiter über die Kompetenz verfügen müssen, verborgende Potenziale aufzuspüren.

Aus diesem Grund musste ein sehr flexibles, modular aufgebautes System entwickelt werden. Das UNIKAT-Team bei vpe hat einen abgewandelten morphologischen Kasten entwickelt, um alle möglichen Optionen von Ausprägungen und Handlungsdimensionen zu verdeutlichen. Dabei wurden die Filtergruppen des UNIKAT-Ansatzes herangezogen (z.B. Mitarbeiter). Konkrete Potenzialfilter lassen sich dann – abhängig von der Problemstellung und den beteiligten Mitarbeitern – immer wieder neu definieren und zusammenstellen. Die einzelnen Potenzialfilter der ausgewählten Filtergruppen dienen dabei als Fundus, aus dem sich die Anwender bedienen können. Ein höchstes Maß an Übersichtlichkeit und Flexibilität wurde geschaffen.

Die erste Zeile des Kastens enthält alle für vpe relevanten Potenzialfiltergruppen (vgl. auch Abb. 27):

- **Mitarbeiter** (feste Mitarbeiter, freie Mitarbeiter, Werkstudenten, Diplomanden, Praktikanten). Sie sind deshalb interessant, weil sie aus unterschiedlichsten Disziplinen kommen und gerade studentische Mitarbeiter sehr stark fluktuieren. Hieraus ergibt sich als Potenzial ein stetiger Wissenszufluss, es besteht jedoch auch die Gefahr des Wissensabflusses. Ein weiteres Potenzial sieht die vpe im Aufbau eines breiten Kontaktnetzwerkes, das immer wieder eine neue Außenperspektive auf das Unternehmen ermöglicht.
- **Projekte**, **Kooperationen** und **Erfolge** sind Aspekte, deren Betrachtung deshalb hohe Beachtung verdient, da das Unternehmen einem stetigen und schnellen Wandel unterzogen ist, so dass Potenziale hieraus leicht übersehen werden können. Es gibt immer wieder Projektteams, die sehr erfolgreich für einen internen Kunden eine neue Technologie entwickeln. Jedoch können das kleine Projekte sein, die auf den ersten Blick wenig beachtenswert wären. Die Ergebnisse gehen in der Dynamik des Tagesgeschäfts unter. Doch in einem größeren Zusammenhang sind es eventuell gerade die kleinen Projekte und Erfolge, die sich auf andere Zusammenhänge übertragen und damit Einzigartigkeit

ermöglichen. Beispielsweise gab es ein kleines Projekt mit einem Münchner Kulturbetrieb. Durch eine sehr offensive Kommunikation des Projektleiters konnten Technologien und Ergebnisse in ein Vodafone R&D-weites Projekt integriert werden. Dies gilt es für alle Projekte zu systematisieren.

Die zweite Zeile der Morphologie enthält die wichtigsten Kompetenzen, um Potenziale der vpe freizulegen. Diese sind wie bereits erwähnt:

- Der **Umgang mit Netzwerken**, also der internen und externen Vernetzung,
- Die notwendige **Kreativität**, die es erst ermöglicht, sich bei der Produktentwicklung von den heutigen Gegebenheiten zu lösen und in Zukünften zu denken.
- Das dritte Potenzial stellen die **Arbeitsmethoden** dar. Sie schaffen den Rahmen, der effektive und effiziente Kommunikation im Netzwerk ermöglicht. Hierzu zählen alle Techniken zur Recherche, Aufbereitung, Analyse und Kommunikation von Informationen sowie Methoden der Moderation.

Die dritte Zeile enthält die Arten von Maßnahmen, die Potenziale erschließen helfen. Hierzu zählen:

- **Gesprächsforen und Workshops**, die vor allem die Identifikation von Wissensträgern und die Vermittlung impliziten Wissens erlauben,
- **Elektronische Medien**, die vor allem eine anonyme Suche nach Informationen sowie asynchrone Kommunikation ermöglichen,
- **Marktplätze** sind Orte der Begegnung, an denen Kollegen einander zufällig treffen (wie etwa Kaffeemaschinen oder Kopiergeräte), um sich auszutauschen, und schließlich noch
- **Potenzialpromotoren** als erfahrene Mitarbeiter, die fast jederzeit fähig sind, einen passenden Kontakt herzustellen oder ein guter Diskussionspartner zu sein.

Die vierte Zeile schließlich beinhaltet die Adressaten und Interessenten der identifizierten Potenziale. Diese finden sich in erster Linie bei der Geschäftsführung. Aber auch feste und freie Mitarbeiter sowie Werkstudenten, Diplomanden, Praktikanten sollen bei der Umsetzung in Projekte und Strategien unterstützend mithelfen.

Filtergruppen	Mitarbeiter	Projekte	Kooperationen	Erfolge
Potenzial	Vernetzung	Kreativität	Methoden	
Instrument	Foren/Workshops	Elektronische Medien	Marktplatz	Potenzialpromotoren
Adressat	GL	PL	MA	WS/FM

Abb. 27. Der Scannerbaukasten bei vpe

Im Rahmen des Projekts und aufbauend auf dem morphologischen Kasten wurden nun konkrete Maßnahmen beispielhaft entwickelt. Dadurch war es uns möglich, mit geringem Implementierungsaufwand den UNIKAT-Regelkreis ohne große Widerstände zu realisieren. Aufwand und Nutzen sind klar kommunizierbar. Ein starres, unflexibles Korsett wurde vermieden.

Konkrete Maßnahmen: Erfolge und Erfahrungen

(a) Eine Basis für den Alltag: Die Methodenkiste

Die Methodenkiste ist im Rahmen der Introspektion und laufenden Evaluation entstanden. In Form einer umfangreichen Mindmap gibt sie einen Überblick über alle eingesetzten Arbeitsmethoden innerhalb der vpe. Diese Methoden reichen von der Anwendung verschiedener Recherchetechniken bis hin zur Durchführung von Szenarioworkshops. Insgesamt sind über 50 einzelne Werkzeuge und Methoden in der Methodenkiste enthalten. So kann sich jeder Mitarbeiter auf einen Blick inspirieren lassen und sich mit der für seine Aufgaben notwendigen Vorgehensweise vertraut machen. Darüber hinaus findet der Mitarbeiter durch das Angebot von Methoden einen leichteren Zugang zur Weiterentwicklung seiner persönlichen Kompetenzen. Auch damit werden Mitarbeiter-Potenziale erschlossen.

Beispielsweise mussten für einen internen Auftraggeber innerhalb kürzester Zeit sehr viele ungewöhnliche neue Service-Konzepte entwickelt werden. Durch die Methodenkiste waren die Mitarbeiter in der Lage, sich mit verschiedenen Kreativitätstechniken vertraut zu machen, deren Vor- und Nachteile abzuschätzen, den richtigen Personenkreis zu identifizieren und letztendlich sehr erfolgreich, grundlegend neue Ideen zu finden und zu bewerten.

Es zeigte sich, dass durch die Bereitstellung allein der Austausch und die Verbreitung unter den Mitarbeitern noch nicht gewährleistet werden, zumal die Anwendung von Methoden unter den Technologieexperten kein vorrangiges Gesprächsthema ist. Der explizite Austausch musste durch weitere Maßnahmen unterstützt werden: Die Methodenschleuse.

Die Methodenschleuse

Diese Maßnahme entstand aus der Erkenntnis heraus, dass neue Mitarbeiter zuweilen intensiverer Einarbeitung benötigen, um eigenverantwortlich arbeiten zu können. Dies betrifft vornehmlich studentische, aber auch freie und junge feste Mitarbeiter. Mit der Methodenschleuse wurde ein Forum geschaffen, mit dessen Hilfe eine Auseinandersetzung mit den Arbeitsmethoden angeregt wird. Jeweils ein Mitarbeiter im Bereich Innovationsmanagement und ein Experte aus einem Technologiefeld leiten eine Gruppe von drei bis vier neuen Mitarbeitern an, die eine konkrete Aufgabe aus dem Arbeitsumfeld bearbeiten sollen. In diesem Rahmen werden Recherchequellen, Informationsaufbereitungstechniken, Präsentations-, Moderations- und Kreativitätstechniken angewandt und sehr praxisnah vermittelt. Die Methodenschleuse endet mit einer Abschlusspräsentation.

Welchen Nutzen bringt dieses Vorgehen? Durch die Integration der Technologieexperten bekommen diese einen Überblick über die Methodenkiste und werden so an sie herangeführt. Die zu schulenden Mitarbeiter vernetzen sich untereinander und lernen Teamarbeit sowie andere Kollegen, deren Informationsquellen sowie die Unternehmenskultur binnen kürzester Zeit kennen. Außerdem ergänzen sie die bestehende Methodenkiste. Ein gegenseitiger Niveau-Unterschied wird ausgeglichen. Aus diesem Grund entstand auch der Name der Maßnahme: Methoden–Schleuse.

Im Rahmen des UNIKAT-Projekts konnten wir sogar externe Mitarbeiter, die nur für eine kurze Zeit bei uns waren, sehr schnell an unsere Standards heranführen und deren verborgene Potenziale sofort für vpe nutzbar machen. Die Qualität der Arbeitsergebnisse konnte so wesentlich verbessert werden.

Die Durchführung der Schleuse hat sich als personell sehr aufwendig heraus gestellt. Zur Prozessunterstützung wurde somit eine weitere Komponente entwickelt: Eine elektronische Lernplattform, um den Prozess zu unterstützen.

Die elektronische Lernplattform

Um die Lernprozesse und die Vermittlung von Methoden zu vereinfachen, wurde von einer Lernpsychologin ein elektronisches Lernkonzept entwickelt. Es sollten sowohl Einzel- als auch Teamlernprozesse unterstützt, sowie die für die Inhalte jeweils optimalen Medien verwendet werden. Es entstand der Prototyp einer Lernplattform, die sowohl Volltexte, Präsentationen, als auch Video- und Audiodateien beinhaltet. Da Lerninhalte nie abschließend dargestellt werden können, sind auch Verweise auf weitere Quellen sowie auf Mitarbeiter der vpe enthalten. Persönliche Lernbereiche sowie Lernhilfen gewährleisten die Ergonomie der Plattform, aufwandsarme Pflege wird durch Modularität des Aufbaus gewährleistet.

Unterschiedliche Gründe führten dazu, dass die Plattform noch nicht realisiert werden konnte (z.B. Engpässe bei der Softwareerstellung, erheblicher zeitlicher Aufwand bei der elektronischen Bereitstellung der Inhalte). Die Methodenschleuse wird momentan weiterhin traditionell durchgeführt und das Material wird nach und nach für das Lernportal aufbereitet.

(b) Netzwerke erschließen

Neben den Arbeitsmethoden ist die Handhabung von Netzwerken eine weitere Kompetenz, die eine Identifikation von Potenzialen verspricht. Da Vodafone ihre R&D-Einheiten sehr klein hält – im Schnitt arbeiten an einem Standort ca. 20 Personen – ist es unbedingt notwendig, sich gegenseitig in Projekten zu unterstützen und mit externen Dienstleistern zusammen zu arbeiten. Zunächst wird einführend das Grundprinzip des Umgangs mit Netzwerken erklärt, bevor die einzelnen Maßnahmen erläutert werden.

Exkurs: Marktplätze – dem Zufall auf die Sprünge helfen

Bereits in den Anfängen der Geschichtsschreibung waren Marktplätze Orte der Begegnung. Hier wurden Erfahrungen, Informationen und Ressourcen in Form von Waren getauscht. Wer handeln wollte, ging zum Marktplatz. Dem gleichen Prinzip folgt die Architektur der vpe. Marktplätze zur zufälligen Begegnung wurden bewusst geschaffen, um den Austausch der Mitarbeiter untereinander zu ermöglichen. So ist beispielsweise das Bistro nicht nur der Ort an dem die Kaffeemaschine zu finden ist, es ist gleichzeitig als Besprechungsraum eingerichtet, damit zufällige Zuhörer in Besprechungen eingebunden werden können. Dem gleichen Grundprinzip *Dem Zufall auf die Sprünge helfen* folgen auch die Gesprächsforen bei vpe. Wie Marktplätze sind sie Orte der Kommunikation, um Ideen entstehen und wachsen zu lassen. Im Rahmen von UNIKAT wurden vier Gesprächsforen eingerichtet. Zwei davon werden folgend im Rahmen der Netzwerkerschließung beschrieben, zwei weitere im nächsten Teilabschnitt, der sich der Ideenfindung widmet.

Die vpe-Akademie

Ziel der vpe-Akademie ist es, die Mitarbeiter anschluss- und redefähig zu machen. Alle zwei Wochen werden innerhalb einer Stunde kurze Vorträge zu Projekten, abgeschlossenen Diplom- und Seminararbeiten sowie zu interessanten Themen aus dem vpe-Alltag (z.B. Projektergebnisse) gehalten. Eingeladen sind alle Mitarbeiter. Auf diese Weise werden Themen aus unterschiedlichen Disziplinen diskutiert und interdisziplinärer Austausch ermöglicht. Die Akademie hat sehr großen Zuspruch gefunden. Referenten melden sich freiwillig und das Publikum ist zahlreich. Die Präsentationsfolien werden anschließend im Intranet veröffentlicht, so dass auch zu späteren Zeitpunkten die Referenten als Spezialisten zu bestimmten Themen identifizierbar und ansprechbar (!) sind. Haupterfolgskriterium für den Vortragenden ist das Prinzip der Wiederverwertung von Vorträgen, so dass die Vorbereitungszeit minimiert werden kann. Für alle Teilnehmer wesentlich ist die strikte Einhaltung des zeitlichen Limits von einer Stunde für Vortrag und Diskussion. Dadurch bleibt der Aufwand zwischen Projektstress und anderen Verpflichtungen überschaubar.

Ein Vortrag führte beispielsweise dazu, Interessenten an einem bestimmten Thema unter den Zuhörern zu identifizieren und zu gewinnen. Ein Projektteam konnte so schnell und bestmöglich zusammen gestellt werden. Die Motivation und das Hintergrundwissen der Mitarbeiter führten zu einem sehr erfolgreichen Projektstart.

Das Projektforum

Das Projektforum ist ein Austauschforum für Projektleiter. Es stellt die Wissensbewahrung dar und bietet einen Rahmen für *Lessons Learned*. Hier wird innerhalb kürzester Zeit der aktuelle Stand von Projekten vorgestellt. So können Ansprechpartner für Themen, sowie Synergiepotenziale identifiziert werden. Das Projektforum findet alle zwei Monate statt und dauert einen halben Tag. Jeder Projektleiter wird angehalten, seine Präsentation sehr kurz zu halten, eine Diskussion ist nur in Ausnahmefällen vorgesehen. Im Vordergrund steht die Informationsvermittlung und das Auffinden von Effizienzpotenzialen. Außerdem wird transparent, an welchen Stellen mit welchen Kooperationspartnern zusammen gearbeitet wird. Dadurch wird ein einheitliches Auftreten nach außen ermöglicht. Die Erfahrung zeigt, dass trotz der Terminierungsschwierigkeiten großes Interesse an dem Forum besteht. Optimale Frequenz und Teilnehmerzahl müssen allerdings noch ermittelt werden.

Auch das Projekt UNIKAT konnte so dem gesamten Kreis der Entscheidungsträger nahe gebracht werden. Synergien zu einem neuen internen Projekt wurden erkannt. Entsprechende Doppelarbeit wurde vermieden und der Transfer der UNIKAT-Ergebnisse wesentlich beschleunigt.

Der Knowledge Management Officer: Ein spezieller Potenzialpromotor

Ein besonderer Potenzialpromotor ist der Knowledge Management (KM) Officer. Er befasst sich aus Perspektive des Wissensmanagements mit dem Austausch von Expertisen und Methoden über die Standortgrenzen hinweg. Damit ist er ein Brückenkopf zwischen verschiedenen R&D-Einheiten von Vodafone, um so auch die Entstehung übergreifender Projekte zu fördern. Damit nimmt er eine besondere Rolle als Gatekeeper ein und hilft, die Potenziale anderer Standorte zu erschließen. Die Idee des Knowledge Management Officers bei Group R&D ist noch sehr jung, so dass an dieser Stelle noch über keine weiteren Erfahrungen berichtet werden kann. In Planung sind diverse Kommunikationsforen (*communities of interest*), technologische Plattformen sowie der gegenseitige Austausch von Mitarbeitern.

(c) Kreativität, Ideen und Projekte

Neben Methoden und Vernetzung stellt Kreativität das dritte wichtige Potenzial dar: Sie ist die Basis dafür, dass die Gegenwart durchbrochen werden kann, um neue und ausgefallene hochwertige Produkte für die Märkte der Zukunft zu finden.

Das Forum ide[e]fix

Das Forum ide[e]fix hat seinen Namen aus zwei Gründen: Es soll ein kurzes Meeting sein (*fix*) und es soll helfen, Ideen auszutauschen (*idee*). In seiner Grundkonzeption zielt das Forum darauf ab, alle drei bis vier Wochen jeweils fünf bis fünfzehn Minuten Vortrag und Diskussion für jede vorher eingebrachte Idee zur Verfügung zu stellen. Eine Präsentationsvorlage erleichtert den Referenten die Vorbereitung, da hier bereits die wichtigsten Informationen abgefragt werden, um einen höchstmöglichen Fokus im Rahmen der Diskussion zu ermöglichen. In der Diskussion soll dem Ideengeber Feedback gegeben werden und Promotoren zur Unterstützung identifiziert und für die Idee gewonnen werden. Damit wird das Forum zum ersten Sparringspartner für neue Ideen, um aus dieser Wiege heraus neue Projektansätze und auch -anträge hervor zu bringen.

Im Rahmen der ersten Evaluation musste festgestellt werden, dass nur wenige wirklich bahnbrechende Ideen darin vorgestellt wurden. Es hat sich gezeigt, dass wirklich gute Ideen über andere Kommunikationswege verteilt werden, da die Organisation mit ihren informellen Strukturen bereits darauf ausgelegt ist, Ideen zu kommunizieren. Es hat sich jedoch ebenfalls gezeigt, dass die Teilnehmer des Forums dieses dazu nutzen, um sich gegenseitig Feedback zu geben und damit weitere kreative Prozesse anzustoßen. ide[e]fix hat sich zu einem Kreativitätsforum entwickelt, das nicht, wie geplant, fertige Ideen zum Ergebnis hat, sondern mit Hilfe kreativer Diskussionen zu laufenden Projekten beiträgt und die Grundlage für neue Projekte bietet.

Inzwischen sind ca. 10 Ideen in einem engeren Auswahlprozess. Diese erstrecken sich beispielsweise über die Themengebiete Mobile Gaming bis hin zur Verbesserung der eigenen Methodenkompetenz. Letzterer Vorschlag entstand aus dem UNIKAT-Ansatz heraus.

Das Trendforum

Das Trendforum wurde zu Beginn des Projekts eingeführt. Hier wurden wöchentlich im Bistro wichtige Meldungen mit Trendcharakter der letzten Woche diskutiert und auf ihre Wirkung für Vodafone und die Arbeit der vpe hin untersucht. Da alle Mitarbeiter eingeladen waren mit zu diskutieren, um Trends auf technologischer und gesellschaftlicher Ebene zu identifizieren, wurde eine möglichst breite Sichtweise eingenommen. Meldungen, die für einzelne zunächst als irrelevant eingestuft wurden, konnten entgegen dieser Erwartung im Gesamtbild eingeordnet und in die Arbeit einbezogen werden. Externes Auftreten sowie Projektergebnisse wurden dadurch beeinflusst und angereichert.

Nach einer gewissen Laufzeit hat die Teilnahmebereitschaft der Mitarbeiter jedoch nachgelassen, da die Diskussionen zu weit entfernt von der konkreten Projektarbeit waren und dem Druck des Tagesgeschäfts weichen mussten. Trends bleiben jedoch ein wichtiger Bestandteil der Ideengenerierung. Durch die Tatsache, dass ide[e]fix sich zu einem Kreativitätsforum entwickelt hat, wurde beschlossen, das Trendforum und Ide[e]fix zu fusionieren. Damit wird ide[e]fix jeweils als Kreativitätsworkshop moderiert und Zukunftstrends als Hintergrund in die Diskussion mit eingebracht. Auf diese Weise erhöht sich der Aufwand für die Betreuung des ide[e]fix, allerdings wird dies mit dem Wegfallen des Trendforums kompensiert und im Ergebnis mit einem starken Nutzenzuwachs gerechnet.

Businessplan light

Gute Ideen werden bei vpe vor allem über informelle Kanäle positioniert. Damit liegt der Schluss nahe, dass Ideen eher im kleinen Rahmen diskutiert werden und auf diese Weise ihren *Schliff* erhalten. Der kleine Rahmen ist vornehmlich innerhalb von Teamzusammensetzungen anzusiedeln. Es besteht jedoch die Gefahr einer Sichtweise, die nicht über Projektgrenzen hinausgeht. Weiterhin haben Ideen erfahrenerer Mitarbeiter weitaus größere Chancen, zu Projekten zu werden, da diese die Kommunikationskanäle besser kennen. Aus diesen Gründen wurde der Businessplan light entwickelt.

Bei der Kommunikation von Ideen werden vom Entscheider bestimmte Standardinformationen nachgefragt. Diese Kriterien – im wesentlichen die wichtigen Abschnitte eines Businessplans – werden in einem Werkzeug abgebildet, das durch den Prozess der Entscheidungsvorbereitung klar strukturiert und umfassend moderiert wird. So kann jeder einzelne die Ideen für sich entwickeln, oder aber auch Kollegen zu Rate ziehen und einzelne Aspekte mit anderen diskutieren. Ziel ist es, die Ideen im Vorfeld in einem größeren Umfang zu evaluieren (z.B. Marktakzeptanz muss mit dem Market Intelligence Team abgestimmt werden) und Potenziale herauszustreichen. Zudem sollen Ideen von jungen Mitarbeitern eine verbesserte Realisierungschance bekommen. Der Businessplan light wird damit zu einem Strukturierungs- und Kommunikationsinstrument für alle Mitarbeiter mit potenziellen neuen Projekten.

Bisher befindet sich das Werkzeug in der Konzeptionsphase. Um die Einführung des Werkzeugs und dessen Nutzung zu gewährleisten, wird bereits im Rahmen eines Pilotprojekts in enger Zusammenarbeit mit einem operativen Projektteam das Design entwickelt.

3.4.4 Zusammenfassung

Wie eingangs gefordert, sollten Maßnahmen entwickelt werden, die aus den Potenzialträgern bzw. den vpe-Kernkompetenzen *Vernetzung*, *Kreativität* und *Methoden* die eigentlichen Potenziale von innen heraus ans Tageslicht befördern. Hierzu wurde der vpe-Scannerbaukasten entwickelt, der die Entwicklung von Maßnahmen erleichterte. In folgender Abbildung (siehe Abb. 28) wird zusammenfassend dargestellt, wie die Einzelmaßnahmen (z.B. Methodenkiste, Trendgespräche) den Scannerbaukasten abdecken. Außerdem wird gezeigt, welcher *Abdeckungsgrad* des Baukastens nach heutigem Stand durch die einzelnen Maßnahmen erreicht wird. Sie bekommen dadurch einen sehr schnellen Überblick, welche Potenzialfiltergruppen, welche Potenzialträger, welche Instrumente, aber auch welche Adressaten gleichzeitig angesprochen werden.

Maßnahme	Potenzialfiltergruppe	Potenzialträger	Instrument	Adressat
Methodenkiste	Mitarbeiter ☒	Vernetzung ☐	Foren/Workshops ☒	GL ☒
	Projekte ☐	Kreativität ☐	Elektr. Medien ☐	PL ☒
	Kooperationen ☐	Methoden ☒	Marktplätze ☐	FM ☒
	Erfolge ☐		Pot.-Promotoren ☒	freie/stud. ☒
Methodenschleuse	Mitarbeiter ☒	Vernetzung ☒	Foren/Workshops ☒	GL ☐
	Projekte ☐	Kreativität ☒	Elektr. Medien ☒	PL ☐
	Kooperationen ☐	Methoden ☒	Marktplätze ☐	FM ☒
	Erfolge ☐		Pot.-Promotoren ☒	freie/stud. ☒
Elektronische Lernplattform	Mitarbeiter ☒	Vernetzung ☐	Foren/Workshops ☒	GL ☐
	Projekte ☐	Kreativität ☒	Elektr. Medien ☒	PL ☐
	Kooperationen ☐	Methoden ☒	Marktplätze ☐	FM ☒
	Erfolge ☐		Pot.-Promotoren ☐	freie/stud. ☒
Akademie	Mitarbeiter ☒	Vernetzung ☒	Foren/Workshops ☒	GL ☐
	Projekte ☒	Kreativität ☒	Elektr. Medien ☒	PL ☒
	Kooperationen ☒	Methoden ☐	Marktplätze ☐	FM ☒
	Erfolge ☒		Pot.-Promotoren ☒	freie/stud. ☒
Projektforum	Mitarbeiter ☒	Vernetzung ☒	Foren/Workshops ☒	GL ☒
	Projekte ☒	Kreativität ☐	Elektr. Medien ☒	PL ☒
	Kooperationen ☒	Methoden ☐	Marktplätze ☐	FM ☐
	Erfolge ☐		Pot.-Promotoren ☐	freie/stud. ☐
KM Officer	Mitarbeiter ☒	Vernetzung ☒	Foren/Workshops ☐	GL ☒
	Projekte ☒	Kreativität ☐	Elektr. Medien ☒	PL ☒
	Kooperationen ☐	Methoden ☒	Marktplätze ☒	FM ☒
	Erfolge ☐		Pot.-Promotoren ☒	freie/stud. ☐
Ideefix	Mitarbeiter ☐	Vernetzung ☒	Foren/Workshops ☒	GL ☐
	Projekte ☐	Kreativität ☒	Elektr. Medien ☒	PL ☒
	Kooperationen ☒	Methoden ☐	Marktplätze ☐	FM ☒
	Erfolge ☐		Pot.-Promotoren ☒	freie/stud. ☒
Trendforum	Mitarbeiter ☒	Vernetzung ☒	Foren/Workshops ☒	GL ☐
	Projekte ☒	Kreativität ☒	Elektr. Medien ☐	PL ☒
	Kooperationen ☐	Methoden ☐	Marktplätze ☐	FM ☒
	Erfolge ☐		Pot.-Promotoren ☐	freie/stud. ☒
Business Plan light	Mitarbeiter ☐	Vernetzung ☐	Foren/Workshops ☐	GL ☒
	Projekte ☒	Kreativität ☐	Elektr. Medien ☒	PL ☒
	Kooperationen ☐	Methoden ☒	Marktplätze ☐	FM ☒
	Erfolge ☒		Pot.-Promotoren ☐	freie/stud. ☐
Legende:		☒: Maßnahme deckt den Bereich ab		
		GL:	Geschäftsleitung	
		PL:	Projektleiter	
		FM:	feste Mitarbeiter	
		Freie/stud.:	freie und studentische Mitarbeiter	

Abb. 28. Überblick über die einzelnen UNIKAT-Maßnahmen bei vpe

3.4.5 Abschließende Einordnung in den Regelkreis

Die vpe hat einen UNIKAT-Scannerbaukasten entwickelt, vorgestellt und konkrete Maßnahmen für die drei wichtigsten Kompetenzen der vpe abgeleitet. Zusammenfassend zeigt folgende Abbildung (vgl. Abb. 29), welche der Maßnahmen den Regelkreis inwiefern abbilden:

Schritt 1: Potenziale identifizieren	Methodenschleuse; Lernplattform; Akademie; Projektforum; KM Officer; ide[e]fix; Trendforum;
Schritt 2: Handlungsoptionen bewerten	Methodenkiste; Projektforum; ide[e]fix; Trendforum; Businessplan light;
Schritt 3: Entscheidungswege definieren	Methodenkiste; Lernplattform; Projektforum; ide[e]fix; Trendforum; Businessplan light;
Schritt 4: Strategieentwicklung	Methodenkiste; Projektforum; ide[e]fix; Businessplan light;
Schritt 5: Erschließung von Potenzialen	Methodenschleuse; Akademie; Projektforum; KM Officer; Businessplan light;
Schritt 6: Nutzung von Potenzialen	Methodenschleuse; Akademie; KM Officer; Businessplan light;

Abb. 29. Verbindung zwischen UNIKAT-Regelkreis und Maßnahmen bei vpe

Die Punkte *Entscheidungswege definieren* und *Strategieentwicklung* können durch die Maßnahmen des Potenzialscanners lediglich unterstützt werden. Die Organisation der vpe ist durch ihre Kommunikationswege auf die Entwicklung neuer Strategien und Produkte ausgerichtet, so dass die Prozesse flexibel bleiben müssen. Es können also nur Möglichkeiten aufgezeigt werden, wie diese Kanäle genutzt werden können. Alternatives, situationsangepasstes Vorgehen muss weiterhin möglich bleiben.

UNIKAT konnte der vpe zeigen, dass Differenzierung auf der Basis eigener Kompetenzen und Kreativität möglich ist, *ohne* eine starre Vorgehensweise oder Methodik vorgeben zu müssen. Natürlich wird auch nach Abschluss des Projekts eine ständige Evaluation, Anpassung und Weiterentwicklung der Maßnahmen notwendig bleiben.

3.5 Scannerinformationen toolgestützt erheben und weiterleiten – Erfahrungen bei der M+W Zander Facility Engineering GmbH

Rudolf Simon, Thomas Wössner

3.5.1 Unternehmensdaten/Unternehmensvorstellung

M+W Zander entstand aus der Fusion der zwei Traditionsunternehmen Meissner+Wurst und Zander. Meissner+Wurst wurde 1912 in Stuttgart gegründet und etablierte sich im Bereich lufttechnischer Anlagen, Zander wurde 1950 in Nürnberg gegründet. Die Firma Meissner+Wurst wurde 1994 von der Jenoptik AG gekauft und 1998 mit der Firma Zander fusioniert. M+W Zander hatte im Jahr 2001 4500 Mitarbeiter, bei ca. 1,5 Milliarden Euro Umsatz.

M+W Zander lebt von der Vernetzung unterschiedlicher Ingenieursqualitikationen, gepaart mit jahrzehntelanger Erfahrung im Management komplexer Großprojekte. Zu den Geschäftsfeldern gehören das Facility Engineering sowie das Facility Management. Das Leistungsspektrum von M+W Zander erstreckt sich über den gesamten Lebenszyklus von Gebäuden und Anlagen. Es reicht von der Planung über die Konstruktion bis zur Erstellung und zum Betrieb der Anlage. Zu den Schwerpunkten des Unternehmens gehört die Reinraumtechnik, die z.B. in der Fertigung von Halbleitern Anwendung findet. M+W Zander ist ein relevanter Zulieferer für die sehr dynamischen, globalen und innovationsstarken Märkte der Halbleiter-, Biotechnologie- und Pharmaindustrie. Weitere wesentliche Geschäftsfelder sind die Produktion von Reinraumkomponenten und das technische Gebäudemanagement, d.h. der Bewirtschaftung von Gebäuden und Anlagen. Oft ist M+W Zander als Generalunternehmer tätig. Insbesondere bei dem Bau von schlüsselfertigen Chipfabriken gilt M+W Zander als Weltmarktführer. Außerdem übernimmt M+W Zander für Großunternehmen das komplette Gebäudemanagement.

3.5.2 Ausgangssituation, Ziele und Lösungsansatz

Für M+W Zander stellen hohen Anforderungen hinsichtlich Flexibilität und globaler Aktionsfähigkeit eine wesentliche Herausforderung dar. Um die im Wettbewerb erreichte Position abzusichern, muss das Wachstums- und Innovationstempo zumindest gehalten, eher noch gesteigert werden. Dieses ist auch eine strategische Zielsetzung von M+W Zander. Weitere wesentliche Differenzierungskriterien für M+W Zander sind Schnelligkeit in der Projektabwicklung und das Verständnis für das operative Business des Kunden, einschließlich den Erwartungen dessen Kunden.

Insbesondere die Geschäftsbereiche technische Gebäude-Systeme (TGS) und Facility Management sind geprägt von einem wettbewerbsintensiven Umfeld. Um in diesen Märkten bestehen zu können, orientiert sich M+W Zander verstärkt hin zu komplexen und damit wissensintensiven Themenbereichen. Dies sind insbesondere Gebäude und Anlagen für technologieintensive Industrien.

Es stellt sich die Frage, wie M+W Zander Wettbewerbsvorteile und damit ein überdurchschnittliches Wachstum sichern kann. Dabei sind wichtige Randbedingungen, z.B. die strategische Ausrichtung auf wissensintensive Geschäftsbereiche mit einem hohen Vernetzungsgrad, besonders zu berücksichtigen. Aus dieser Fragestellung ergibt sich der Bedarf für eine Methodik zur Identifikation von Potenzialen und zur Messung Ihrer Nutzung.

Als das UNIKAT-Projekt gestartet wurde, existierten bereits Vorarbeiten zum Thema Wissensmanagement. Treibende Faktoren hinter dieser Wissensmanagement-Initiative und der Entscheidung, sich an UNIKAT zu beteiligen, waren die hohen Anforderungen an das Unternehmen durch

- die strategische Ausrichtung auf wissensintensive und dynamische Geschäftsfelder,
- die starke Projektorientierung des Unternehmens,
- die internationale Ausrichtung (etwa 2/3 des Umsatzes werden nicht im Heimatmarkt gemacht),
- das starke Wachstum des Unternehmens in der letzte Dekade,
- die Erschließung neuer Geschäftsfelder.

Einige Projekte zum Thema Wissensmanagement waren in der Umsetzung. Dazu gehören Anwendungen, wie z.B. Yellow pages oder organisatorische Maßnahmen, wie z.B. die Einführung von so genannten Knowledge Centern. Die Erfahrungen aus diesen Projekten sind in UNIKAT berücksichtigt worden.

Die Inhalte von UNIKAT wurden bereits in der Planungsphase zum integralen Bestandteil der unternehmensweiten Aktivitäten des Wissensmanagements. Das Ziel des UNIKAT-Projektes aus Sicht von M+W Zander ist, einen praxisnahen Ansatz zu finden und im Unternehmen umzusetzen. Durch diesen Ansatz sollten Potenziale systematisch erschlossen, genutzt und die Umsetzung, d.h. die Nutzung der Potenziale gesteuert und verfolgt werden. Das eigentliche Ergebnis einer solchen Lösung sind dauerhafte Wettbewerbsvorteile. Diese zu erzeugen war und ist das eigentliche Ziel des Projektes.

Da parallel zum UNIKAT-Projekt bei M+W Zander ein sogenanntes Collaboration Tool[29] eingeführt wurde, lag die Idee nahe, die in UNIKAT entstehenden Lösungsansätze als Werkzeuge in die Collaboration Plattform zu integrieren. Daher lag bei M+W Zander ein besonderer Fokus darauf, die Ansätze so zu wählen, dass Sie zu einem Tool ausgebaut und angewendet werden konnten – optimalerweise integriert in die Collaboration Plattform. Um Ansatzpunkte für die eigentliche Potenzialsuche zu identifizieren, wurde eine Introspektion durchgeführt. Im Rahmen der Introspektion wurden der Ist-Zustand der Potenzial- bzw. Strategiefindung und Umsetzung ermittelt.

Ergebnisse der Introspektion

Ziel der Introspektion war, neben der Kontextanalyse von Gegenwart und Historie, die Potenzialfilter und deren Auswahl auf die konkreten Bedarfe eines Anlagenbauers abzustimmen. Es zeigt sich, dass durch die erzielten Ergebnisse der UNIKAT-Ansatz bestätigt und konkretisiert werden konnte. Der Potenzialfilter wird in diesem Zusammenhang verstanden als eine Entität, die Informationen über Potenziale generiert, d.h. hilft, Potenziale zu identifizieren.

In diesem Zusammenhang wurden die folgenden Fragestellungen erörtert:

- Wer sind die potenziellen Informationsnachfrager (Kunden) für spezifische Potenzialfilter, d.h. Informationen, die dieser Filter generiert?
- Wer sind die potenziellen Informationsbesitzer (Lieferanten) für spezifische Potenzialfilter?
- Was sollen die Potenzialfilter, in welcher Form liefern?

[29] Damit ist eine internetbasierte Plattform gemeint, auf der alle an einem Projekt beteiligten Akteure von jedem Punkt der Welt aus zusammenarbeiten können. Dazu gehören bspw. ein gemeinsames Dokumentenmanagement, Diskussionsforen und auch das gesamte Projektmanagement.

- Welche Hürden existieren aktuell für die Kommunikation und Nutzung relevanter Informationen?

Relevante Informationsquellen für die Potenzialfilter wurden identifiziert, in allgemeiner Form sind dies z.B.: Mitarbeiter, Kunden, Lieferanten und Projekterfahrungen. Relevante Informationen sind z.B. *Lessons Learned* und *Best Practices*.

Wesentliche Handlungsfelder für UNIKAT ergaben sich aus den aktuell bestehenden Problemen. Von besonderer Bedeutung ist der mangelhafte Informationsfluss, d.h. Barrieren für die Kommunikation strategierelevanter Informationen.

- Relevante Informationen werden nicht gezielt bewirtschaftet.
- Es existieren Barrieren zwischen den Organisationseinheiten, z.B. Abteilungen, Geschäftsbereichen und Projekten.
- *Wissen ist Macht-Kultur*, in global verteiltem Unternehmen ist Wissen z.T. nur lokal vorhanden.
- Die Möglichkeiten der Internet-Technologie (Beschleunigen, weltweite Synchronisation und Automatisierung des Wissenstransfers) werden nicht genutzt.

Ein weiteres Ergebnis der Introspektion war die Erkenntnis, dass Potenziale unterschiedlichen Charakter haben. Es gibt Potenziale, die für die Optimierung der bestehenden Situation genutzt werden können und solche, die eher revolutionären Charakter haben. Die ersteren Potenziale können direkt operativ genutzt werden, wenn Sie erkannt und den verantwortlichen Personen vermittelt werden. Im Weiteren bezeichnen wir solche Potenziale als operative Potenziale. Sie durchlaufen nicht die Strategieentwicklung, sondern fließen, gewissermaßen über einen *Bypass* direkt in die Optimierung der Prozesse ein.

Potenziale, die revolutionären Charakter haben, erfordern häufig größeren Aufwand, z.B. Planung, Wirtschaftlichkeitsberechnung, Pilotprojekte, Aufbau von entsprechenden Organisationseinheiten etc. Diese bezeichnen wir als strategische Potenziale. Sie sind Kerngegenstand der Strategieentwicklung im Unternehmen und werden daher auf Managementebene entwickelt, bewertet und ggf. umgesetzt.

Das Erkennen und Umsetzen von strategischen Potenzialen ist in der Vergangenheit für M+W Zander prägend gewesen und daher von besonderer Relevanz. Die Historie zeigt immer wieder Punkte, an denen gezielt derartige Potenziale aufgegriffen wurden und binnen kurzer Zeit zu tragenden Geschäftsfeldern des Unternehmens ausgebaut wurden. Solche Potenziale ergeben sich z.B. aus neuen Technologien, Innovationen oder aus sich neu entwickelnden Märkten. Dies gilt beispielsweise für den Einstieg in die Reinraumtechnologie, oder in der jüngeren Vergangenheit für den Einstieg in die Solartechnik. Die Fähigkeit, solche Potenziale zu erkennen und zu nutzen, soll nun mit dem Potenzialscanner abgesichert, systematisiert und ausgebaut werden.

Die aus der Introspektion gewonnenen Erkenntnisse sind in die Definition des Potenzialscanners und der Filtergruppen eingeflossen, haben aber auch zu konkreten Maßnahmen geführt.

3.5.3 Der Ansatz des Potenzialscanners bei M+W Zander

Um die Entwicklung und die Anwendung zu vereinfachen, wurden die folgenden Prämissen bei der Anwendung des Potenzialscanners zugrunde gelegt:

- Das Werkzeug sollte einfach und klar, d.h. leicht verständlich und von jedem Mitarbeiter verwendbar sein.
- Die Hürden zur Nutzung für den Anwender sollten niedrig sein.
- Das Werkzeug sollte sich in die bestehenden Geschäftsprozesse integrieren.
- Der Regelkreis, d.h. der Schritt vom Erkennen eines Potenzials zu dessen Nutzung (vgl. die sechs Schritte zur Einzigartigkeit, Kap.2.2), sollte möglichst klein sein. Der Nutzer des Werkzeuges sollte aus relevanten Informationen nicht nur Handlungsempfehlungen ableiten können, sondern auch in der Lage sein, diese direkt umzusetzen. Lediglich strategische Potenziale durchlaufen über das Instrument Roadmap (s.u.) die sechs Schritte explizit.

Die Position von M+W Zander im Wettbewerb und die Differenzierungsstrategie ist gekennzeichnet durch eine starke Kundenorientierung. Kundenorientierung wird verstanden als Herausforderung, Probleme des Kunden zu verstehen und diese zu lösen. Einflussfaktoren in diesem Zusammenhang sind dem eigentlichen Kunden-Projekt vorgelagerte Fragestellungen wie z.B.:

- Anforderungen an den Kunden, die an diesen von den Märkten bzw. seinen Kunden gestellt werden.
- Probleme oder Potenziale, die im Betrieb der für den Kunden zu erstellenden Anlage liegen. Dazu muss man verstehen, welche Ziele der Kunde mit der Anlage erreichen will.
- Erkennen von Innovationen, die sich auf die zu erstellende Anlage oder die Leistung die der Kunde mit der Anlage erbringen wird auswirken können.

Aufgrund dieser Voraussetzungen wurden die in den folgenden Absätzen beschriebenen Ansätze für die Umsetzung ausgewählt. Der Ansatz Knowledge Center resultiert aus der Annahme, dass viele Potenziale bereits in der Wissensbasis des Unternehmens vorhanden sind, aber nur teilweise identifiziert und genutzt werden. Die mitarbeiterbezogenen Potenziale werden im Rahmen des Mitarbeitergesprächsbogens erfasst, kundengetriebene Potenziale werden im Rahmen des Customer Relationship Management (CRM) identifiziert und deren Nutzung angestoßen. D.h. aus Sicht von M+W Zander sind Kunden, Mitarbeiter und das im Unternehmen vorhandene Wissen besonders wichtige Potenzialträger. Weitere wichtige Potenziale liegen in der Verbesserung der Kommunikation und Koordination.

Für operative Potenziale ist derjenige, der die Informationen erhebt, meist auch der Informationsempfänger und damit auch Bewerter des Potenzials. Häufig ist er auch bereits derjenige, der das Potenzial nutzen und die Nutzung steuern kann. In diesem Fall findet die Bewertung des Potenzials nur implizit statt. D.h. dieser Mitarbeiter bewertet das Potenzial und trifft die entsprechenden Entscheidungen um das Potenzial zu nutzen Durch diese Unterscheidung kann aufgezeigt werden, welche Potenziale nur im Rahmen einer übergeordneten Strategieentwicklung, z.B. auf Basis einer Roadmap, nutzbar gemacht werden können.

3.5.4 Beschreibung der Umsetzungen

Im Folgenden werden die bei M+W Zander entwickelten oder angewandten Ansätze und Tools beschrieben. Die einzelnen Tools befinden sich in unterschiedlichen Phasen der Umsetzung, teilweise existieren bereits, wie bei den Knowledge Centern, langjährige Praxiserfahrungen.

Knowledge Center

Ein sogenanntes Knowledge Center existierte bereits vor dem Start des UNIKAT Projektes. Der Ansatz wurde im Rahmen von UNIKAT überarbeitet und stärker auf die Erkennung und Nutzung von Potenzialen fokussiert.

Ein Knowledge Center wird von Mitarbeitern betrieben, die Werkzeuge, z.B. Suchmaschinen, Datenbanken für das Ideenmanagement oder für Best Practices, anwenden um Wissensmanagement zu unterstützen. Die Mitarbeiter des Knowledge Centers sind zu 50 Prozent in das operative Geschäft eingebunden und verwenden weitere 50 Prozent ihrer Zeit für die Arbeit im Knowledge Center. Dadurch verlieren sie nicht den Kontakt zum Operativen und können Inhalte glaubwürdig vertreten. Der Mensch agiert als *Wissensdrehscheibe* und überbrückt dadurch die vorhandenen Barrieren für den Informationstransfer. Er organisiert den internen Transfer, aber auch zu Externen, wie externen Mitarbeitern, Kunden und Zulieferern. Weiterhin sammelt, ordnet und standardisiert er relevante Inhalte und stellt sie wieder zur Verfügung. Er verfügt über Metriken, d.h. Aussagen über Quantität und Qualität der Nutzung der Inhalte der Knowledge Center und kann dadurch die Leistung des Knowledge Centers, gemäß der Anforderungen der operativen Bereiche, optimieren. In den Knowledge Centern werden aber auch Ideen und Vorschläge für die Verbesserung von Tools und Prozessen in den Projekten und operativen Bereichen entwickelt.

Die Idee des Knowledge Centers wurde für das UNIKAT-Projekt aufgegriffen. Die Knowledge Center waren ideal geeignet, um in der Frühphase des Projektes den Potenzialscanner, bzw. Potenzialfilter zu entwickeln, einzusetzen und zu testen.

Erfahrungen mit Knowledge Center

Ein konkretes Beispiel für das Erkennen von Potenzialen mittels des Potenzialfilters *unerwarteter Auftrag* sei an dieser Stelle angeführt: Einem Mitarbeiter eines Knowledge Centers ist aufgefallen, dass ein Kühlschrank in ein Gebiet von Afrika geliefert wurde, in dem es keinen Strom gibt. Er erkannte, dass es in Afrika ein Potenzial für Kühlschränke mit Generator gibt. Bei diesem Beispiel handelt es sich um ein für M+W Zander eher untypisches Potenzial, das aufgrund des Filters *unerwarteter Auftrag* erkannt wurde. Dieses Potenzial wurde im Rahmen der Bewertung nicht weiter aufgegriffen, da sich wegen der mangelnden Kaufkraft der potenziellen Kunden daraus zur Zeit kein größeres Geschäft entwickeln könnte.

Dieses Beispiel zeigt dennoch exemplarisch, wie aufgrund eines im Rahmen von UNIKAT entwickelten Filters Potenziale identifiziert werden können. Indem die Potenzialfilter von den Mitarbeitern der Knowledge Center in der Frühphase des UNIKAT-Projektes empirisch getestet und entwickelt wurden, konnte aufgrund von Praxisbeispielen die Relevanz von Potenzialfiltern beurteilt oder nachgewiesen werden. Potenzialfilter wurden aber auch definiert, indem nachgefragt wurde, welche Potenziale in der Vergangenheit erfolgreich genutzt werden konnten und wie diese Potenziale erkannt wurden. Insgesamt zeigte sich, dass die Knowledge Center in erster Linie operative Potenziale zutage fördern und diese auch durchaus nutzbringend erschließen können. Hinsichtlich der Anbindung an die Strategieentwicklung im Unternehmen erwies sich dies jedoch auch als Nachteil. Mitarbeiter in den Knowledge Centern können selbst keine Strategien definieren und die Umsetzung von strategischen Entscheidungen i.d.R. nicht beeinflussen oder kontrollieren. Es stellte sich demzufolge auch als schwierig heraus, die Funktion des Potenzialscanners in ein Werkzeug zu gießen, das den rein operativ orientierten Anforderungen aus den Knowledge Centern entsprochen hätte. Der Bedarf für spezifische und besser in die Prozesse integrierte Lösungen wurde dadurch deutlich.

Obwohl die Mitarbeiter des Knowledge Centers operative Aufgaben wahrnehmen, stehen sie bzgl. des Zeitanteils, den sie für Wissensmanagement oder für die Erfassung und Kommunikation von Potenzialen verwenden, unter Rechtfertigungsdruck. Innerhalb von M+W Zander gibt es Beispiele für Knowledge Center, die bereits seit Jahren erfolgreich betrieben werden, aber auch Fälle in denen das Knowledge Center in wirtschaftlich schwierigen Zeiten aufgelöst wurde. Heute werden in den bestehenden Knowledge Centern die Potenzialfilter berücksichtigt und genutzt, um Potenziale zu identifizieren.

Customer Relationship Management (CRM)

Bei dieser Lösung wurden die Potenzialfilter der Potenzialfiltergruppe *Kunden* in eine CRM-Lösung integriert. Da M+W Zander einen wesentlichen Anteil seines Umsatzes in Großprojekten, macht, d.h. wenige Kunden besonders wichtig sind, ist es von großer Bedeutung, diese Schlüsselkunden besonders gut zu kennen. Daher liegt ein besonderer Fokus auf diesen so genannten Key-Accounts. Die Identifikation und Nutzung von Potenzialen im Kundenverhältnis ist Gegenstand des CRM. Weil die kundenorientierte Filtergruppe des Potenzialscanners entsprechende Filter enthält, war es naheliegend, diese Ansätze in einer Anwendung zusammenzuführen.

Abb. 30 zeigt, wie die verschiedenen Informationsquellen der einzelnen Potenzialfilter aggregiert und konsolidiert werden. Daraus lassen sich mit Hilfe der Software-Unterstützung Sichten für die einzelnen Kunden generieren, in denen alle relevanten Filterinformationen zusammengefasst werden.

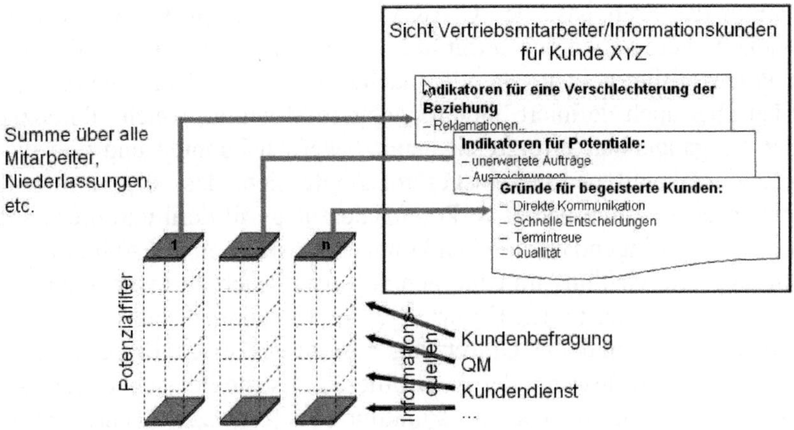

Abb. 30. Integration des Potenzialscanners in das CRM

Bei M+W Zander wurde die Integration in einer web-basierten Applikation realisiert. Dadurch kann ein Mehrwert geschaffen werden, weil z.B. räumliche und hierarchische Barrieren abgebaut werden und eine integrierte, kundenorientierte Sicht, das Erkennen von Potenzialen erleichtert. Potenzielle Informationslieferanten sind z.B. der Kundendienst oder eine Kundenbefragung, Nutzer dieser Informationen sind z.B. der Vertriebsmitarbeiter oder auch die Geschäftsführung. Abb. 31 zeigt ein reales Beispiel, wie die einzelnen Filter im CRM-Tool hinterlegt sind.

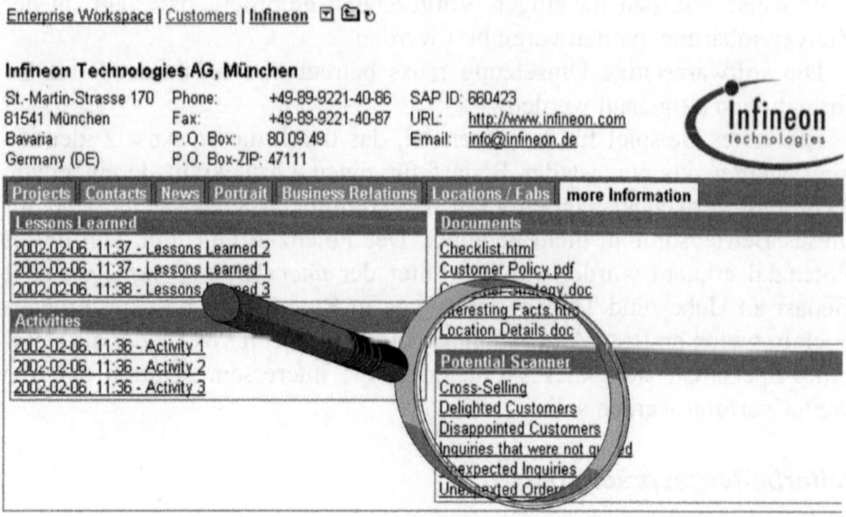

Abb. 31. Integration des Potenzialscanners in das CRM: Screenshot/Beispiel

Erfahrungen mit der Erschließung und Nutzung von Potenzialen im Zusammenhang mit Customer Relationship Management

Durch die Anbindung an ein spezifisches Tool wird die UNIKAT-Idee gut in den Vertriebsprozess eingebunden. Durch die Integration in das CRM wurde den Kundenfiltern der direkte Kontext zugewiesen, so dass die Filterinformationen nicht losgelöst vom übergeordneten Kontext erhoben werden. Die Motivation der Mitarbeiter für Sinn und Funktion der Potenzialfilter kann dadurch stark unterstützt werden. Nur wenn dies erreicht wird, kann die notwendige *kritische Masse* erreicht werden, so dass die Lösung ein Selbstläufer wird, d.h. für eine Strategieentwicklung, bei jedem wesentlichen Kunden relevante und aktuelle Informationen tatsächlich vorliegen.

Eine weitere Hürde ist bisher die Tatsache, dass für viele Mitarbeiter, die potenziell über relevante Informationen verfügen, das Liefern von Informationen für ein CRM nicht explizit Teil ihrer Aufgaben ist. Dies wird daher im Rahmen des Roll out berücksichtigt. Alle Mitarbeiter, die über wertvolle Kundeninformationen verfügen, werden für die Bedeutung der Weitergabe sensibilisiert.

Als Erfahrungen bestätigt sich daraus, dass Potenzialfilter möglichst einfach und klar erfasst werden müssen. Man sollte auf nur wenige relevante Fragestellungen fokussieren und deren Bedeutung gezielt den möglichen Informationsträgern vermitteln. Die Erfassung der Filter sollte optimalerweise von den jeweiligen Vorgesetzten gefordert, bzw. ggf. in der Zielvereinbarung explizit vereinbart werden.

Die softwareseitige Umsetzung muss betreut und redaktionell mit Informationen aufgebaut werden.

Ein erstes Beispiel für ein Potenzial, das durch diesen Ansatz identifiziert werden konnte, ist der Bedarf für einen Lastenkran, der in einem Reinraum verwendet werden kann. Herkömmliche Kransysteme sind für dieses Betriebsumfeld nicht geeignet. Der Potenzialfilter, mit dem dieses Potenzial erkannt wurde, war der Filter der *unerwarteten Anfragen.* Der Bedarf an Hebe- und Transportsystemen in Reinräumen besteht durchaus auch in vielen anderen Anwendungskontexten. Für M+W Zander als Reinraum-Spezialist, stellt dieses Potenzial eine interessante Option dar, die weiter verfolgt werden soll.

Mitarbeitergesprächsbogen

Mitarbeiter sind neben der Filtergruppe *Kunden* die zweite zentrale Quelle strategischer Potenziale. Das Mitarbeitergespräch wurde als der geeignete Aufsatzpunkt zur Anwendung der Mitarbeiter-Potenzialfilter identifiziert. Bei M+W Zander werden Mitarbeitergespräche auf der Grundlage eines standardisierten Gesprächsbogens einmal jährlich durchgeführt. Der Gesprächsbogen und damit auch das Mitarbeitergespräch enthielten bisher die folgenden Elemente:

- Definieren der Aufgaben
- Zielvereinbarung
- Leistungsfeedback
- Mitarbeiterförderung.

Dieser Katalog wurde um Potenzialfilter aus der mitarbeiterorientierten Potenzialfiltergruppe des UNIKAT-Scanners ergänzt. Es wurden Fragen aufgenommen, die darauf abzielen, Potenziale anhand von Erfolgserlebnissen des Mitarbeiters zu identifizieren:

- Was ist besonders gut gelungen?
- Was ist besonders gut gelungen außerhalb der vereinbarten Ziele und Aufgabenstellung?

Darüber hinaus wurden Fragestellungen aufgenommen, die sich auf eventuelle Unzufriedenheit beim Mitarbeiter beziehen:

- Warum ist der Mitarbeiter unzufrieden?
- Was muss getan werden, um die Situation so zu verändern, dass diese Unzufriedenheit beseitigt werden kann?

Schließlich wurden auch Fragestellungen aufgenommen, die darauf abzielen, versteckte Potenziale zu erkennen, die bspw. auf Interessen und Fähigkeiten des Mitarbeiters basieren, die er bisher in seine Arbeit nicht einbringen konnte:

- Welche (privaten) Interessen würden Sie gerne im Beruf einbringen?
- Welche beruflichen Interessen oder Fähigkeiten konnten Sie bisher nicht einbringen?
- Was wären Aufgabenstellungen/Projekte, die Sie gerne bearbeiten würden, die Sie aber aktuell nicht bearbeiten?

Erfahrungen mit der Anwendung des erweiterten Mitarbeitergesprächsbogens

Für eine umfassende Bewertung der identifizierten Mitarbeiter-Potenziale sind bis jetzt noch zu wenig Anwendungen durchgeführt worden. Die bisher durchgeführten Gespräche fanden auf Sachbearbeiter, bzw. Projektbearbeiter-Ebene statt. Dennoch konnten erste Anwendungen eine Reihe von Erfahrungen generieren, die auch erste Rückschlüsse auf den Nutzen des um die UNIKAT-Potenzialfilter erweiterten Mitarbeitergesprächsbogens erlauben:

- Die Fragestellungen sind relevant, es können Potenziale identifiziert werden.
- Die identifizierten Potenziale sind jedoch meistens nicht strategierelevant d.h. sehr konkret und auf den jeweiligen Mitarbeiter bezogen und haben daher eher operative Bedeutung.
- Die Konsolidierung und Bereitstellung der erkannten Potenziale kann nicht auf Tool-Basis erfolgen aufgrund der Vertraulichkeit des Mitarbeitergesprächs. Eine weitere Nutzung im Unternehmen ist aber dennoch möglich, indem z.B. entsprechende Maßnahmen vereinbart werden oder die Führungskraft diese Potenziale sammelt und kommuniziert, z.B. im eigenen Mitarbeitergespräch.

Die nächsten Ziele sind, eine noch breitere Verwendung des erweiterten Mitarbeitergesprächsbogens zu erreichen, insbesondere bei Führungskräften.

Weitere Anwendungen des UNIKAT-Potenzialscanners bei M+W Zander

Die Idee des UNIKAT-Potenzialscanners wird in verschiedenen weiteren Ansätzen gelebt. So wurden eine Reihe weiterer Potenzialfilter in verschiedenen Formen implementiert:

- Filter *Ausscheidende Mitarbeiter*:
  Mit ausscheidenden Mitarbeitern werden in einem Gespräch die Eindrücke und Gründe, warum ein Mitarbeiter das Unternehmen verlässt, diskutiert. Bei ausscheidenden Führungskräften werden diese Gespräche vom Vorstand persönlich geführt.
- Filter *unerwartete Anfragen* und *unerwartete Aufträge*:
  Im sog. Broadcasting von Anfragen und Aufträge werden täglich alle neuen Anfragen bzw. Aufträge an die berechtigten Führungskräfte per kurzer E-Mail verteilt. Die Anfrage wird nur in drei Zeilen dargestellt. Auf diese Weise erlangen alle potenziellen Know-how-Träger Kenntnis von einer Anfrage und können ihr Know-how einbringen. Auch unerwartete Anfragen oder Aufträge werden damit transparent. Das Broadcasting ist ein reines (Push-) Informationsmedium, das die Initiative für den späteren Wissensaustausch zunächst dem Empfänger überlässt. Einmal im Monat findet jedoch auch ein Meeting zur internen Koordination statt.
- Filter *unerwartete Anfragen*, *unerwartete Aufträge*, *unerwartet abgelehnte Aufträge*, *Wendepunkte in Projekten* und *besonders innovative Lösungen*:
  In der sog. *Internen Koordination* werden einmal im Monat die wesentlichen, aktuell anstehenden Akquisitionsprozesse, Aufträge und Projekte in einem Kreis von ca. 40 Führungskräften durchgesprochen. Es werden insbesondere neue, laufende und verlorene Anfragen und Aufträgen anhand von Projektlisten, aber auch Wendepunkte in Projekten, diskutiert. Dadurch werden relevante *Lessons Learned* identifiziert und direkt in das operative Geschäft eingesteuert. Im Protokoll des Meetings werden Aufgaben dokumentiert und in den Folgemeetings verfolgt.
  Zentrale Themen der Koordination sind die Optimierung der Auslastung bzw. Nutzung von Ressourcen und das Ausschöpfen des Umsatzpotenzials mit Kunden. Letzteres wird erreicht, indem Stärken unterschiedlicher Bereiche im Hinblick auf die Kundenbedürfnisse gebündelt werden. Dies bedeutet zum Beispiel durch die Bündelung von Produkten mit Dienstleistungen einen Mehrwert für den Kunden darzustellen. Konkret sind dies im Fall von M+W Zander, die Bündelung von Reinraumkomponenten mit den Kompetenzen und Dienstleistun-

gen des Anlagenbaus. Dadurch konnte eine Verbesserung der Total cost of ownership erreicht werden, d.h. ein Kostenvorteil für den Kunden in einer auf den Gesamtzyklus der Anlage bezogenen Kostenbetrachtung.

Im Hinblick auf den UNIKAT-Gedanken dienen diese Instrumente im Wesentlichen dazu, insbesondere durch die interne Koordination, Potenziale auf möglichst kurzem Weg operativ zu nutzen. Die Potenziale werden erarbeitet oder einfach durch Kommunikation „entdeckt" und soweit möglich direkt genutzt. Dennoch wird damit auch eine wichtige Basis für die längerfristige Unternehmensausrichtung geleistet, da die kontinuierliche Auseinandersetzung mit diesen Fragen mit der Zeit die Erkennung von Mustern, Stärken und Schwächen des Unternehmens zulässt. Damit wird die Brücke zur Strategieentwicklung geschlagen.

Roadmap

Während die bisher vorgestellten Werkzeuge im Hinblick auf operative Potenziale sehr gute Dienste leisten, benötigt man für die Identifizierung und Umsetzung strategischer Potenziale andere Methoden, um die z.B. mit dem UNIKAT-Potenzialscanner identifizierten Potenziale, an die Strategieentwicklung und die internen Entscheidungsprozesse anzukoppeln. Das Ermitteln von Handlungsoptionen, deren Bewertung, die Entscheidung für eine Option und die Erschließung und Nutzung von Potenzialen, sind bei strategischen Potenzialen i.d.R. keine trivialen Tätigkeiten, sondern können jeweils eigenständige, umfangreiche Arbeitspakete sein.

Dieser Aufgabe wird bei M+W Zander mit der Roadmap ein Rahmen gegeben, den es bisher nicht gab. Die Roadmap soll dabei helfen, für strategische Potenziale eine zentrale Ankopplungs- und Verarbeitungsmöglichkeit zu bieten. Damit wird die gesamte Bandbreite der möglichen Informationskanäle von operativen bis hin zu strategischen Potenzialen abgebildet.

Allgemein ist eine Roadmap ein Planungsdokument in das strategierelevante Informationen aus den verschiedensten Bereichen zusammenfließen. Anhand der Roadmap soll die zukünftige Entwicklung von Märkten, Produkten und Prozessen, Technologien, bzw. Technologie-Innovationen und Kunden antizipiert werden. Damit wird ein gemeinsamer Bezugspunkt für alle weiteren strategischen Planungsprozesse geschaffen. Die Roadmap kann auf diese Weise bis hinunter auf die Ebene einzelner Objekte detailliert werden. Aussagen über die zukünftige Entwicklung können z.B. mit Hilfe der Szenario-Technik oder der Delphi Methode erarbeitet werden. Die Roadmap ist ein lebendiges Dokument, das kontinuierlich fortgeschrieben und in den entsprechenden Meetings periodisch einem Review unterzogen wird.

Auf der Grundlage des im Rahmen des UNIKAT-Projektes entwickelten Potenzialscanners wird ein Bewusstsein für die vorhandenen Potenziale geschaffen. Die vorhandenen Methoden und Tools erzeugen konkrete Informationen und Ansätze, die bei der Überprüfung und Fortschreibung der Roadmap ad hoc einfließen können. Diese werden dann auch bei relevanten Entscheidungen direkt berücksichtigt. Das Ziel im Zusammenhang mit dem UNIKAT-Ansatz ist, die Roadmap nicht nur als Orientierung für die Zukunft, sondern auch im Rückblick als ein Instrument zum Controlling der Erschließung und Nutzung von Potenzialen, zu verwenden. Dieses wird durch die Betrachtung der Historie der fortgeschriebenen Roadmap möglich. Die Roadmap befindet sich derzeit noch in der Konzeptionsphase und ist kein konkreter Projektgegenstand des UNIKAT-Projektes. M+W Zander greift aber die Ergebnisse des Potenzialscanners auch auf dieser Ebene auf. Diese wirken sich damit auf die Entwicklung und Fortschreibung der Differenzierung am Markt, d.h. die strategische Ausrichtung von M+W Zander aus.

3.5.5 Zusammenfassung

Um dem Leser die Beurteilung der Erfahrungen mit den oben vorgestellten Tools zu erleichtern sind die Einflussfaktoren für die Bewertung und deren Ausprägungen bzgl. der Tools im Folgenden tabellarisch dargestellt:

Tool	Integration in Abläufe	Erfassung der Potenziale	Weiterleitung der Scannerinformationen
Knowledge Center	Teilweise gut, teilweise befriedigend. Keine direkte Integration, Anbindung durch Einbindung der Mitarbeiter in das operative Geschäft.	Gut, jedoch mit Fokus auf operativen Potenzialen. Die Potenziale werden häufig aufgrund konkreter Anfragen oder Problemlösungen erfasst.	Befriedigend Potenziale sind oft spezifisch und werden daher in beschränkten Kreisen kommuniziert. Vorteil: Konkreter Nutzen, Nachteil: Nur bedingt strategierelevant.
Customer Relationship Management	Roll out noch nicht abgeschlossen, Unterschiedliche Anforderungen der Bereiche erschweren Integration.	Gut weil einfach und systematisch, aber abhängig von der Motivation der Mitarbeiter	Gut, Kunden-bezogene Potenziale, Nutzen wird schnell sichtbar.
Mitarbeiterfragebogen	Sehr gut, Setzt auf Pflichten der Führungskraft auf.	Gut, Relativ einfach und systematisch.	Eingeschränkt aufgrund Vertraulichkeit
Roadmap	Noch keine Aussage möglich	Sehr gut, durch direkte Kommunikation auch Erfassung bzw. Integration *weicher* Potenzialfilter-Informationen	Gut, durch direkte Anbindung an den Strategieentwicklungsprozess
Broadcasting	Sehr gut, durch Verteilung per e-mail.	Gut Aber beschränkt auf wenige Filter.	Sehr Gut Informationsempfänger ist häufig auch Nutzer und Umsetzer.
Interne Koordination	Sehr gut, weil vom Vorstand getrieben.	Gut Erfasst mehrere relevante Potenzialquellen	Sehr Gut Aktionen können ggf. direkt angestoßen, koordiniert und verfolgt werden.

Abb. 32. Zusammenfassung Scannerinformationen Tool gestützt erheben und weiterleiten

Weitere Einflussfaktoren für die Auswahl von Ansätzen und Tools zur Identifikation von Potenzialen sind:

- Die Integration in die Aufbauorganisation, d.h. die Fragestellung wer verantwortet und betreibt das Tool.
- Die Unternehmensgröße: M+W Zander z.B. befindet sich im Übergang zu einer Großorganisation, die sich nicht mehr nur auf das Funktionieren informeller Kommunikationsbeziehungen verlassen kann. Insofern sind in diesem Fall Lösungen notwendig, die bzgl. dieser Strukturveränderung flexibel sind, bzw. davon unabhängig sind.
- Wie stark ist das Unternehmen verteilt organisiert. Beispielsweise hat für stark verteilt organisierte Unternehmen eine web-basierte Lösung Vorteile, insbesondere wenn eine kritische Masse erreicht werden muss (siehe oben: Customer Relationship Management).

In der Regel sind diese Einflussfaktoren bzgl. der jeweiligen Tools eng verknüpft mit der Charakteristik des Unternehmens. Beispielsweise kann die Erfassung der Potenzialfilter im Rahmen eines CRM auch für kleinere Unternehmen Sinn machen, wenn der Vertrieb stark verteilt organisiert ist. Insofern entziehen sich diese Einflussfaktoren der oben gewählten tabellarischen Darstellung.

Aus Sicht des Unternehmens M+W Zander ist das UNIKAT-Projekt wie folgt zu bewerten: Im Rahmen von UNIKAT sind bei M+W Zander, basierend auf dem Potenzialscanner, verschiedene Tools entwickelt worden. Diese Tools unterstützen heute nicht nur die Identifikation und Nutzung von Potenzialen, sondern auch den Strategie-Entwicklungs-Prozess bei M+W Zander und tragen dadurch zur Sicherung der Zukunftsfähigkeit des Unternehmens bei.

3.6 Der Potenzialscanner als Toolbox im Human Resources Management der Festo AG & Co. KG

Hermann Neher, Boris Wörter

3.6.1 Das Unternehmen

Die Festo AG & Co. KG ist der Innovationsführer im Bereich Pneumatic. In der Kombination von Pneumatic und Electronic erschließt das 1925 gegründete Unternehmen neue Anwendungsfelder in der Industrieautomation. Mehr als 16.000 Katalogprodukte in mehreren hunderttausend Varianten werden den Kunden weltweit angeboten, um den Aufgabenstellungen der Industrieautomation gerecht zu werden.

Abb. 33. Festo Stammhaus in Esslingen Berkheim

Über 50 Landes-Gesellschaften und Niederlassungen in nahezu 180 Ländern bieten einen globalen Service. Im Festo Konzern sind weltweit 10.050 Mitarbeiter beschäftigt, diese realisieren einen Umsatz von 1,2 Mrd. Euro. In Deutschland liegt die Auszubildenden-Quote der Festo AG & Co. KG bei 6,2 Prozent, 1,5 Prozent des Umsatzes werden jährlich in die Aus- und Weiterbildung investiert. Im Rahmen der Erstausbildung werden 19 kaufmännische und technische Ausbildungsberufe sowie die

Studienmöglichkeit an der Berufsakademie angeboten.

Erfolgreiche Unternehmen handeln nach Leitgedanken – bei Festo sind diese u.a.: *Aktion statt Reaktion*, *Vision statt Wiederholung*, *Setting new standards in service*. So wurde Festo Innovationsführer der Branche. Weltweit verfügt die Festo AG & Co. KG über mehr als 2.800 Patente, jährlich kommen rund 100 Neuanmeldungen hinzu. Der Anteil der Investitionen in die Forschung und Entwicklung liegt bei 6,5 Prozent des Umsatzes jährlich. Festo versteht sich als lernendes Unternehmen mit prozessorientierten Strukturen. Immer mehr Aufgaben werden im Rahmen flexibler Abläufe und Projekte erfüllt. Weltweite Netzwerke (*Learning Networks*) unterstützen die Umsetzung dieser Unternehmensphilosophie. Die Vorreiterrolle der Festo AG & Co. KG wird u.a. dokumentiert durch die Verleihung der zahlreichen nationalen und internationalen Auszeichnungen: *Best Factory Award* (1997) und 1998 – 2000 mit 42 Design Awards.

Das Human Resources Management (HRM) bei Festo hat die wichtige und strategisch entscheidende Aufgabe für den Wettbewerbsvorsprung zu erfüllen: Die Sicherstellung des qualifizierten und motivierten Mitarbeiterpotenzials, um die Wertsteigerung und das Wachstum des Unternehmens zu gewährleisten! Das dezentrale Personalwesen (dezentrale HRM) stellt die Schnittstelle zu den Kunden im operativen Tagesgeschäft dar. Mit hoher Priorität der Kundennähe und Kundenpräsenz ist diese Organisationseinheit nach dem Grundsatz *one face to the customer* in eigenständige Betreuungsbereiche gegliedert. Die dezentralen Personalleiter als Leiter der einzelnen Betreuungsbereiche sind zusammen mit ihrem Team für ihre Kunden Ansprechpartner in allen personalwirtschaftlichen Fragen und realisieren personelle Einzelmaßnahmen. Wahrgenommene Trends (Früherkennung) werden in das HRM-Innovationsmanagement (Strategieportfolio) eingesteuert.

Für das *Esslinger Modell*, eine Initiative zur Qualifizierung von arbeitslosen Jungingenieuren erhielt die Festo AG & Co. KG im Jahr 1997 den *Human Resources Management Award* für zukunftweisende Personalarbeit in der Praxis, im selben Jahr den *Ausbildungs-Oskar* für vorbildliche Leistungen in der Ausbildung. Eine aktuelle Veröffentlichung[30] macht deutlich, dass der Weg des innovativen Personalmanagements kontinuierlich fortgesetzt wurde. Dazu tragen auch die jüngsten Aktivitäten, die auf die Identifizierung und Erschließung bislang ungenutzter Potenziale im Unternehmen abzielen, maßgeblich bei.

[30] Vgl. Neher/Kolb (2003).

3.6.2 Ziele, Ausgangssituation und Lösungsansatz

Im Unternehmen Festo haben wir uns zum Ziel gesetzt, miteinander und füreinander lebenslang zu lernen. Unser Ziel ist es, ein sich selbstorganisierendes, selbststeuerndes und sich ständig selbsterneuerndes Unternehmen Festo zu verwirklichen. Unter Lernen verstehen wir, sich Neues anzueignen und damit das eigene Wissen zu erweitern und zu erneuern. Jeder trägt dafür die Verantwortung und organisiert und steuert sein Lernen selbst. Wir sind überzeugt, als Lernunternehmen den Verpflichtungen gegenüber den Kunden auf dem weltweiten Markt am besten gerecht zu werden.

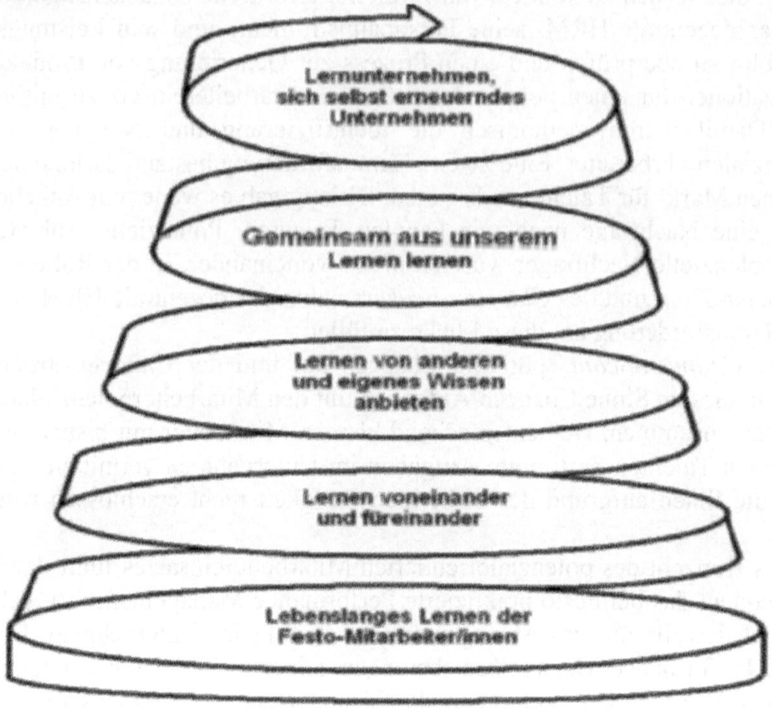

Abb. 34. Philosophie des Lernunternehmens bei Festo

Wir sind der Überzeugung, dass Lernen besonders einfach erscheint, wenn Lerninhalte bei Mitarbeitern und Führungskräften auf besonders fruchtbaren Boden fallen. Wenn Menschen über verwandte Kenntnisse und Erfahrungen verfügen, dann ist neu zu Lernendes leichter anschlussfähig. Viele Kenntnisse, Talente und Interessen unserer Mitarbeiter sind aber oftmals nicht bekannt, weil sie am Arbeitsplatz nicht abgefordert werden. In den letzten Jahren haben wir immer wieder die Erfahrung gemacht, dass nicht nur die einzelne Person dazulernen muss, sondern auch die Organisation Festo.

Die Fähigkeiten, Talente und das Know-how der Mitarbeiter zu kennen und daraus einen potenzialorientierten Mitarbeitereinsatz abzuleiten, der diese ungenutzten Stärken zum Einsatz bringt, ist ein primäres Ziel dieses Forschungsvorhabens bei Festo. Potenziale sind in unserem Verständnis bislang ungenutzte/unbekannte Stärken von Mitarbeitern, die – an der richtigen Stelle zum Einsatz gebracht – wesentliche Beiträge zur Wertsteigerung des Unternehmens liefern. Dazu werden Fähigkeiten, Wissen und Neigungen von Mitarbeitern ermittelt, um sie später optimal zu Prozessen oder Projekten zuordnen zu können.

Um dies leisten zu können, war zweierlei erforderlich. Zunächst galt es für das dezentrale HRM, seine Personalinstrumente und sein Leistungsportfolio zu überprüfen und einen Prozess zur Generierung von Produktinnovationen für einen potenzialorientierten Mitarbeitereinsatz zu initiieren. Damit wurde methodisch die Identifizierung und Nutzung von Potenzialen vorbereitet. Eine zweite Herausforderung bestand darin, einen internen Markt für Talente zu kreieren. Bislang gab es weder ein Angebot noch eine Nachfrage nach unbekannten Talenten. Potenzielle Anbieter und potenzielle Nachfrager wussten nichts voneinander. In der Rolle des *Chancen-Scout* und des *Chancen-Brokers* nahm das dezentrale HRM sich der Herausforderung an, diese Lücke zu füllen.

Der *Chancen-Scout* spürt die Chancen auf und der *Chancen-Broker* führt in diesem Sinne Chancen/Aufgaben mit den Mitarbeiterpotenzialen/-talenten zusammen. Dementsprechend können Mitarbeiter mit bisher verborgenen Talenten bestimmte Aufgaben im Unternehmen vermittelt werden, die Ihnen aufgrund der bisherigen Tätigkeit nicht erschlossen wurden.

Das Konzept des potenzialorientierten Mitarbeitereinsatzes führt damit konsequent das bei Festo praktizierte Performance Management fort, geht es doch jeweils um das Management von Erfolg im Unternehmen. Das Festo Performance Management betont in seiner bisherigen Ausprägung die Top-Down-Orientierung von der Vision des Unternehmens bis zur Leistung einzelner Mitarbeiter. Vision und Ziele des Unternehmens definieren Anforderungen an alle Mitarbeiter, die mittels Zielen, Beurteilung, Entwicklung von Kompetenzen etc. in Leistung übersetzt werden. Die neu im Performance Management zu verankernde Potenzialsichtweise geht von den Potenzialen von Menschen, Teams, Prozessen aus, die auf Chancen hinweisen, gemäß den spezifischen Stärken von Menschen bottom-up Beiträge zu Vision und Zielen des Unternehmens zu erbringen. Dazu galt es Tools (weiter-)zu entwickeln, die diese Form des Managements von Erfolg methodisch unterstützen.

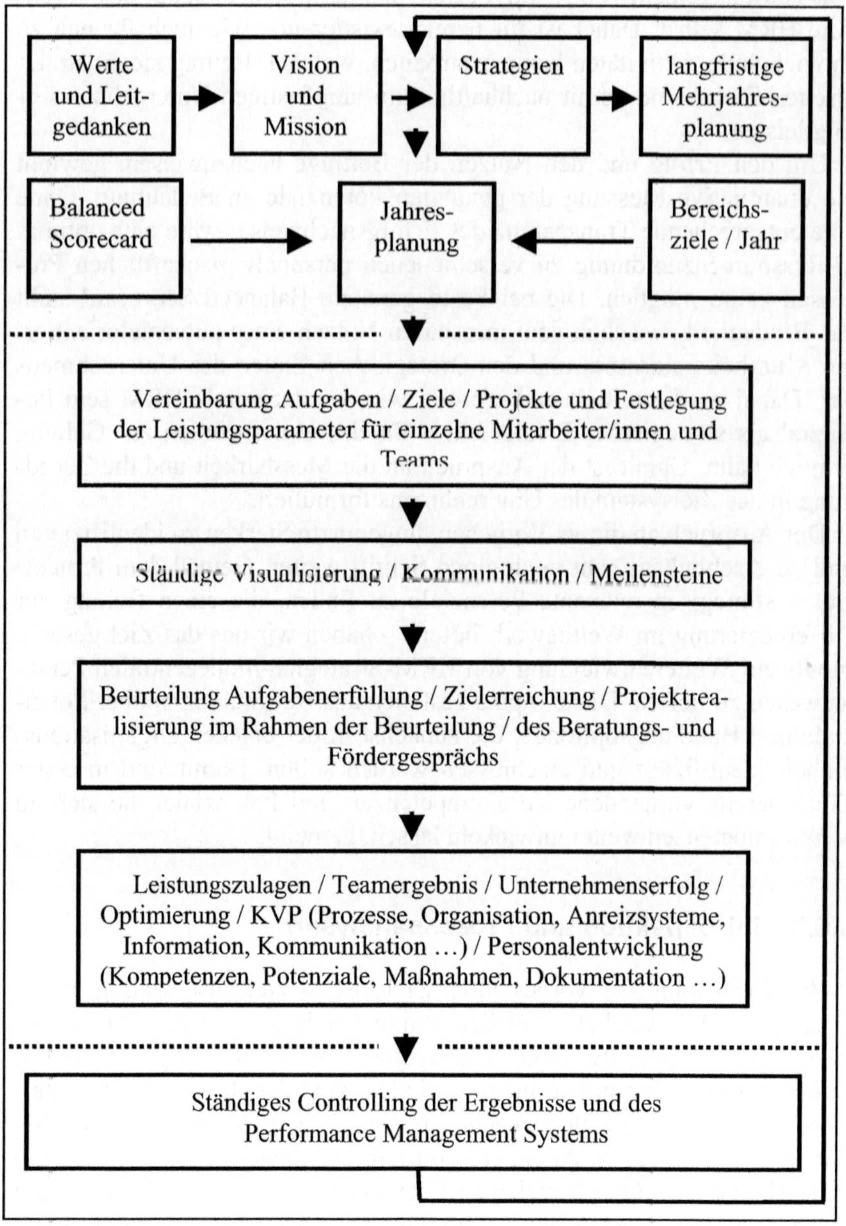

Abb. 35. Performance Management bei Festo im Gesamtzusammenhang

Das Management von Erfolg bezieht sich natürlich auch auf das dezentrale HRM selbst. Daher ist für bereits existierende wie auch für neu zu entwickelnde Aktivitäten herauszuarbeiten, welchen Beitrag sie zu strategischen Zielen und damit nachhaltig zum langfristigen Unternehmenserfolg leisten.

Um den Erfolg und den Nutzen der Beiträge nachzuweisen, gewinnt die quantitative Messung der genutzten Potenziale an Bedeutung. Ohne eine entsprechende Transparenz des Erfolgsnachweises wäre eine optimale Ressourcenzuordnung zu verschiedenen personalwirtschaftlichen Prozessen kaum möglich. Die bei Festo genutzte Balanced Scorecard stellt das Bindeglied zwischen dem messbaren Nutzen eines potenzialorientierten Mitarbeitereinsatzes und den strategischen Zielen des Unternehmens dar. Dabei wird ermittelt und erprobt, wie das dezentrale HRM sein Potenzial als strategischer Erfolgsfaktor für das Unternehmen zur Geltung bringen kann. Damit ist der Anspruch an die Messbarkeit und die Zuordnung in das Zielsystem des Unternehmens formuliert.

Der Anspruch an dieses Vorgehen, ungenutzte Stärken zu identifizieren und zu erschließen, geht noch einen Schritt weiter. Gemäß dem Projektziel – strategisch relevante Potenziale zu finden, die einen Beitrag zur Differenzierung im Wettbewerb liefern – haben wir uns das Ziel gesetzt, Inputs zur Weiterentwicklung von HRM-Strategien im dezentralen Personalwesen zu liefern. Diese Inputs bestehen aus Informationen über Potenziale und Handlungsoptionen, die zunächst in der eigenen Organisationseinheit identifiziert und erschlossen werden sollen. Damit sind in erster Linie bereits vorhandene Kernkompetenzen und Potenziale, die sich zu Kernkompetenzen weiterentwickeln lassen, gemeint.

3.6.3 Introspektion und Prozessanalysen

Zur Erreichung der vorgestellten Ziele ist es zunächst wichtig einzuschätzen, unter welchen aktuellen Rahmenbedingungen das Projekt im dezentralen Human Resources Management bei Festo stattgefunden hat. Dabei gilt es insbesondere herauszufinden, was das dezentrale Personalwesen bisher erfolgreich gemacht hat, was es von potenziellen Wettbewerbern (z.B. externen Anbietern von HR-Leistungen) unterscheidet, um erste Hypothesen über bestehende Potenziale generieren zu können. Die Interviews mit ausgewählten Mitarbeitern dieser Organisationseinheit förderten folgende Einschätzungen zutage:

In der Vergangenheit konnten HRM-Produkte und -Leistungen immer dann besonders erfolgreich platziert werden, wenn eine genaue Kenntnis der Anforderungen (interner) Kunden vorhanden war. Die Prozesseigner der einzelnen personalwirtschaftlichen Prozesse kennen und erfüllen häufig auch implizite Kundenanforderungen und können dann maßgeschneiderte Lösungen anbieten

Eine weitere Kompetenz des Human Resources Management ist die Sensibilität bestimmter Personen bei der Wahrnehmung strategisch wichtiger Aufgaben. Dieser Stärke ist es zu verdanken, dass bestimmte Belange von der Unternehmensführung an den HR-Bereich delegiert wurden und werden. Eine weitere Stärke ist in der Innovativität des dezentralen Personalwesens zu sehen. Das Esslinger Modell und Beratungs- und Fördergespräch (BFG) sind nur zwei Beispiele für HR-Leistungen mit herausragendem und ausgezeichnetem Erfolg.

Bei einer hohen Bindung von HR-Aktivitäten durch operatives Tagesgeschäft ist diese Innovationskraft v.a. durch eine hohe Zielorientierung über einen längeren Zeitraum erreicht worden. Dabei kam dem dezentralen HRM stets die Fähigkeit zugute, die richtige Balance zwischen operativen (kontinuierliche Prozessverbesserungen) und strategischen Zielen (Innovationen) zu finden. Darin liegt eine Fähigkeit, die es noch weiter auszubauen gilt. Ziel ist daher, die Prozesse so weit zu optimieren, dass noch weniger Kapazitäten für operatives Tagesgeschäft gebunden werden, die dann für die Entwicklung von Innovationen im HR verfügbar sind. Ein weiteres Ziel bestand darin, Prozesse zu identifizieren, die heute und/oder in Zukunft Alleinstellungsmerkmale aufweisen. Dies gilt heute bereits für die Prozesse Arbeits- und Betriebszeiten sowie den Prozess BFG.

Vorhandene Stärken zu stärken und damit einen wesentlichen Beitrag zum Unternehmenserfolg zu leisten, ist das wichtigste Ziel, das die Entwicklung und Anwendung des Potenzialscanners mit dem HRM verbindet.

3.6.4 Die Entwicklung des Potenzialscanners bei Festo

Stärken stärken ist ein Leitmotiv, mit dem sich mehrere Ziele zusammenfassen lassen, die das HRM der Festo AG & Co. KG mit dem UNIKAT-Ansatz verfolgt. Innerhalb dieses Ansatzes wurde ein Instrumentarium entwickelt, das die Identifizierung von (strategischen) Potenzialen erlaubt – der Potenzialscanner. Unter Potenzialen versteht das dezentrale HRM Stärken, die nicht konsequent genutzt werden. Das liegt daran, dass diese Stärken nur vereinzelt und zufällig bekannt werden und nicht auf ihre Wiederholbarkeit bzw. Übertragbarkeit auf andere Prozesse geprüft werden. Das Leitmotiv *Stärken stärken* wird sowohl auf Mitarbeiter im ganzen Unternehmen bezogen als auch auf Leistungen des dezentralen HRM.

In bislang unbekannten Fähigkeiten, Wissen und Neigungen der Mitarbeiter wird ein hohes Potenzial für Innovationen und zusätzliche Wertschöpfung in verschiedensten Bereichen gesehen. Um den Anspruch des HRM als *Chancen-Scout* und *Chancen-Broker* einlösen zu können, der zwischen Anbietern von Talenten/Chancen und Nachfragern vermittelt, ist dazu ein innovativer Ansatz erforderlich – der Potenzialscanner.

Bei Festo ist der Scanner eine Toolbox personalwirtschaftlicher Instrumente, mit der verborgene Potenziale identifiziert werden können. Die Toolbox enthält also eine Vielzahl an personalwirtschaftlichen Werkzeugen. Diese gehören bei Festo zwar schon seit geraumer Zeit zu den wichtigen, nahezu täglich angewendeten Werkzeugen des dezentralen HRM´s, dennoch wurden sie einem völlig neuen Anwendungsgrundsatz unterzogen. Nicht die ausschließliche Anwendung zur täglichen, operativen Bewältigung der personalwirtschaftlichen Anforderungen steht im Vordergrund, sondern auch die Identifizierung möglicher Potenziale im entsprechenden Einsatzfeld des Instruments.

Um aus bestehenden personalwirtschaftlichen Instrumenten die Toolbox Potenzialscanner zu konfigurieren, wurde folgendes Vorgehen gewählt. Aus dem UNIKAT-Potenzialscanner wurden mitarbeiterbezogene Potenzialfilter als Suchfeld für die Suche nach HR-spezifischen Stärken ausgewählt. Ein derartiges Suchfeld besteht jeweils aus mehreren Potenzialfiltern, die auf ungenutzte Stärken verweisen. Jeder dieser Filter greift auf HRM-Methoden zurück, die die gesuchten Informationen zutage fördern. Um diese Zuordnung vornehmen zu können, wurden vorhandene personalwirtschaftliche Instrumente zunächst katalogisiert. Nach intensiver Eichung bzgl. deren Eigenschaften, schlummernde Potenziale im jeweiligen Einsatzfeld zu identifizieren, wurden einige Werkzeuge entweder in die engere Wahl für die Toolbox aufgenommen oder eben für diesen Zweck nicht berücksichtigt. Folgende Beispiele verdeutlichen dieses Vorgehen:

Ein wichtiges Potenzial im Unternehmen vermutet das dezentrale HRM in verborgenen Talenten im Unternehmen. Damit sind unbekannte Stärken von Mitarbeitern gemeint, die nur zufällig erkannt werden, weil sie am jeweiligen Arbeitsplatz nicht abgefordert werden. HR-Tools, die dazu geeignet sein können, diese Talente identifizierbar zu machen, sind das BFG, die Qualifikationsmatrix und die *Ideenwerkstatt* – von der später noch die Rede sein wird. Sie bilden – nach eingehender Prüfung und Überarbeitung – einen Teil der Toolbox Potenzialscanner (siehe Abb. 36).

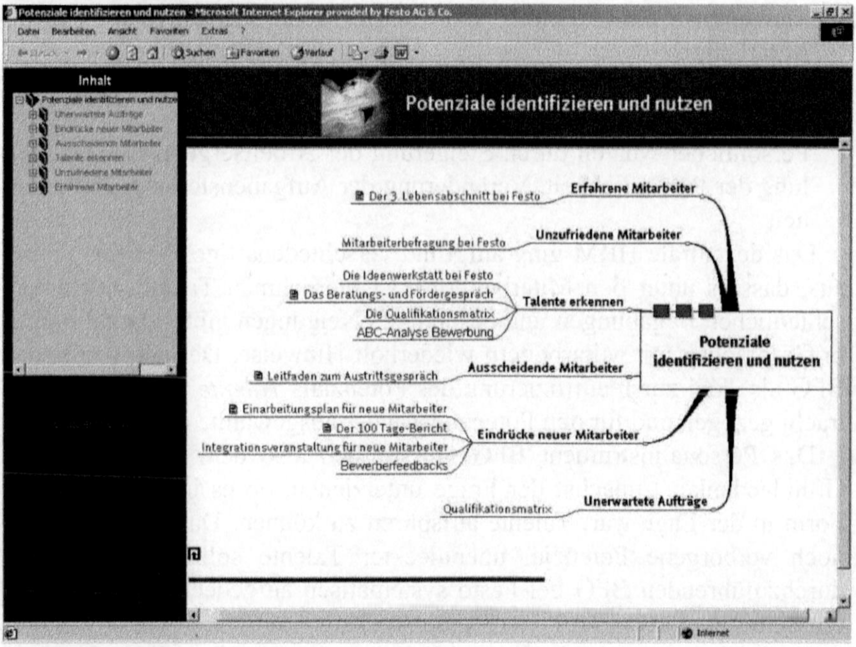

Abb. 36. Der Potenzialscanner als Toolbox

Eindrücke neuer Mitarbeiter verweisen auf weitere Potenziale, weil sie – noch nicht betriebsblind – aufmerksam für Stärken und Verbesserungsbereiche des Unternehmens(-bereichs) sind. Der 100-Tage-Bericht, die Integrationsveranstaltung und der Einarbeitungsplan (mit Hinweisen auf Feedbackgespräche der Führungskraft mit dem neuen Mitarbeiter) sind Tools, die helfen, diese Potenziale zu identifizieren. Auch sie gehen in die Toolbox Potenzialscanner ein.

Abb. 36 enthält weitere Potenzialfilter (z.B. *Ausscheidende Mitarbeiter*, *Erfahrene Mitarbeiter*, *Unzufriedene Mitarbeiter*, *Unerwartete Aufträge*), die Hinweise auf nicht genutzte Potenziale enthalten. Diesen Potenzialfiltern wurden weitere HR-Tools zugeordnet, die die Suche nach ungenutzten Stärken unterstützen.

3.6.5 Beispiel für die praktische Umsetzung des Potenzialscanners bei Festo

Das Beratungs- und Fördergespräch bei Festo (BFG) ist ein jährlich zwischen Führungskraft und Mitarbeiter stattfindendes Gespräch, das verschiedene Bausteine und Themen behandelt:

- Zielerreichung des Mitarbeiters im vergangenen Zeitraum
- Zusammenarbeit und Kommunikation im vergangenen Zeitraum

- Maßnahmen zur Erhaltung und Steigerung der Leistungsfähigkeit des Mitarbeiters
- Maßnahmen zur Verbesserung der Zusammenarbeit und Führung
- Zielvereinbarung für die folgende Planungsperiode
- Persönlicher Nutzen durch Steigerung der Arbeitsergebnisse, Entwicklung der Persönlichkeit, Veränderung der Aufgabenstellung, Zufriedenheit

Das dezentrale HRM ging aufgrund verschiedenartiger Indizien davon aus, dass es unter den Mitarbeitern im Unternehmen Talente mit unterschiedlichen Begabungen und besonderen Neigungen gibt – darauf gab es in Gesprächen mit Mitarbeitern wiederholt Hinweise. Deshalb wurde das BFG als Tool zur Identifizierung des Potenzials *Talente erkennen* in Betracht gezogen und für den Potenzialscanner ausgewählt.

Das Personalinstrument BFG musste sich also dem UNIKAT´schen Grundgedanken zunächst der Frage unterziehen, ob es in der bisherigen Form in der Lage war, Talente aufspüren zu können. Das vermutete und noch verborgene Potenzial unentdeckter Talente sollte beim jährlich durchzuführenden BFG bei Festo systematisch aufgedeckt und in weiteren Schritten professionell erschlossen/realisiert werden.

Doch wie musste das BFG inhaltlich aussehen, damit es die vermuteten Potenziale identifizieren kann? In der bisherigen Form hatte das BFG eine zu wenig ausgeprägte Systematik und keinen Vermerk oder Hinweis für die Anwender (Führungskraft und Mitarbeiter), wo oder in welchem Teil des BFG auf die Talente des Mitarbeiters eingegangen wird. Schwerpunkt des Gesprächs waren die für die aktuell ausgeführte Aufgabe relevanten Kriterien und die persönliche Weiterentwicklung des Mitarbeiters. Deshalb wurde das Personalinstrument BFG inhaltlich so überarbeitet, dass es durch die Anwendung in der Lage ist, die zu hebenden Potenziale im Bereich der Mitarbeitertalente aufdecken zu können. Festo entschied sich dabei für eine Lösung, bei dem die Führungskraft als Akteur durch die fachliche Unterstützung des HR mit einbezogen wurde.

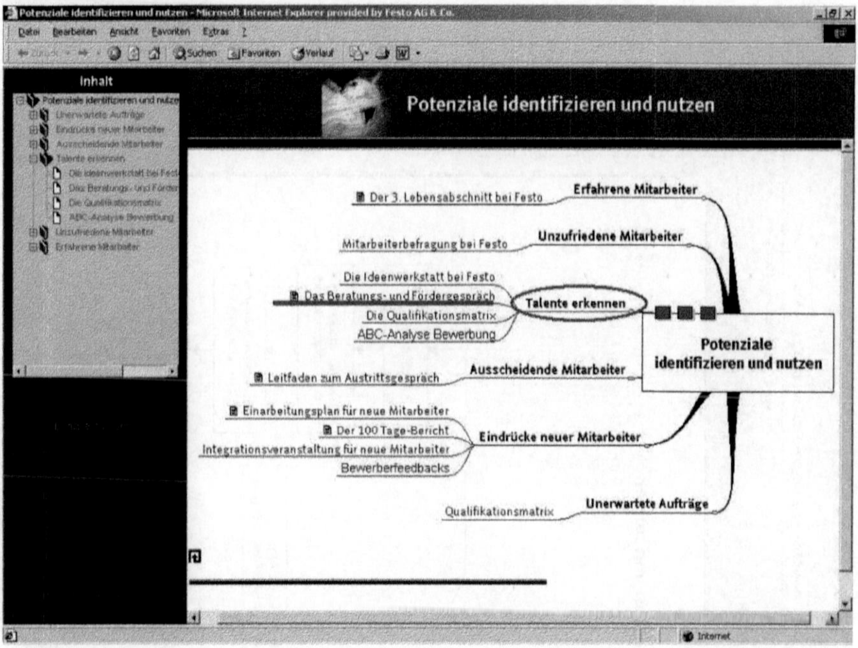

Abb. 37. Das Beratungs- und Fördergespräch als Bestandteil der Toolbox Potenzialscanner

Das dezentrale HRM bietet schon seit einigen Jahren ein sogenanntes *elektronisches Führungskräftehandbuch* im Intranet des Unternehmens an. Auf dieser Informationsplattform können sich die Führungskräfte des Unternehmens über alle wichtigen Themenstellungen z.B. der Personalführung, Personalbetreuung sowie Arbeitsrecht etc. informieren und bestimmte personalwirtschaftliche Tools per E-Business direkt anwenden. Als Beispiel sei nur der Online Antrag zur Nutzung eines Telearbeitsplatzes inkl. Festlegung der ISDN-Pauschale für den Mitarbeiter angeführt.

Im Führungskräftehandbuch sind neben den abgelegten BFG-Formularen, dem BFG-Handbuch etc. auch ein Cluster angelegt, das die Führungskraft darauf hinweist, wie sie im BFG-Gespräch mit dem Mitarbeiter anhand eines Entscheidungsablaufs auf mögliche Potenziale stoßen kann.

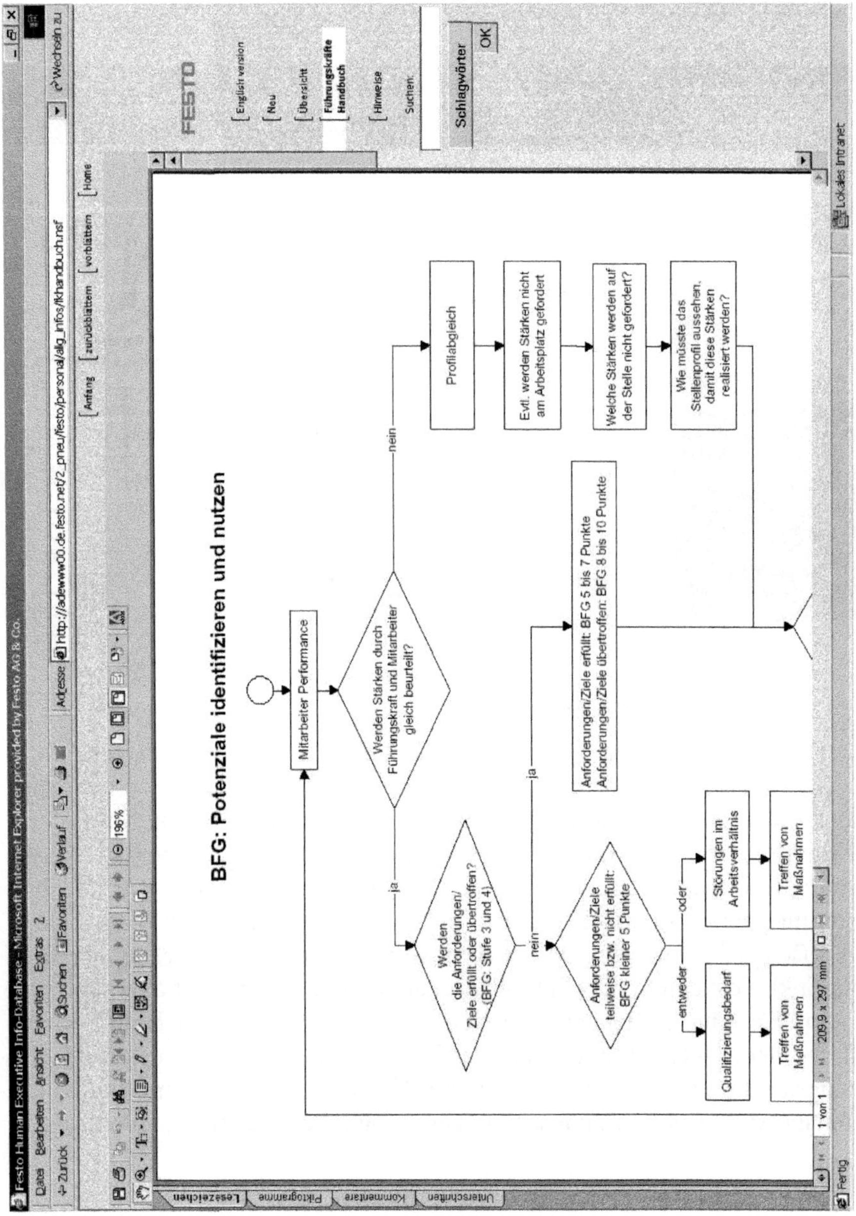

Abb. 38. Der Ablauf eines potenzialorientierten BFG

Ziel ist es also, das BFG nicht ausschließlich als Instrument zur Beurteilung und Leistungseinstufung des Mitarbeiters in der Vergangenheit anzuwenden, sondern gerade auch seine Stärken und zu vermutenden Potenziale in einzelnen Beurteilungskriterien herauszustellen:

- Wo hat der Mitarbeiter überdurchschnittliche Fähigkeiten?
- Werden seine Stärken am Arbeitsplatz gefordert?
- Kann sich der Mitarbeiter aufgrund seiner Stärken entsprechend entfalten?
- Wo kann der Mitarbeiter auf Grund seiner Stärken noch besser für die Organisationseinheit oder das Unternehmen eingesetzt werden?

Der abgebildete Ablauf zeigt der Führungskraft auf, wie die Mitarbeiter aufgrund Ihrer Stärken und Potenzialen am besten für die eigene oder andere Organisationseinheiten und damit auch für das Unternehmen eingesetzt werden können. Hinweise für nicht genutzte Potenziale können sein, dass die Einschätzung von Führungskraft und Mitarbeiter über dessen Stärken auseinandergehen, weil die Stärken am Arbeitsplatz nicht zur Geltung kommen. Auch Störungen im Arbeitsverhältnis können ein Indiz dafür sein, dass die Stärken eines Mitarbeiters an einem anderen Platz eher wirksam werden.

Ein anderes Beispiel für die potenzialorientierte Weiterentwicklung eines HR-Tools und dessen Integration in den Potenzialscanner ist der 100-Tage-Bericht bei Festo. Mit dem Ziel, die unverzerrte Wahrnehmung der neuen Mitarbeitern während der ersten 100 Tage im Unternehmen zu nutzen, wurde das bereits vorhandene Instrument nach potenzialorientierten Gesichtspunkten optimiert. Er dient der Führungskraft und dem HRM als Hinweis für verborgene Potenziale in den abgefragten Bereichen:

- Qualität der Einarbeitung
- Abläufe und Strukturen im Arbeitsumfeld
- Noch brachliegende(s) Stärken/Wissen im Arbeitsumfeld

Zudem stellt der 100-Tage-Bericht auch ein wichtiges Frühwarninstrument dar. Als qualitative Messgröße gibt der Bericht Aufschluss über die Zufriedenheit der neuen Mitarbeiter. So kann ggf. auf die Gefahr einer Frühfluktuation durch die Mitarbeiter gezielt reagiert werden.

Bei der Überarbeitung wurde insbesondere die Art der Fragestellung berücksichtigt. Um den Mitarbeitern die Gelegenheit zu geben, Potenziale zu formulieren, die für das Unternehmen Festo neu sind, wurden im 100-Tage-Bericht offene Fragen gestellt.

Der 100-Tage-Bericht wurde wie das BFG ins Führungskräftehandbuch eingestellt. Die Führungskräfte können in diesem elektronischen Handbuch auf das entsprechende Formular zugreifen. Das HRM erinnert und unterstützt die Führungskraft bei der praktischen Abwicklung des Berichts mit dem Mitarbeiter.

3.6.6 Ausweis und Bewertung der allgemeinen und strategischen Potenziale

Nach den Kenntnissen bzgl. der Introspektionsinterviews und intensiver Prozessanalysen im dezentralen HRM, wurden entlang der Struktur des Festo-Potenzialscanners eine Reihe von Potenzialen identifiziert und daraus folgende Handlungsoptionen bewertet.

Potenzial	Handlungsoptionen	Potenzial als Erfolgstreiber
Erfahrene Mitarbeiter	Der 3. Lebensabschnitt bei Festo ***contra*** regulärer oder vorzeitiger Ruhestand/Altersteilzeit	Know-how der in den Ruhestand austretenden Mitarbeitern bleibt erhalten. Problematik der Demographie wird entgegengewirkt
Unzufriedene Mitarbeiter	Weltweite Mitarbeiterbefragung ***contra*** innere Kündigung bzw. nur durchschnittliche Mitarbeiterleistung	Erforschung der Handlungsoptionen, um Rahmenbedingungen zu schaffen, aus „Unternehmensbewohnern" potenzielle Leistungsträger werden zu lassen
Talente erkennen	*Ideenwerkstatt* bei Festo und Beratungs- und Fördergespräch (BFG) ***contra*** *Der falsche Mitarbeiter am falschen Ort* (Mitarbeiterpotenzial wird nur suboptimal genutzt)	Chancen *broken*! Der potenzialorientierte Mitarbeitereinsatz als große Chance, Mitarbeitertalente am richtigen Ort einzusetzen
Ausscheidende Mitarbeiter	Leitfaden zum Austrittsgespräch ***contra*** es werden keine Austrittsgründe in Erfahrung gebracht	Ausscheidende Mitarbeiter sind ehrliche Mitarbeiter. Neben positiver Imagebildung können alle Gründe (Potenziale) des Austritts erfragt werden
Eindrücke neuer Mitarbeiter	Einarbeitungsplan, 100-Tage-Bericht, Integrationsveranstaltung ***contra*** langjährige Mitarbeiter erkennen weniger gut Potenziale festgefahrener Prozesse und Strukturen	Neue Mitarbeiter erkennen die Potenziale in bestehenden Prozessen, Zusammenarbeit, Organisation etc. leichter und besser (mehr Abstand zum Unternehmen)

Abb. 39. Potenziale und Handlungsoptionen bei Festo

3.6.7 Die Erschließung identifizierter Potenziale

An die Identifizierung und Bewertung von Potenzialen knüpft deren Erschließung an. Verborgene Talente müssen bekannt werden, bevor sie jemand nachfragen kann. Mitarbeiter müssen die Chance erhalten, den Arbeitsplatz innerhalb des Unternehmens wechseln zu können, wenn sie ihre Stärken dadurch besser zur Geltung bringen können. Hierzu ist manchmal auch eine geeignete Infrastruktur bereitzustellen, um ein Talent zu fördern.

Ein Beispiel dafür ist die sogenannte *Ideenwerkstatt*. Der Auslöser für die Gründung einer *Ideenwerkstatt* war ein Artikel in der internen Unternehmenszeitschrift *Festo-Aktuell*. Ein Mitarbeiter hatte in ein Motorrad eine pneumatische Gangschaltung für gehbehinderte Fahrer eingebaut. Damit verband er sein privates Interesse (Motorrad fahren) mit seinen beruflichen Fähigkeiten und generierte so ein neuartiges Produkt, das für PR-Zwecke genutzt oder auch auf dem Markt angeboten werden kann. Dieses Beispiel zeigt, dass Mitarbeiter verborgene Interessen und Fähigkeiten haben, die Ideen hervorbringen können, die erfolgreich in den Beruf integriert werden können.

Abb. 40. Beispiel für ein ungeahntes Talent

Von diesem Beispiel ausgehend, wurde das Konzept der *Ideenwerkstatt* bei Festo entwickelt. Die Rahmenbedingungen sehen wie folgt aus:

- Grundsätzlich können alle Mitarbeiter bei Festo die *Ideenwerkstatt* auf freiwilliger Basis nutzen.
- Die Räumlichkeiten für die Realisierung der Ideen befinden sich in einer unternehmenseigenen Ausbildungswerkstatt.
- Die erstklassige in der Berufsausbildung von Festo bereits vorhandene Infrastruktur (Mitarbeiter, Wissen und Können, Maschinen, Anlagen, Werkzeuge, Material) stehen für die Realisierung der Ideen zur Verfügung.

- Die Mitarbeiter können ihre Ideen bei einer ausgewählten Jury schriftlich einreichen. Die Jury bewertet die Idee und entscheidet bzgl. der Umsetzung der gemachten Vorschläge.
- Die Jury leitet bei einer positiven Bewertung die dafür notwendigen Ressourcen und für die Umsetzung erforderlichen Mittel ab und regelt – wenn notwendig – eventuelle Erfinderrechte.
- Die Entscheidung für die Umsetzung einer Idee erfolgt durch die Jury.

Das Konzept der *Ideenwerkstatt* bietet Mitarbeitern die Möglichkeit, ihre Ideen auszuprobieren, eigene Talente zu entdecken und zum Wohl des Unternehmens zu entwickeln. Damit stellt Festo eine Infrastruktur zur Verfügung, die den Schritt von der Idee zur Umsetzung erleichtert. Das Beispiel *Ideenwerkstatt* zeigt, wie Festo von der zufälligen Entdeckung eines Talents zur systematischen Förderung von Mitarbeiterstärken übergeht.

3.6.8 Der Potenzialscanner als Instrument zur Weiterentwicklung von Strategien im HRM

Der potenzialorientierte Einsatz von HR-Tools, die angestrebte Rolle des dezentralen HRM als *Chancen-Broker* zeigt Entwicklungsmöglichkeiten des HR auf, einen steigenden Beitrag zum Unternehmenserfolg zu leisten. Um eine konsequente Ausrichtung von Potenzialen – wie auch aller anderen Aktivitäten im HR – auf die Unternehmensstrategie zu gewährleisten, wird derzeit eine HRM-Strategie entwickelt, die Visionen des Top-Managements umsetzt und dabei auf Kompetenzen und Potenziale im Human Resources Management zurückgreift. Zur Umsetzung der langfristigen Ziele des Top-Managements gehen die Leitgedanken und die Balanced Scorecard des Unternehmens in die Formulierung einer Strategie des Human Resources Management ein. Mit Hilfe eines strategischen Potenzialscanners werden Kernkompetenzen und Potenziale des dezentralen Personalwesens identifiziert, die als Input bottom-up in die HR-Strategie eingehen. Die Übersetzung der HR-Strategie erfolgt wiederum über die Formulierung einer Bereichs-Balanced-Scorecard.

Treiber dieses Strategieentwicklungsprozesses im dezentralen HRM ist das sogenannte Steuerteam. Das Steuerteam ist – neben dieser Aufgabe – auch ein Instrument der Personalentwicklung. Die unternehmerische Kompetenz ausgewählter und im Team rotierender HRM-Mitarbeiter wird gefordert und entwickelt, indem in diesem Team unter Beteiligung eines externen *Hochschul-Coaches* Visionen, Strategien, Ziele, Zielwerte/Messgrößen bis zu konkreten Handlungsfeldern der Zukunft formuliert und beschrieben (Business Plan) werden. Dabei werden insbesondere die identifizierten Potenziale mit eingebunden und so strategiewirksam. Die auf Grundlage der identifizierten Potenziale erwartbaren Ergebnisse gehen u.a. in die Jahres- und Zieleplanung beim dezentralen HRM ein. Das Steuerteam ist also sowohl ein Element als auch der Nutzer des strategischen Potenzialscanners. Jedes dieser Kernelemente liefert seinen Informationsbeitrag zur Ausrichtung des dezentralen Personalwesens.

Der Prozess der Strategieentwicklung startete mit der Ableitung von Anforderungen an das Human Resources Management aus der Top-BSC des gesamten Unternehmens. Im Jahr 1998 wurde mit der weltweiten Einführung der Balanced Scorecard (BSC) bei Festo begonnen. Die BSC wird bei Festo als umfassendes Managementsystem verstanden, das dazu beiträgt, die Vision und Strategie des Unternehmens schnell und wirkungsvoll in die Tat umzusetzen – d.h. Ausgangspunkt aller Aktivitäten sind Vision und Strategie des Unternehmens. Die BSC dient als wirkungsvolles System bzw. Werkzeug, um die Unternehmensvision und -strategie klar und vollständig zu formulieren, sie im gesamten Unternehmen in entsprechende Ziele zu übersetzen, mit Maßnahmenplänen zu verzahnen, sie auszuführen und zu überwachen, ob die angestrebten Resultate innerhalb eines bestimmten Zeitraumes erreicht werden. Dieses Vorgehen wird top-down – ausgehend vom Festo Konzern – bis auf einzelne Vorstandsressorts/Organisationseinheiten/Teams heruntergebrochen und somit die Vision und Strategie im Gesamtunternehmen verankert. Auf der Ebene einzelner Mitarbeiter wird die BSC durch Zielvereinbarungen (Führen mit Zielen) in die tägliche Arbeit implementiert. Die Inhalte der unternehmensübergreifenden BSC (Top-BSC) ist somit Grundlage und Impulsgeber für die darauf aufbauende dezentrale HRM-Strategie und der hieraus abgeleiteten HRM-BSC.

Diesem Schritt schließt sich die Identifizierung von Kernkompetenzen und Potenzialen an, auf der das dezentrale Personalwesen bei der Umsetzung der strategischen Ziele des gesamten Unternehmens aufsetzen kann. Potenziale und Kernkompetenzen werden mit Hilfe des strategischen Potenzialscanners ermittelt. Er besteht im wesentlichen aus zwei Tools, die nach den ersten Anwendungserfahrungen weiterentwickelt und ergänzt werden. Als ein Instrument der strategischen Analyse nutzen wir die Wertkette nach Porter[31], um potenzielle Wettbewerbsvorteile zu ermitteln. Entlang der Wertkette lässt sich der gesamte Prozess der Leistungserbringung im dezentralen Personalwesen mit den dazu gehörenden Kompetenzen analysieren und zum Ausgangspunkt strategischer Überlegungen machen. Ergebnis der Anwendung ist eine Darstellung von Stärken und herausragenden Kompetenzen in den dezentralen HRM-Prozessen.

31 Porter (1998).

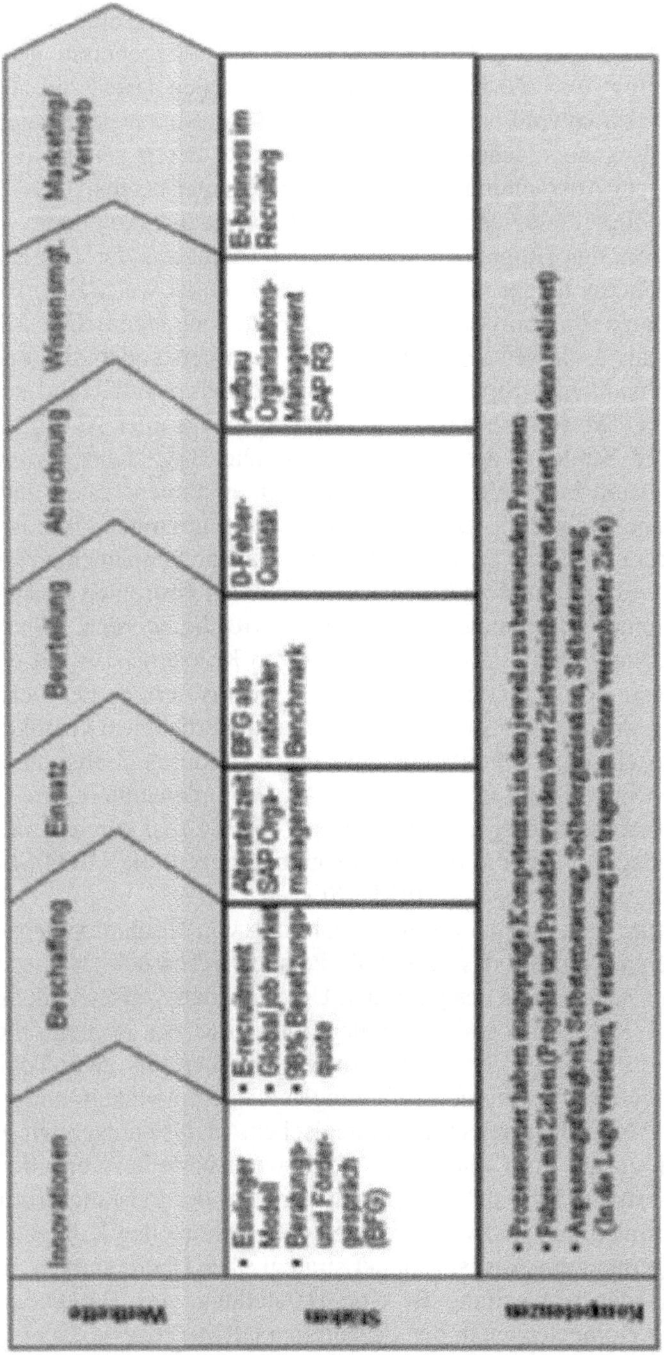

Abb. 41. Die Wertkette im dezentralen Personalwesen

Der zweite Bestandteil des strategischen Potenzialscanners ist die Kompetenz-Produkt-Matrix nach Hamel und Prahalad: Es ist eine Matrix, mit der Potenziale und Optionen bewertet werden.[32] So können beispielsweise bestehende und neue Kernkompetenzen den neuen und bereits bestehenden Märkten zugeordnet werden können. Das dezentrale HRM definiert seine Kernkompetenzen als Kompetenzen mit grundlegender strategischer Bedeutung (Management der Erfolgsfaktoren und Management der Werttreiber). Sie sind besonders resistent gegen Imitation und Substitution durch Wettbewerber und erzeugen einen klaren Zusatznutzen beim Kunden. Das bedeutet, dass die Kernkompetenzen im dezentralen HRM ganz gezielt dort eingesetzt, aufgebaut und entwickelt werden, wo bestehende und neue Märkte große Chancen bieten.

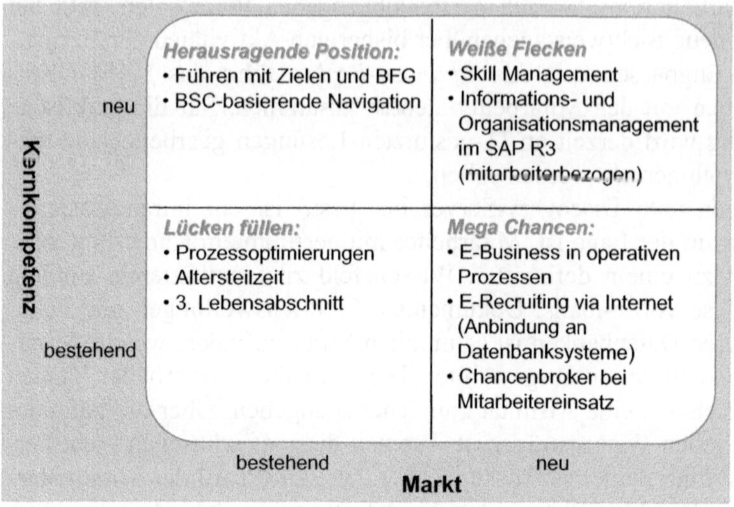

Abb. 42. Die Kompetenz-Produkt-Matrix im dezentralen Personalwesen

Damit sind einige wesentliche Kompetenzen und Potenziale benannt, die das dezentrale Personalwesen zur Umsetzung strategischer Ziele und Visionen des Unternehmens einbringen kann. Der Prozess der Strategieentwicklung im dezentralen HRM wird in Zukunft sukzessive verfeinert.

[32] Vgl. Hamel/Prahalad (1996).

3.6.9 Erfahrungen und Ausblick zur Nachhaltigkeit

Mit der Anwendung des UNIKAT-Ansatzes im Human Resources Management haben wir damit begonnen, systematisch die Schätze zu heben, die wir im Unternehmen haben. Mitarbeiter als Alleinstellungsmerkmal von Festo auszubauen, ist erklärtes Ziel weiterer Innovationen im HRM und darüber hinaus. Dieses Alleinstellungsmerkmal prägt das Image eines Top-Arbeitgebers und damit das Image eines Top-Unternehmens. Erreichen werden wir dieses Ziel dann, wenn wir das menschliche Potenzial eines Unternehmens erkennen, anerkennen und fördern.

Ein Mitarbeitereinsatz nach personenbezogenen Potenzialen stellt bei Festo eine neue Sichtweise gegenüber bisherigen Aktivitäten zur Vermeidung von Engpässen dar. Als *Chancen-Broker* führt das HRM Chancen/Aufgaben mit den Mitarbeitertalenten zusammen. Für die praktische Realisierung wird derzeit an IT-gestützten Lösungen gearbeitet, die diesem Anspruch gerecht werden sollen.

Der sogenannte Discovery-Server bei Festo ist ein intranetbasiertes System, das in der Lage ist, Mitarbeiter mit bestimmtem Know-how oder Affinitäten zu einem definierten Wissensfeld zu identifizieren. Entlang einer Analyse von e-mails, Dokumenten, SAP-Auswertungen und beliebigen anderen Datenbanken ist es möglich herauszufinden, welche Mitarbeiter eine Affinität zu ausgewählten Themen haben. Mitarbeiter können auch von sich aus eine Affinität zum Thema angeben. Über die gefundenen potenziellen Wissensträger ist – soweit diese es wünschen – ein Personenprofil hinterlegt, das Auskunft über das Skill-Profil des Mitarbeiters geben kann. Der Mitarbeiter selbst kann festlegen, welche Angaben über ihn dort abgelegt werden sollen. Dies können auch Fähigkeiten und Neigungen sein, die dem Unternehmen bisher gar nicht bekannt waren.

Die Vorteile liegen auf der Hand: Projektteams können schnell und qualifikationsspezifisch zusammengestellt werden. Es wird deutlich, welches Wissen wo und in welcher Ausprägung vorhanden ist. Eine bessere fachliche Abstimmung zwischen den Organisationseinheiten wird möglich.

Ein weiterer Lösungsansatz des potenzialorientierten Mitarbeitereinsatzes ist die konsequente Nutzung des Organisationsmanagements im bereits implementierten SAP R/3 HR. Das Organisationsmanagement dient als Basis für weitere Komponenten der Personalmanagements wie z.B. Personalentwicklung und Personaleinsatz. Hier können zahlreiche Auswertungsmöglichkeiten einen Überblick über das Anforderungsprofil einer Stelle und das (u.a. selbst gepflegte) Qualifikationsprofil eines Mitarbeiters verschaffen. Das *Broken* von Chancen/Aufgaben und potenziellen Mitarbeitern wird so einfacher möglich.

Es zeigt sich, dass eine Reihe von Voraussetzungen geschaffen wurden und werden, damit das Personalwesen die Rolle eines *Chancen-Brokers* wahrnehmen kann. Das heißt: Im Rahmen des Performance Managements werden die Potenziale von Mitarbeitern systematisch identifiziert und mit neuen Chancen bzw. Aufgaben, die im Unternehmen entstehen, zusammengeführt. Das HRM wird in dieser Funktion als Erfolgstreiber im Unternehmen wahrgenommen. Dennoch sind in diesem Bereich weitere Aktivitäten und Maßnahmen notwendig, um einen flächendeckenden potenzialorientierten Mitarbeitereinsatz zu gewährleisten. Die Realisierung der vorgestellten *Ideenwerkstatt* ist nur ein Beispiel auf der Suche nach Ideen und kreativen Köpfen im Unternehmen.

Entsprechend dem Grundgedanken von UNIKAT sollte man als Unternehmen nicht nur besser als die Konkurrenz sein, sondern auch ein einzigartiges Profil aufweisen können. Damit Mitarbeiterpotenziale konsequent zum Alleinstellungsmerkmal ausgebaut werden können, ist deren Nutzung auf die Vision und die strategischen Ziele des Unternehmens abzustimmen. Hier kommt der definierten HRM-Strategie – und dem strategischen Potenzialscanner als Strategieinput- eine wesentliche Bedeutung zu. Sie bilden die Verbindung zwischen einem innovativen Human Resources Management und den strategischen Zielen aus der unternehmensweit gültigen Balanced Scorecard. Festo setzt mit dem strategischen Potenzialscanner darauf, das dezentrale HRM zu einer strategiefokussierten Organisationseinheit weiterzuführen (Ziele, Prozesse, BSC-basierte Navigation, Lernunternehmen), vorhandenes Potenzial zielorientiert nutzbar zu machen, zu vermehren und ständig zu erneuern.

3.7 Potenzialorientierte Innovationsstrategie in der Unternehmensgruppe Freudenberg

Klaus Dittrich, Birgit Eckardt, Andreas Kaiser

3.7.1 Freudenberg als UNIKAT-Partner

Die Unternehmensgruppe Freudenberg

Gegründet wurde das Unternehmen im Jahre 1849, als Carl Johann Freudenberg in Weinheim an der Bergstraße eine Gerberei übernahm. Die Unternehmensgruppe Freudenberg, die sich aus diesem Betrieb entwickelt hat, beschäftigte im Jahr 2001 in 43 Ländern rund 28.000 Mitarbeiter und erwirtschaftete einen Umsatz von ca. 4 Mrd. Euro.

Die Lederverarbeitung bildete die Ausgangsbasis für das heute sehr diversifizierte Produktportfolio, das sich von der Dichtungs- und Schwingungstechnik über Vliesstoffe, Haushaltsprodukte, Schmierstoffe, Anlagen- und Werkzeugtechnik, IT-Dienstleistungen bis hin zu flexiblen Leiterplatten erstreckt. Große Innovationen in der Unternehmensgeschichte waren 1929 die Entwicklung des Simmerrings®, heute weltweit das Synonym für Radialwellendichtringe, 1948 die ersten Vliesstoffprodukte und 1950 die ersten Kautschuk-Bodenbeläge. Schwerpunktmäßig ist Freudenberg Zulieferer in verschiedenen Branchen, vor allem für die Kraftfahrzeugindustrie, den Maschinenbau und die Bekleidungsindustrie. Seit Bestehen des Unternehmens ist Innovation ein Eckpfeiler des Handelns. Freudenberg hat beispielsweise im Jahr 1900 als erste Firma in Europa die Chromgerbung eingeführt. Auch in den letzten Jahren erfolgte eine Intensivierung der Innovationstätigkeit, u. a. in den Bereichen Bekleidung aus Vliesstoffen, Mikrofaservliesstoffen, Brennstoffzellenkomponenten, mechatronischen Produkten wie beispielsweise Dichtungen mit Zusatzfunktionen und PET-Recycling.

Abb. 43. Produkte der Unternehmensgruppe Freudenberg

Freudenberg zeichnet sich durch eine dezentrale Organisationsstruktur aus. Unter der Führungsgesellschaft Freudenberg & Co. findet das operative Geschäft in rechtlich selbständigen Gesellschaften statt, die in vier Segmenten zu Geschäftsgruppen bzw. Geschäftsbereichen zusammengefasst sind. Das Familienunternehmen ist noch heute in der Hand der Nachfahren des Unternehmensgründers.

Die Unternehmenskultur von Freudenberg ist stark durch die *Guiding Principles* geprägt, die eine schriftliche Fixierung der gelebten Tradition darstellen. Sie beinhalten die Bereiche Kundennähe, Innovation, Führung, Menschen, Verantwortung und langfristige Orientierung. Daneben bestimmen die ebenfalls schriftlich festgehaltenen Geschäftsgrundsätze, eine Konkretisierung der Leitsätze, die tägliche Arbeit und strategische Ausrichtung der Unternehmensgruppe. Im Bereich Unternehmenskultur ist zusätzlich auf den kontinuierlichen Verbesserungsprozess GROWTTH (Get Rid Of Waste Through Team Harmony) hinzuweisen, der eine Weiterentwicklung von Kaizen darstellt und auch vom japanischen Partnerunternehmen NOK Corp. (NOK) mit Sitz in Tokio und dem amerikanischen Joint-venture Freudenberg NOK General Partnership (FNGP) bereits seit Jahren erfolgreich praktiziert wird. In GROWTTH-Projekten, die auch mit Beteiligung von Lieferanten und Kunden stattfinden, arbeiten Mitarbeiter aus unterschiedlichen Hierarchieebenen zusammen und entwickeln gemeinsam Lösungen, die während der Projektlaufzeit von nur wenigen Tagen umgesetzt werden. Sie dienen dazu, Unnötiges durch zielgerichtete

Teamarbeit zu vermeiden und Effizienz- und Effektivitätssteigerungen zu erzielen. Der Name ist somit Programm.

Freudenberg Dichtungs- und Schwingungstechnik

Die Geschäftsgruppe Dichtungs- und Schwingungstechnik Europa (FDS) ist der umsatzstärkste Bereich der Unternehmensgruppe Freudenberg. Die Freudenberg Dichtungs- und Schwingungstechnik KG ist ein Unternehmen aus dieser Geschäftsgruppe und Industriepartner im UNIKAT-Projekt. FDS erwirtschaftete im Jahr 2001 mit ca. 9.000 Mitarbeitern einen Umsatz von fast 900 Millionen Euro. Jeweils rund die Hälfte davon entfällt auf die Automobilindustrie und die vielfältigen Branchen der allgemeinen Industrie. FDS positioniert sich als Technologiespezialist für Dichtungs- und Schwingungstechnik und ist in Europa Marktführer.

Um kompetent und flexibel auf die Kundenanforderungen reagieren zu können, ist die FDS-Organisation auf globale Zusammenarbeit und schlanke, effiziente Strukturen ausgerichtet. Europaweit ist FDS nach Produktfamilien gegliedert, die in eigenständigen Geschäftsbereichen zusammengefasst sind. Da die Konzentration auf die Belange der Kunden im Vordergrund steht, tragen innerhalb der Geschäftsbereiche Lead Center die unternehmerische Verantwortung für jeweils eine Produktgruppe. Das Lead Center übernimmt dabei alle Aufgaben von der Produktentwicklung über die Prozessentwicklung und Produktion bis hin zum Marketing. Servicebereiche wie Personal, Technisches Entwicklungszentrum und Technische Planung stellen in allen Schritten der Wertschöpfungskette den operativen Einheiten Dienstleistungen zur Verfügung.

Um nahe beim Kunden zu sein, produziert FDS in elf europäischen Ländern. Der geforderten Globalität wird FDS durch die langjährige partnerschaftliche Zusammenarbeit mit dem japanischen Unternehmen NOK gerecht, das ebenfalls Dichtungen herstellt und zu dem schon seit 1960 enge Kontakte und eine Kapitalbeteiligung bestehen. Auch in den USA ist FDS über das amerikanische Gemeinschaftsunternehmen FNGP präsent. FDS entwickelt, produziert und liefert in diesem globalen Verbund mit mehr als 40 Fertigungsbetrieben in 27 Ländern. Die internationale Zusammenarbeit im Netzwerk wird bereits seit vielen Jahren praktiziert und hat sich bewährt.

Die aktuell mehr als zwanzig Lead Center von FDS agieren als unternehmerisch verantwortliche Einheiten dezentral und flexibel nah am Markt. Das Praxisbeispiel, auf das im Folgenden immer wieder Bezug genommen wird, stammt aus einem der Lead Center von FDS. Mit knapp 70 Mitarbeitern und einem Umsatz von ca. 15 Mio. Euro gehört es zu den kleineren Lead Centern. Rund zwei Drittel des Umsatzes wurden 2001 mit zwei Automobilherstellern getätigt, der Rest verteilte sich auf große Zulieferer und kleinere Firmen, die die Produkte des Lead Centers in ihre Module einbauen. Aktuell werden vier Produktgruppen hergestellt, von denen eine in absehbarer Zukunft ausläuft.

3.7.2 Ausgangssituation und Ziele

Da sich FDS zu einem wesentlichen Teil auf dem Automobilzuliefermarkt bewegt, sind die dort herrschenden Rahmenbedingungen von großer Bedeutung. Sowohl bei den Herstellern als auch bei den Zulieferern hat eine starke Konzentration stattgefunden. Außerdem werden große Systemgruppen und Module durch die Automobilhersteller an externe Lieferanten vergeben. FDS stellt dichtungstechnische Elemente her, die von Systemlieferanten in deren Produkte eingebaut werden. Durch die zu beobachtende Entwicklung ist die Zusammenarbeit von Systemlieferant und Komponentenhersteller intensiver und die gegenseitige Abhängigkeit größer geworden. Trotzdem muss der Komponentenhersteller auch weiterhin eng mit der Automobilindustrie zusammenarbeiten, um in partnerschaftlichem Verhältnis technische Weiterentwicklungen voranzutreiben, Kundenanforderungen zu antizipieren und frühzeitig erfolgreich umzusetzen.

Um sich auf Basis der eigenen Kompetenzen und Erfahrungen im Wettbewerb zu behaupten, hat sich FDS seit Jahren als Technologiespezialist positioniert. Das Lösen von dichtungs- oder schwingungstechnischen Aufgaben ist die Kernkompetenz des Unternehmens. Durch die genaue Kenntnis der jeweiligen Technik und der Anwendung, der einzusetzenden Werkstoffe und der Verfahren zu ihrer Bearbeitung können sowohl maßgeschneiderte Einzellösungen als auch umfassende Komplettlösungen in höchster Qualität angeboten werden. Bei Neuentwicklungen und innovativen Lösungen orientiert sich FDS an den Wünschen der Kunden. Ziel ist es, innovative Produkte, optimale, individuell zugeschnittene Lösungen, Null-Fehler-Qualität und den besten Service weltweit zu bieten. Um dies zu erreichen, spielt sowohl die Unterstützung der Innovationsteams durch Technische Entwicklungszentren in Europa, Amerika und Japan als auch die Zusammenarbeit mit anderen Bereichen der Freudenberg-Gruppe wie z. B. mit der Freudenberg Forschungsdienste KG sowie mit Hochschulen und Forschungsinstituten eine große Rolle.

Schon in der Vergangenheit agierte FDS als Unternehmen, das sich am Markt durch wahrgenommene Qualität und Innovation von den Wettbewerbern differenzieren konnte. Bedeutende Innovationen des Unternehmens – z. B. die Entwicklung des Simmerrings® – basierten i.d.R. auf den bestehenden Kernkompetenzen oder auf der Kombination von Kernkompetenzen. Walter Simmer verwendete im letzten Jahrhundert petenzen. Walter Simmer verwendete im letzten Jahrhundert beispielsweise Lederreste aus der Gerberei und die durch die Weltwirtschaftskrise unterausgelasteten Maschinen, um die ersten Radialwellendichtringe für die aufkommende Automobilindustrie herzustellen. Die Materialeigenschaften des Leders waren aber nur bedingt für lange Lebenszeiten von Dichtungen geeignet, so dass ab 1936 Dichtungen aus hitzebeständigerem Synthesekautschuk gefertigt wurden. Dichtungs- und schwingungstechnische Komponenten von FDS erfüllen heute in zunehmendem Maße mehrere Funktionen.

FDS sucht verstärkt nach Wegen und Möglichkeiten, um sich durch innovative Produkte und Produkt-Dienstleistungskombinationen von den Wettbewerbern zu unterscheiden. Das Ziel von FDS im Rahmen des UNIKAT-Projektes ist es daher, sich auf die eigenen, nicht genutzten Stärken zu besinnen und diese schlummernden Potenziale zu strategischen Wettbewerbsvorteilen im Sinne einer Differenzierungsstrategie zu entwickeln.

3.7.3 Lösungsansatz

In der Vergangenheit ist es Freudenberg auch in Krisenzeiten immer wieder gelungen, neue Produkte zu entwickeln und neue Geschäftsfelder zu eröffnen. Diese Innovationen wurden oftmals durch notwendige Anpassungsmaßnahmen initiiert. Um innovative Energien in verstärktem Maße freizusetzen, sollen mit UNIKAT innovationsfördernde Rahmenbedingungen geschaffen werden, die es möglich machen, unter Nutzung der vorhandenen Potenziale gezielt Innovationen hervorzubringen.

In Abb. 44 wird der spezifische Regelkreis vorgestellt, der während der Projektlaufzeit bei Freudenberg entwickelt worden ist und der die Vorgehensweise veranschaulicht, wie Potenziale identifiziert und erschlossen werden können.

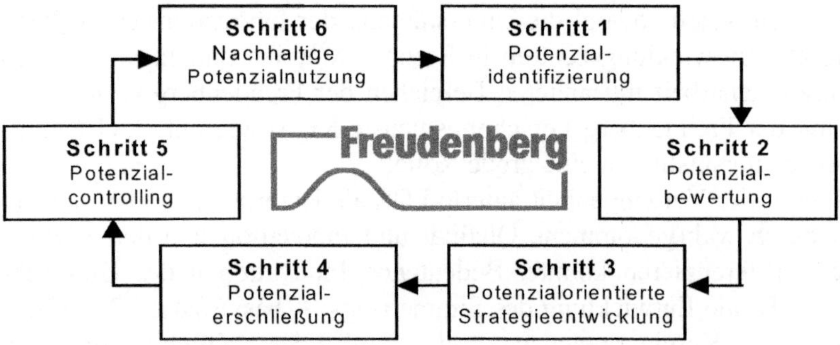

Abb. 44. Der UNIKAT-Regelkreis bei Freudenberg

Entsprechend der in Kapitel 2 geschilderten Abfolge wurde das Durchlaufen des Regelkreises mit einer Introspektion, einer Innensicht des Unternehmens, begonnen. Danach erfolgt mit der Analyse des Unternehmens der Einstieg in den Regelkreis. Der Abschnitt *Potenzialidentifizierung* (Schritt 1) enthält die genaue Beschreibung der Potenzialfilteranwendung. Die mit Hilfe der Potenzialfilter gefundenen Potenziale werden anschließend in einem zweiten Schritt bewertet. Dazu dienen unterschiedliche Bewertungskriterien, die im Abschnitt *Potenzialbewertung* erläutert werden. Nachdem alle Bewertungskriterien feststehen, erfolgt die Einordnung der bewerteten Potenziale in ein Potenzialportfolio. Die Interpretation des Portfolios und die daraus abgeleitete Strategie werden im Abschnitt *Potenzialorientierte Strategieentwicklung* beschrieben. Im nächsten Schritt werden zur Erschließung der Potenziale, d. h. zur Umsetzung der Strategie, Maßnahmen durchgeführt, die zur Erhöhung der Nutzung der Potenziale beitragen sollen. Dies ist im Teil *Potenzialerschließung* dargestellt. *Potenzialcontrolling* mit Hilfe von Kennzahlen, das anschließend beschrieben wird, ist notwendig, um einerseits Veränderungen bei der Potenzialnutzung im Laufe der Zeit feststellen zu können und andererseits diese potenzialorientierten Kennzahlen in unternehmensweite Kennzahlensysteme einfließen zu lassen. Der letzte Schritt, die *nachhaltige Potenzialnutzung*, hat die Implementierung und regelmäßige Anwendung der einzelnen Schritte im Unternehmen zum Ziel.

3.7.4 Potenzialidentifizierung

Ausgehend von den zu Beginn des UNIKAT-Verbundprojektes definierten Potenzialfiltergruppen wurden für den spezifischen Einsatz bei FDS insgesamt zehn Potenzialfilter entwickelt, die auch im Gesamtverzeichnis der während der Projektlaufzeit bei allen Industriepartner zum Einsatz gekommenen Potenzialfilter enthalten sind.

Die zehn FDS-spezifischen Potenzialfilter bauen zum Einen auf den Ergebnissen der Analyse der Unternehmensgeschichte auf, die anlässlich des 150-jährigen Firmenjubiläums in Form einer umfangreichen Festschrift detailgenau dokumentiert und veröffentlicht wurde.[33] Zum Anderen basieren sie auf einer ausführlichen Interviewreihe, die in der ersten Projektphase mit Fach- und Führungskräften bei FDS und innerhalb der Unternehmensgruppe Freudenberg geführt wurde. Die zehn FDS-spezifischen Potenzialfilter berücksichtigen somit die Ergebnisse der Introspektion. Sie eröffnen eine andere, ungewöhnliche Perspektive auf das Unternehmen, die sich im Tagesgeschäft in dieser Art und Weise häufig so nicht bietet.

[33] Freudenberg & Co. KG (1999).

Die Potenzialfilter werden, wie in Kapitel 2 beschrieben, im Potenzialscanner zusammengefasst und auf diese Art und Weise für das Unternehmen handhab- und anwendbar gemacht.

Folgende Instrumente wurden im Fall von FDS verwendet, um Potenzialscannerergebnisse zu gewinnen: Zum Einen wurden unterschiedliche Schriftstücke, wie beispielsweise die Firmenchronik, Marktstudien und betriebliche Dokumente ausgewertet, sowie eine qualitative Patentanalyse durchgeführt. Zum Anderen wurden mündliche Befragungen durchgeführt, Workshops mit betrieblichen Experten veranstaltet, Erfolgserlebnisse abgefragt und deren Ergebnisse jeweils ausgewertet.

Die Nutzer der Potenzialscannerinformationen und die Anwender des Potenzialscanners können ebenfalls unterschiedliche sein, je nachdem, wie viele und welche Potenzialfilter im Scanner zusammengestellt und angewendet werden. Nutzer der Informationen des Potenzialscanners sind, allgemein gesprochen, diejenigen, die ein Interesse an den Ergebnissen der Scanneranwendung haben. Für die Unternehmensgruppe Freudenberg sieht die Liste der Nutzer der Potenzialscannerinformationen folgendermaßen aus: Neben der Unternehmensleitung und der Geschäftsleitung von FDS haben die Leitung von Entwicklung, Verkauf, Personal und Produktion ebenfalls Interesse an den Ergebnissen.

In Analogie zu den Nutzern der Informationen des Potenzialscanners sind die Anwender diejenigen, die die Analyse mit Hilfe des Scanners vornehmen. Für die erstmalige Durchführung einer Potenzialanalyse im Rahmen des UNIKAT-Verbundprojektes waren die Anwender mit den Mitgliedern des UNIKAT-Projektteams identisch. Ein Ausblick, wer innerhalb der Unternehmensgruppe Freudenberg in Zukunft Anwender des Potenzialscanners sein könnte und wer die Ergebnisse nutzen wird, erfolgt im Schritt 6 des Regelkreises. Das Ergebnis der Anwendung des Scanners sind Hinweise auf Potenziale, die im Unternehmen vorhanden sind und bisher noch nicht ausreichend genutzt werden. Die Gesamtheit der Potenziale kann drei unterschiedlichen Typen zugeordnet werden.

Zum Einen gibt es bei FDS *wissensbezogene Potenziale*. Dieses Wissen ist in den Köpfen von Experten vorhanden. Es geht daher bei der Potenzialscanneranwendung darum herauszufinden, wer die Wissensträger sind. In der Praxis erleichtern beispielsweise Yellow Pages das Auffinden von innerbetrieblichen Experten, sobald die Unternehmensgröße so stark gewachsen ist, dass nicht mehr jeder jeden kennt.

Die zweite, bei FDS vorhandene Potenzialart sind *fähigkeitsbezogene Potenziale*, die auch mit dem Stichwort *Netzknüpfer* bezeichnet werden können. Netzknüpfer sind dabei Personen, die die Fähigkeit besitzen, Wissen zu integrieren und interpersonelle Netzwerke, die dem Austausch von Wissen und Erfahrung dienen, zu knüpfen und am Leben zu erhalten.

Die dritte Potenzialart sind *kooperationsbezogene Potenziale*. Diese Synergien können in der Unternehmensgruppe Freudenberg aufgrund ihrer spezifischen Struktur zum Einen zwischen den unterschiedlichen Teilkonzernen der Unternehmensgruppe oder innerhalb von FDS zwischen einzelnen Geschäftsbereichen und Lead Centern auftreten. Zum Anderen kann es zwischen Servicebereichen und operativen Bereichen zu Synergien kommen, genauso wie an allen Stellen entlang der Wertschöpfungskette.

Aufgrund der Struktur und der Geschichte des Unternehmens ist die dritte Potenzialart, also die kooperationsbezogenen Potenziale, die vielversprechendste. Im Folgenden soll daher ein Beispiel für die Anwendung des FDS-spezifischen Potenzialscanners im vorne charakterisierten Lead Center von FDS dargestellt werden.

Potenzialfilter	Instrumente	Nutzer der Potenzialscannerinformationen
1. Erfolgreiche innovative Projekte mit interdisziplinärer Zusammenarbeit	- Interviews mit dem Leiter des Lead Centers - Auswertung der Firmengeschichte	- Geschäftsleitung von FDS - Leiter des Lead Centers
2. Was trauen Kunden, Lieferanten, Wettbewerber uns zu?	- Interviews mit dem Leiter des Lead Centers - Workshop mit dem Leiter und ausgewählten Mitarbeitern des Lead Centers	- Geschäftsleitung von FDS - Leiter des Geschäftsbereichs - Leiter des Lead Centers
3. Vermeidung von Doppelarbeit ⋮	- Workshop mit dem Leiter und ausgewählten Mitarbeitern des Lead Centers ⋮	- Leiter des Lead Centers - Entwickler im Technischen Entwicklungszentrum (TEZ) ⋮

Abb. 45. Potenzialidentifizierung im Lead Center

Aus dem Inventar der möglichen Instrumente für den Potenzialscanner wurden ausführliche Interviews mit dem Lead Center Leiter und ein anderthalbtägiger Workshop mit allen Führungskräften der Organisationseinheit ausgewählt (Abb. 45). Für die Bestückung des Potenzialscanners wurden aus der Gesamtheit der zehn FDS-spezifischen Filter eine überschaubare Anzahl praktikabler Fragen abgeleitet. Diese Fragen lassen sich den folgenden Bereichen zuordnen: Kunden-Nutzen, Ressourcen, Wettbewerb und Kundenbeziehungen und decken somit die wichtigsten Felder bei der Suche nach Potenzialen ab. In Form einer Kartenabfrage und einer sich daran anschließenden Diskussion im Plenum wurden mit Hilfe der Fragen als Impuls die Potenziale für diesen spezifischen Bereich von FDS ermittelt. In die Aufstellung der Ergebnisse sind außerdem Hinweise auf Potenziale aus den mit dem Lead Center Leiter zu einem früheren Zeitpunkt geführten ausführlichen Interviews eingeflossen.

In allen vier Bereichen wurden Potenziale für das Lead Center identifiziert, die sich der mittleren Spalte der Tabelle in Abb. 46 entnehmen lassen:

	Potenziale des Lead Centers	**Potenzialtyp**
Kunden-Nutzen:	Kenntnisse und Adaptionsvermögen bzgl. Gesetzgebung und Marktentwicklung	WP
	Innovationsgeschwindigkeit bei kurzfristiger Entwicklung von Nischenprodukten	KP
	Vom Kunden wahrgenommene Innovationsfähigkeit des Lead Centers	KP, WP
Ressourcen:	Know-how (Bauteile und Systeme)	WP
	Kooperationsfähigkeit mit Wettbewerb	KP
	Schnelle Mustererstellung	WP
	Nutzung von internen Spezialisten	FP, KP
	Kreative Freiräume	FP
Wettbewerb:	Flexibilität	KP
Kunden-Beziehungen:	Direkte Kommunikation von Entwicklung zu Entwicklung	KP
	Erreichbarkeit für Kunden	FP
	Vertrauen, Ehrlichkeit	FP

FP = Fähigkeitsbezogene Potenziale KP = Kooperationsbezogene Potenziale
WP = Wissensbezogene Potenziale

Abb. 46. Nutzung eines Potenzials im Lead Center

Die Zuordnung von Potenzialen zu den drei beschriebenen Typen in der rechten Spalte der Tabelle zeigt, dass auch hier im konkreten Anwendungsfall *kooperationsbezogene Potenziale* bei FDS ein besonderes Gewicht haben.

3.7.5 Potenzialbewertung

Um einschätzen zu können, was mit den durch die Anwendung des Scanners identifizierten Potenzialen passieren soll, müssen sie im nächsten Schritt bewertet werden. Diese Bewertung ist zu einem gewissen Grad immer subjektiv, denn sie hängt stark von der Sichtweise des jeweiligen Bewerters ab. Größere Objektivität wird dadurch erreicht, dass ein Kreis von Personen die Bewertung vornimmt und nicht nur eine einzige Person.

Dies kann in Form von Workshops oder (Gruppen)-Interviews geschehen, um die Potenzialeinschätzung der Mitarbeiter zu erheben. Die Potenzialbewertung dient weiterhin dazu, Prioritäten bei der Erschließung und Nutzung der identifizierten Potenziale festzulegen.

Mit Hilfe der folgenden Ausführungen soll die allgemeine Vorgehensweise bei der Bewertung von Potenzialen verdeutlicht werden. Das sich daran anschließende konkrete Beispiel aus dem Lead Center illustriert die spezifische Vorgehensweise. Vier verschiedene Bewertungskriterien, nämlich die Einzigartigkeit, die Potenzialnutzung, die Größe und die Erschließbarkeit ermöglichen die Einschätzung der gefundenen Potenziale.

Die *Einzigartigkeit* eines Potenzials lässt sich dabei entweder als hoch, mittel oder niedrig bewerten und gibt an, inwieweit das Potenzial im Vergleich mit Wettbewerbern für FDS einzigartig ist. Die Imitierbarkeit ist bei der Bewertung der Einzigartigkeit ein wichtiges Kriterium. Auf folgende Fragestellungen sollte jeweils eine Antwort gefunden werden, die dann die Einordnung in das Feld zwischen hoch und niedrig erleichtert:

- Ist das Potenzial überhaupt imitierbar?
- Wie aufwendig ist es, das Potenzial zu imitieren?
- Liegen Eintrittsbarrieren etwa in Form von Patenten vor?
- Wie schnell lässt sich das Potenzial imitieren?

Als zweites Bewertungskriterium wird die *Potenzialnutzung* herangezogen. Dazu müssen in einem ersten Schritt Einflussgrößen für jedes zu bewertende Potenzial identifiziert werden. Die Einflussgrößen umschreiben Faktoren, die die Nutzung des Potenzials beeinflussen. Theoretisch können die Einflussgrößen im Bereich zwischen 0 und 100 liegen. Ist der Wert für die Einflussgröße hoch, also beispielsweise bei 80, wird das Potenzial bereits aktuell gut genutzt. Einige Einflussgrößen lassen sich aber lediglich qualitativ beschreiben, also unter Verwendung der Kategorien: Stark, mittel, niedrig, so dass diese Einschätzungen aus Vergleichbarkeits- und Darstellungsgründen in Prozentgrößen umgerechnet werden müssen. Mittels einer Spinnennetz- oder Radargrafik können die für ein bestimmtes Potenzial entscheidenden Einflussgrößen dargestellt und deren jeweilige konkrete Ausprägung anschaulich visualisiert werden (siehe Beispiel in Abb. 51 im Abschnitt *Potenzialerschließung*).

Das dritte Kriterium für die Bewertung von Potenzialen ist deren *Größe.* Unterschieden wird zwischen kleinen, mittleren und großen Potenzialen. Folgende Bereiche können Anhaltspunkte für die Einschätzung sein:

- Nachhaltigkeit – dauerhafte Veränderung des Geschäftes
- Finanzkennzahlen – Ergebnisbeitrag des Potenzials.

Als viertes Kriterium dient die *Erschließbarkeit* des jeweiligen Potenzials. Hierunter ist die Einschätzung des Aufwandes zu verstehen, den die Erschließung eines Potenzials mit sich bringt. Anhand folgender Kriterien erfolgt die Differenzierung in leicht, mittel und schwer erschließbare Potenziale:

- Zeithorizont – Dauer der Potenzialerschließung
- Finanzen – Aufwand zur Potenzialerschließung
- Qualifikation –Kompetenz für Erschließungsmaßnahmen
- Konformität mit der Unternehmenskultur.

Mit Hilfe der vier Bewertungskriterien lassen sich die gefundenen Potenziale einordnen und für eine Erschließung und Nutzung priorisieren. Die Bewertung eines der gefundenen Potenziale im Lead Center ist in Abb. 47 dargestellt.

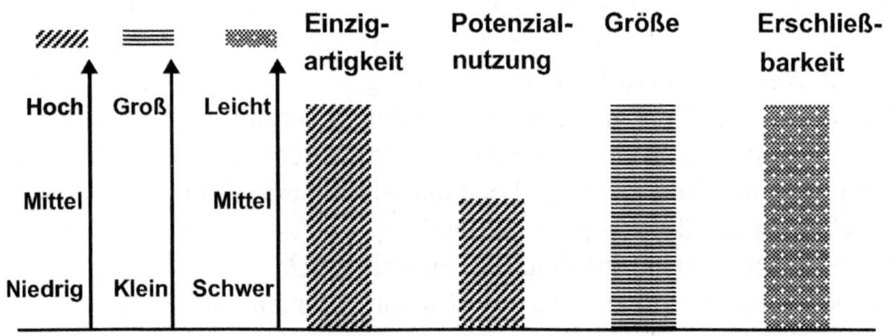

Abb. 47. Potenzialbewertung für das Potenzial *Nutzung interner Spezialisten* im Lead Center

Das grafisch dargestellte Potenzial besteht in der Nutzung interner Spezialisten. Dies können zum Einen Mitarbeiter interner Servicedienstleister aus dem Technischen Entwicklungszentrum oder den Freudenberg Forschungsdiensten sein, oder zum Anderen auch aus Bereichen anderer Teilkonzerne der Unternehmensgruppe, die sich nicht auf Forschungs- und Entwicklungsdienstleistungen spezialisiert haben.

Bereits heute wird dieses Potenzial schon für innovative Produktentwicklungen innerhalb der Unternehmensgruppe Freudenberg genutzt. Beispiele hierfür sind Dichtungen für Dieseleinspritzpumpen mit integrierter flexibler Leiterplatte, die gemeinsam von FDS und Freudenberg Mektec entwickelt werden. Ein weiteres sichtbares Zeichen für die Nutzung dieses konkreten Potenzials sind Brennstoffzellenkomponenten, für deren Entwicklung FDS, Freudenberg Vliesstoffe und Freudenberg Forschungsdienste zusammen verantwortlich sind.

Das Potenzial *Nutzung interner Spezialisten* zeichnet Freudenberg im Vergleich zum Wettbewerb aufgrund seiner hohen Einzigartigkeit aus. Kaum ein anderes Unternehmen in der Branche kann auf eine ähnliche *Vielfalt an Ressourcen* intern zurückgreifen. Vom Lead Center werden im Moment interne Spezialisten aus dem Technischen Entwicklungszentrum und von den Freudenberg Forschungsdiensten für spezielle Entwicklungsaufgaben hinzugezogen, da sie über ein weites Spektrum an Entwicklungs-, Verfahrens-, Produktions- und Verkaufs-Know-how verfügen. Die Potenzialnutzung kann durch eine verstärkte Inanspruchnahme dieser Spezialisten und durch die Intensivierung der Kooperation mit Experten anderer Teilkonzerne erhöht werden. Die Größe des Potenzials ist beachtlich und die Erschließbarkeit ist für das Lead Center wegen der organisatorischen Zugehörigkeit zu FDS, der räumlichen Nähe zu den Experten und der bestehenden persönlichen Kontakte leicht.

Potenzialfilter	Potenziale	Einflußgrößen	Bereits vorhandene Maßnahmen zur Potenzialerschließung	Neue Maßnahmen zur Potenzialerschließung
Erfolgreiche innovative Projekte mit interdisziplinärer Zusammenarbeit Instrumente: • Auswertung der Interviews • Erfolgserlebnisse • Auswertung der Firmengeschichte • Workshop mit betrieblichen Experten Nutzer der Potenzialscanner-informationen • Unternehmens-leitung • Geschäftsleitung • Entwicklungs-leitung	**Kreative Freiräume**	**• Zeit • Unterstützung durch direkten Vorgesetzten • Anregungen von außen • Perfektionismus (mit 20% Aufwand - 80% Nutzen) • Physiologische Umgebung • Innovations- und Komplexitätsgrad der Aufgabe • Herkunft von Mitarbeitern • Bereitschaft der Spezialisten und Entwickler, sich auszutauschen**	**• Home Office-Tage • Zeit zum Ausprobieren • Abteilungsübergreifen de Pausenräume • Institutionalisierter Blick über den Tellerrand: externe Referenten, fachfremde Themen, Success Stories**	**Freiräume entstehen nicht zwangsläufig durch Kapazitätserweiterung, sondern durch Verzicht auf unnötige Tätigkeiten**
	Mindestmaß an Ressourcen	• Budget • Personen • Einrichtungen	• Outsourcing, wenn nicht Kerngeschäft	
	Nutzung von internen Spezialisten	**• Transparenz über Qualifikationen der internen Spezialisten • Kommunikation • Budget im Lead Center zur Nutzung von Spezialisten • Innovations- und Komplexitätsgrad der Aufgabe • Einsicht der Entwickler im Lead Center, nicht alles selbst erfinden zu müssen • Bereitschaft der Spezialisten, sich auszutauschen • Herkunft von Mitarbeitern**	**• UL-Fonds (Fördergelder der Unternehmensleitung für innovative Projekte) • Teilnahme an öffentlich geförderten Projekten (z.B. BMBF-Projekte) • Technologieportfolio • Personal • Home-Office-Tage • Nutzung der Yellow Pages • Personalrotation zwischen TEZ und Lead Centern**	**Ergänzung des Personalaustausches zwischen Freudenberg Forschungsdienste und den Teilkonzernen über das Jungforscherprogramm hinaus auch in umgekehrter Richtung**

Abb. 48. Ausschnitt aus der Tabelle zur Dokumentation der Ergebnisse

Die Dokumentation der während der Projektlaufzeit in der Unternehmensgruppe Freudenberg identifizierten und bewerteten Potenziale erfolgt in einer Tabelle (siehe Abb. 48), die konkrete Potenzialfilter, Potenziale, Einflussgrößen und Maßnahmen als Spalteninhalte umfasst. Darüber gelegt ist die Bewertung der Potenziale hinsichtlich ihrer Größe und Erschließbarkeit. Große Potenziale sind mit fetter Schrift gekennzeichnet, kleine sind in Normalschrift dargestellt. Mittel schwierig erschließbare Potenziale sind diagonal gestreift und schwer erschließbare waagrecht gestreift unterlegt. Abb. 48. enthält keine leicht erschließbaren Potenziale.

Auf einen Blick ist es so möglich, einen Überblick über die angewendeten Potenzialfilter, die dabei identifizierten Potenziale, deren Bewertung und die Einflussgrößen auf das jeweilige Potenzial zu gewinnen. Die Tabelle dient gleichzeitig auch der Dokumentation der Ergebnisse, so dass bei Bedarf auf sie zurückgegriffen werden kann.

3.7.6 Potenzialorientierte Strategieentwicklung

Die Vielzahl der in den vorangegangenen Schritten gefundenen und bewerteten Potenziale macht eine anschauliche und übersichtliche Darstellung notwendig. Hierzu wurde im Rahmen des UNIKAT-Projektes das Potenzialportfolio entwickelt, das auch in Abb. 49 zu sehen ist. Der Grad der Potenzialnutzung und der Grad der Einzigartigkeit spannen das Potenzialportfolio auf. Der Durchmesser der Kreise entspricht der Potenzialgröße und die Farbe der Kreise dem Schwierigkeitsgrad der Potenzialerschließung. Die Quantifizierung der einzelnen Bewertungskriterien wurde im letzten Kapitel beschrieben.

Keine Potenziale im eigentlichen Sinne liegen vor, wenn für ein Potenzial im Potenzialportfolio die Einzigartigkeit und die Potenzialnutzung niedrig sind. Die gefährdeten oder eingeschränkten Wettbewerbsvorteile liegen in einem zweiten Quadranten. Häufig sind dies die strategischen Erfolgspositionen eines Unternehmens aus der Vergangenheit oder Gegenwart, die zwar noch tragfähig sind, aber in der Zukunft aufgrund von Nachahmung wegzubrechen drohen. Strategische Wettbewerbsvorteile sind die Stärken des Unternehmens, auf denen die aktuelle Strategie basiert. Die ungenutzten Potenziale, d. h. die schlummernden Wettbewerbsvorteile, weisen eine geringe Potenzialnutzung bei hoher Einzigartigkeit auf und liegen daher im Fokus des UNIKAT-Ansatzes. Nach erfolgreicher Erschließung der ungenutzten Potenziale sollten sich diese bei den strategischen Wettbewerbsvorteilen wiederfinden.

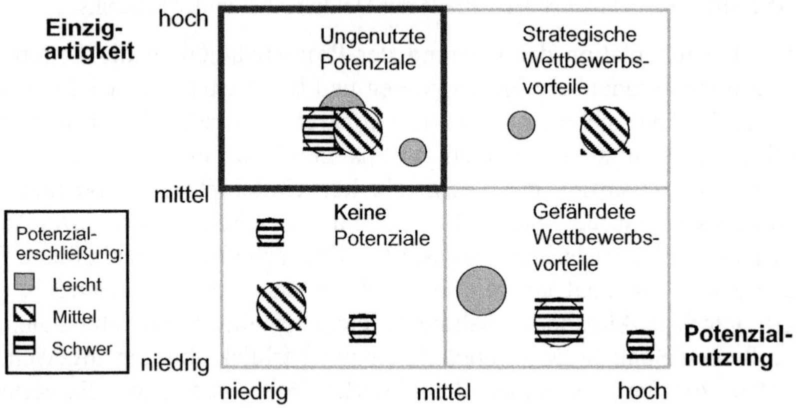

Abb. 49. Potenzialportfolio

Das Potenzial direkte Kommunikation der Entwickler des Lead Centers mit der Entwicklungsabteilung des Kunden wird beispielsweise schon relativ gut genutzt, wie z. B. durch einen Resident-Engineer. Allerdings schläft die Konkurrenz auch hier nicht. Bereits in der Vergangenheit ließ sich beobachten, dass strategische Wettbewerbsvorteile durch Aktivitäten der Wettbewerber gefährdet werden. Die Unternehmensgruppe Freudenberg baute beispielsweise frühzeitig internationale partnerschaftliche Geschäftsbeziehungen auf. Durch die zunehmende Globalisierung handelt es sich hierbei mittlerweile um einen gefährdeten Wettbewerbsvorteil, da immer mehr Unternehmen internationale Partnerschaften eingehen.

Im Lead Center werden kreative Freiräume aktuell nur selten genutzt. Das Angebot für Entwicklungsingenieure, einen Teil der kreativen Arbeit – ohne den Stress des Tagesgeschäftes – zu Hause erledigen zu können, wird im Lead Center bisher kaum angenommen. Hier bietet sich die Möglichkeit durch geeignete Maßnahmen ein ungenutztes Potenzial in einen strategischen Wettbewerbsvorteil umzuwandeln.

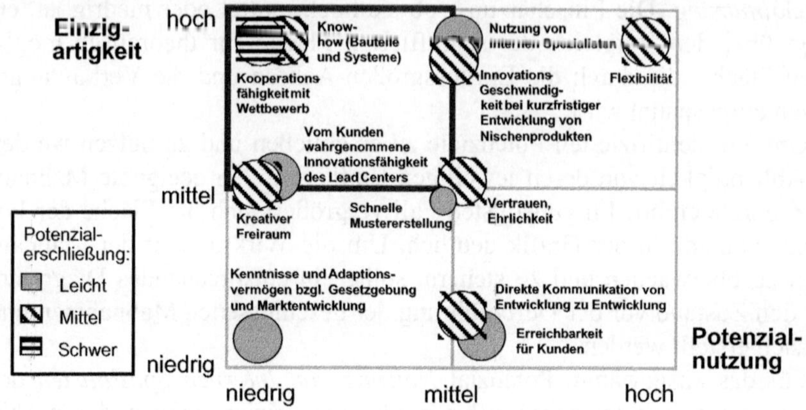

Abb. 50. Potenzialportfolio des Lead Centers

Die übersichtliche grafische Darstellung der identifizierten Potenziale des Lead Centers im Portfolio (Abb. 50) macht die Ableitung einer potenzialorientierten Strategie leicht. Vor allen Dingen aus der Anordnung, Größe und Bewertung der Potenziale im linken oberen Quadrant lassen sich Hinweise für die Strategieentwicklung gewinnen. Das Lead Center wird in Zukunft gezielt anstreben, aus dem Spezialgeschäft ins Volumengeschäft zu wachsen. Das vorhandene Potenzial *Innovationsgeschwindigkeit bei kurzfristiger Entwicklung von Nischenprodukten* hat in der Vergangenheit dazu beigetragen, dass das Lead Center sich bei zeitkritischen Komponenten positiv profilieren konnte. Dies geschah u. a. auch unter Zuhilfenahme interner Spezialisten und zeigt, dass ein weiteres Potenzial bereits genutzt wurde. Um in Zukunft die wirtschaftliche Basis für das Lead Center zu verbreitern, sollen die Erfahrungen aus den Spezialgeschäften und die nachgewiesenen und durch den Kunden wahrgenommenen Fähigkeiten auf dem Gebiet der zeitlich kurzfristigen, hochwertigen Entwicklung gezielt genutzt werden. Dazu werden solche Spezialgeschäfte akquiriert, die die Chance auf ein Volumengeschäft beinhalten.

3.7.7 Potenzialerschließung

Nachdem die Einflussgrößen für ein Potenzial feststehen, können sie in einem Netzdiagramm eingetragen werden. Ein Diagramm bildet jeweils ein Potenzial ab, wobei jede der Achsen eine Einflussgröße repräsentiert. Die Zahl der Einflussgrößen und somit auch der Achsen kann von Potenzial zu Potenzial variieren. Der Grad, mit dem die jeweilige Einflussgröße zur Potenzialnutzung beiträgt, wird auf der entsprechenden Achse des Diagramms markiert. Die entstehende Fläche entspricht der *aktuellen Potenzialnutzung*. Die Einschätzung, ob sie hoch, mittel oder niedrig ist, erfolgt über den Vergleich der schraffierten Fläche zur theoretisch möglichen Fläche, die durch die Einflussgrößen-Achsen und die Verbindungslinien aufgespannt wird.

Um die identifizierten Potenziale zu erschließen und zu nutzen werden in Abhängigkeit von deren jeweiligen Einflussgrößen geeignete Maßnahmen durchgeführt. Im günstigsten Fall vergrößert sich die Fläche der Potenzialnutzung in der Grafik deutlich. Um die Wirksamkeit der Maßnahmen zu überwachen und zu steuern, sollte ein entsprechendes Diagramm für den Zustand vor der Durchführung der beschlossenen Maßnahmen und danach erstellt werden.

Für das ausgewählte Potenzial *Nutzung von internen Spezialisten* des Lead Centers konnten acht Einflussgrößen identifiziert werden, die in Abb. 51 in einem Netzdiagramm dargestellt sind. Die unterschiedlichen Einflussgrößen können qualitativ oder quantitativ gemessen werden.

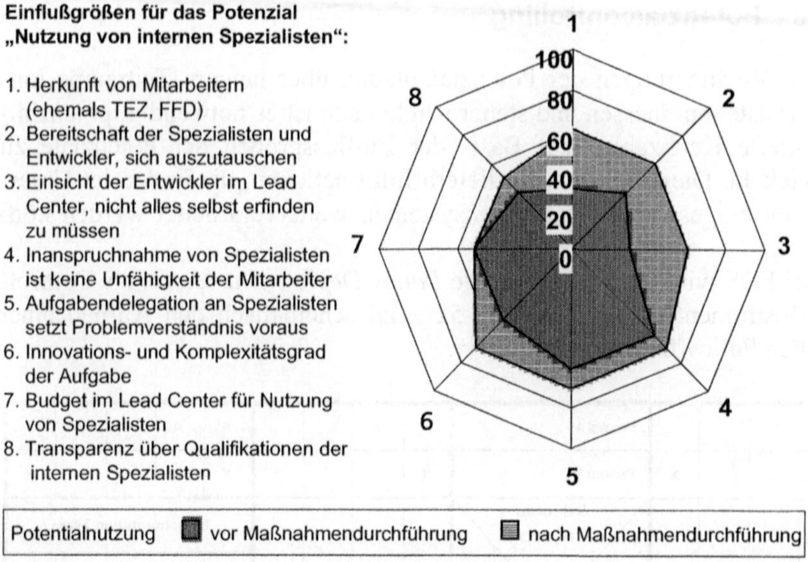

Abb. 51 Potenzialnutzung im Lead Center

Für jede Einflussgröße wird der Grad, zu dem sie zur Potenzialnutzung beiträgt, vor und nach der Durchführung der Maßnahmen im Diagramm eingetragen. Waren die Maßnahmen wirksam, zeigt sich eine deutlich verbesserte Nutzung des Potenzials.

Zu den im Lead Center durchgeführten Maßnahmen, die das Potenzial *Nutzung von internen Spezialisten* betreffen, gehören u. a. die Personalrotation zwischen dem Technischen Entwicklungszentrum der FDS, den Freudenberg Forschungsdiensten und dem Lead Center. Die beiden erstgenannten beschäftigen interne Spezialisten und der Personalaustausch kam nicht nur den persönlichen Interessen der Mitarbeiter entgegen, sondern optimierte auch die Aufgabenverteilung und Prozesse im Lead Center. In der Grafik lässt sich daher eine deutliche Verbesserung der Potenzialnutzung auf der zugehörigen Einflussgrößenachse (Achse 1 in Abb. 51) erkennen. Weitere Maßnahmen sind die erfolgreiche Nutzung von internen und externen Spezialisten bei innovativen Entwicklungsprojekten sowie die Verwendung von Expertenverzeichnissen, sog. *Yellow Pages*. Außerdem werden Fördergelder, die die Unternehmensleitung für innovative Projekte zur Verfügung stellt, als weitere Maßnahme zur besseren Erschließung des vorhandenen Potenzials genutzt.

3.7.8 Potenzialcontrolling

Um Veränderungen der Potenzialnutzung über längere Zeiträume hinweg feststellen, messen und steuern zu können ist es notwendig, potenzialorientierte Kennzahlen auf Basis der Einflussgrößen der Potenziale zu entwickeln. Diese Kennzahlen liefern Informationen, die in den im Unternehmen eingesetzten Kennzahlensystemen weiterverarbeitet werden können.

Bei FDS wird unter anderem die *Policy Deployment Matrix* als Controlling-Instrument eingesetzt. Abb. 52 zeigt schematisch den Aufbau einer solchen Policy Deployment Matrix.

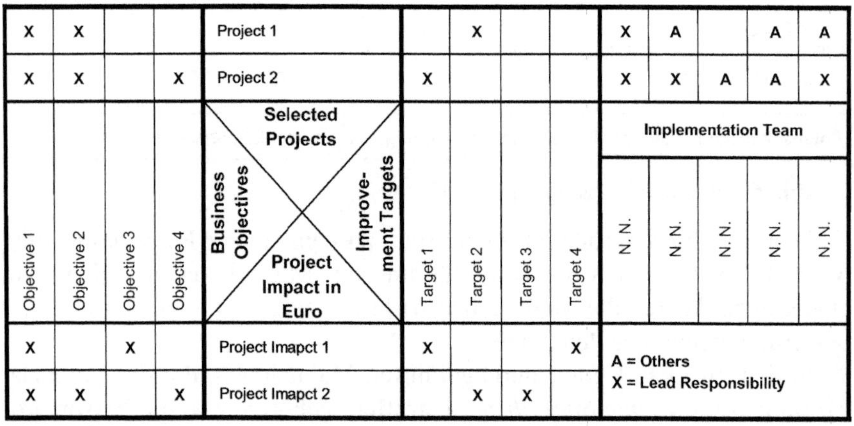

Abb. 52. Schematischer Aufbau der FDS Policy Deployment Matrix

Diese Matrix existiert für jede FDS-Organisationseinheit, also für Geschäftsbereiche, Lead Center oder Servicebereiche und wird jährlich angepasst. Im linken Bereich der Matrix werden Unternehmensziele *Business Objectives* aufgelistet, die FDS sich für den Zeitraum von einem Jahr gesteckt hat. Diese werden über Matrizen sowohl mit ausgewählten Projekten *Selected Projects* der Organisationseinheit als auch mit den finanziellen Auswirkungen der Projekte *Project Impact in Euro* verknüpft. Die ausgewählten Projekte der Organisationseinheit, also beispielsweise des Lead Centers werden über eine weitere Matrix mit den Verbesserungszielen des Lead Centers *Improvement Targets* verbunden und jedem Projekt die entsprechenden Mitarbeiter zugewiesen. Ebenso werden die finanziellen Auswirkungen der Projekte den Verbesserungszielen des Lead Centers zugeordnet, wodurch sich der Kreis schließt. Mit der Policy Deployment Matrix werden die strategischen Unternehmensziele auf die operative Ebene heruntergebrochen und einzelnen Mitarbeitern zugewiesen.

Im Lead Center wurden aufgrund der Einflussgrößen, die im Abschnitt *Potenzialerschließung* bereits dargestellt worden sind, Kennzahlen entwickelt. Dabei besteht kein linearer Zusammenhang zwischen Einflussgrößen und Kennzahlen, sondern mehrere Einflussgrößen können in eine Kennzahl eingehen.

Zu den Kennzahlen, die im Lead Center zur Messung, Erschließung und Nutzung von Potenzialen entwickelt worden sind, zählt die Anzahl der Innovationen, die unter Nutzung von internen Spezialisten entstanden sind, ebenso wie die Budgetgröße für die Nutzung von Spezialisten. Weitere Kennzahlen sind die Anzahl der Mitarbeiter, die als interne Spezialisten vom Technischen Entwicklungszentrum von FDS oder der Freudenberg Forschungsdienste in das kundennahe Geschäft des Lead Centers gewechselt sind sowie die Anzahl der Kontakte von Mitarbeitern des Lead Centers mit internen und externen Spezialisten.

X	X	X			X	Personalrotation zwischen TEZ und Lead Center			X		X			A
		X	X	X		Erfolgreiche Nutzung von internen und externen Spezialisten bei Entwicklungsprojekt	X	X			X	X	A	X
	X	X	X		X	Nutzung der Yellow Pages		X			X	X	X	A
			X			Home-Office Tage				X	X	A	X	
Herkunft von Mitarbeitern	Bereitschaft der Spezialisten und Entwickler, sich auszutauschen	Einsicht der Entwickler im Lead Center, nicht alles selbst erfinden zu müssen	Innovations- und Komplexitätsgrad der Aufgabe	Budget im Lead Center für Nutzung von Spezialisten	Transparenz über Qualifikationen der internen Spezialisten	Maßnahmen / Einflußgrößen / Kennzahlen / Potenziale	Anzahl der Innovationen, die unter Nutzung von internen Spezialisten entstanden sind	Budgetgröße für die Nutzung von Spezialisten	Anzahl der Mitarbeiter im Lead Center, die vom TEZ oder von Freudenberg Forschungsdiensten kommen	Anzahl Home-Office-Tage pro Mitarbeiter und Jahr	Mitarbeiter N. N.	N. N.	N. N.	N. N.
X	X	X	X	X	X	Nutzung von internen Spezialisten	X	X	X					
X	X		X			Kreativer Freiraum				X				
X	X	X	X	X		Innovationsgeschwindigkeit bei kurzfristiger Entwicklung von Nischenprodukten	X	X	X		A = Andere X = Hauptverantwortung			

Abb. 53. Matrix zum Potenzialcontrolling des Lead Centers

Die FDS-weit verwendete Policy Deployment Matrix bricht von oben, also top-down, die Strategie des Unternehmens auf die Mitarbeiter herunter. Um auch vorhandene Potenziale in die Strategie zu integrieren, wurde die Policy Deployment Matrix im Rahmen des UNIKAT-Projektes zu einer Matrix zum Potenzialcontrolling weiterentwickelt.

Durch Implementierung der identifizierten Potenziale, Einflussgrößen, Maßnahmen und Kennzahlen in eine Struktur, die dem Aufbau der Policy Deployment Matrix entspricht, kann die Entwicklung der Potenzialnutzung über längere Zeiträume hinweg verfolgt und gesteuert werden. In Abb. 53

ist der beschriebene Zusammenhang exemplarisch für eine Auswahl der Potenziale des Lead Centers dargestellt.

Durch die Weiterentwicklung der Policy Deployment Matrix wird die Potenzialperspektive so stark berücksichtigt, dass eine gezielte Erschließung der vorhandenen Potenziale ermöglicht wird.

3.7.9 Nachhaltige Potenzialnutzung

Konventionell wird die Unternehmensstrategie von der Unternehmens- bzw. Geschäftsleitung der Tochterunternehmen bei Freudenberg generiert, wobei hierfür in erster Linie die *bekannten Stärken* des Unternehmens sowie die Trends am Markt eine Rolle spielen. Die Strategie wird dann verfeinert und in Teilstrategien der einzelnen Bereiche bis hinunter auf Mitarbeiterebene aufgeteilt und kommuniziert.

UNIKAT jedoch hat einen entgegengesetzten Ansatz, was die Strategie angeht. Auf den Basisebenen des Unternehmens werden die *ungenutzten Potenziale* identifiziert sowie ggf. auch erschlossen und bilden damit einen Beitrag zur neuen bzw. geänderten Strategie des Unternehmens. Das Top-Management erhält durch die Potenzialscannerergebnisse weitere Eingangsinformationen im Strategiebildungsprozess. Dies setzt jedoch eine Offenheit des Managements und Akzeptanz der Hierarchie für solche Informationen *von unten* voraus.

Im Lead Center ist der Wunsch vorhanden, in Zukunft die Nachhaltigkeit stärker zu berücksichtigen. Sowohl die Ziele des Lead Centers als auch die Kontrolle der Zielerreichung sollen stärker langfristig orientiert werden. Die UNIKAT-Vorgehensweise mit ihrer expliziten Potenzialorientierung bietet sich an, um eine nachhaltige Ausrichtung zu erreichen.

Da sich das Markt- und Technologieumfeld, in dem sich die Unternehmensgruppe Freudenberg, FDS und das Lead Center bewegen, mit zunehmender Geschwindigkeit wandelt, reicht unter dem Aspekt der Nachhaltigkeit eine einmalige Anwendung des Potenzialscanners nicht aus. Die Potenzialscanneranwendung liefert lediglich eine Momentaufnahme und ermöglicht davon ausgehend die Erschließung und Nutzung von Potenzialen, die zum Zeitpunkt der Potenzialidentifizierung gefunden wurden. Damit die UNIKAT-Vorgehensweise nicht zur „Eintagsfliege" wird, ist daher eine kontinuierliche Anwendung im Sinne des Monitoring und des kontinuierlichen Verbesserns notwendig und sinnvoll.

3.7.10 Fazit und Ausblick

Die Umwandlung ungenutzter Potenziale in strategische Wettbewerbsvorteile durch Besinnung auf die eigenen, noch ungenutzten Stärken des Unternehmens liefert einen Beitrag zur Zukunftssicherung. Daher lautet der Volltitel des Projektes ja auch: *Einzigartigkeit kommt von innen – Wandlungsfähigkeit und Wachstum durch Erschließung strategischer Potenziale (UNIKAT)*.

Durch die Anwendung der UNIKAT-Vorgehensweise konnten bei Freudenberg Dichtungs- und Schwingungstechnik eine Reihe interessanter Potenziale identifiziert werden. Wie aber in den meisten strategischen Unternehmensprojekten, so ist auch hier nicht nur die Akzeptanz durch das (Top)-Management förderlich, sondern auch die Unterstützung bei der Umsetzung, d. h. im besonderen bei der Erschließung der Potenziale.

In Diskussionen mit Führungskräften wurde immer wieder die Frage nach dem praktischen Nutzen gestellt. Ein offenes Ohr für diesen Ansatz konnte in Bereichen gefunden werden, in denen nicht ausschließlich akute operative, sondern auch akute strategische Fragestellungen zum unmittelbaren Handeln zwingen. Ein nachhaltiger Wettbewerbsvorsprung liegt vor allen Dingen darin, antizipativ am Markt zu agieren, anstatt abzuwarten, bis ein bestimmter Leidensdruck zum Handeln zwingt. Das UNIKAT-Projekt hat für FDS aufgezeigt, wie die schon bestehenden Ansätze zur Mobilisierung der internen Kräfte intensiviert werden können, um damit vorausschauend den Anforderungen der Zukunft zu begegnen.

3.8 Zusammenfassung

Michael Kohlgrüber, Hans-Georg Schnauffer, Dorit Jaeger

Um dem Leser einen Überblick über die sehr unterschiedliche Ausgestaltung einer potenzialorientierten Strategieentwicklung zu gewähren, werfen wir einen vergleichenden Blick auf die dargestellten Anwendungs- und Umsetzungsbeispiele. Hierbei stellen wir die unterschiedlichen Herangehensweisen anhand des 6-stufigen Referenzmodells dar (vgl. Kap. 2.2). Zu den Schlüssen, die wir daraus ziehen, muss angemerkt werden, dass sich die empirische Basis hierfür auf einen kleinen Kreis von Anwendern beschränkt. Wissenschaftlich abgesicherte Aussagen sind mit dieser kleinen Grundgesamtheit sicher nicht möglich. Dennoch halten wir aufgrund der gemachten Erfahrungen einige Aussagen und Empfehlungen für den Leser, der mit diesem Ansatz arbeiten möchte, für möglich und sinnvoll.

3.8.1 Potenziale identifizieren

Wie in Kap. 3.1 beschrieben, haben alle Industriepartner bei der Potenzialidentifizierung ein gemeinsames und sich entwickelndes Instrumentarium angewendet. Der UNIKAT-Potenzialscanner hat sich dabei als ein ausgesprochen flexibles Instrumentarium erwiesen, das in völlig unterschiedlichen Kontexten – beim mittelständischen Gitterrosthersteller ebenso wie im Think Tank eines Großunternehmens – erfolgreich angewendet werden kann, um einen Weg zur Einzigartigkeit aufzuzeigen.

Die Konfiguration des jeweiligen Potenzialscanners sowie die Operationalisierung der ausgewählten Potenzialfilter erfolgte im jeweiligen unternehmensspezifischen Kontext. Die Fallbeispiele in Kapitel 3 verdeutlichen die Vielfalt möglicher Vorgehensweisen bei der Ausgestaltung und Anwendung der betrieblichen Scanner-Toolbox in Abhängigkeit von den zugrundeliegenden Problemstellungen.

Wo die wichtigsten Suchfelder im jeweiligen Unternehmen liegen, wird durch die qualitative Befragung von Führungskräften und Mitarbeitern – die Introspektion – aufgedeckt. Aus den Antworten und der Unternehmenshistorie, wie das Unternehmen in der Vergangenheit wichtige Impulse für seine weitere Entwicklung erhalten hat, lässt sich ablesen, in welchen Bereichen vorrangig nach Potenzialen zu suchen ist. So ließ sich für M+W Zander logisch ableiten, dass die Suchfelder *Mitarbeiter* und *Kunden* die meisten Hinweise auf Potenziale versprechen, während bei der

Vodafone Pilotentwicklung aufgrund der stark interdisziplinären Arbeitsweise viele Potenziale in der Vernetzung von Mitarbeitern zu vermuten waren.

Jenseits dieser unternehmensindividuellen Introspektionsergebnisse lassen sich auch unternehmensübergreifende Einflussfaktoren identifizieren, die nach unseren bisherigen Erfahrungen die Zusammenstellung des Potenzialscanners prägen. Dazu gehören u.a.:

- Der jeweilige Anwendungsbereich für den Potenzialscanner,
- Die Unternehmensgröße,
- Der Grad der Dezentralisierung,
- Die Zahl der Informationsquellen und der Informationsnachfrager.

Ein wesentlicher Einflussfaktor auf die Ausgestaltung des Potenzialscanners ist der jeweilige Anwendungsbereich. Dieser kann das ganze Unternehmen oder einzelne Funktionsbereiche sein. Der Anwendungsbereich definiert den Kontext und den Fokus, innerhalb derer diese Toolbox konfiguriert wird. Human-Resource-Verantwortliche suchen v.a. nach Mitarbeiterpotenzialen, interne Forschungsdienstleister v.a. nach Innovationspotenzialen usw.

Nach den bisherigen Erfahrungen mit dem UNIKAT-Ansatz zeigen sich auch erste Anhaltspunkte für die Auswirkungen der Unternehmensgröße auf die Ausprägung des Potenzialscanners:

Bei kleineren Unternehmen, wie z.B. STACO, stehen der Führung tendenziell weniger verschiedene potenzialrelevante Informationsquellen zur Verfügung. Dies hat den Vorteil, dass es recht leicht ist, die entsprechenden Know-how-Träger an einen Tisch zu bekommen. Die Identifikation relevanter Daten ist daher tendenziell weniger problematisch. Vielmehr kommt es darauf an, den vollen Potenzialgehalt dieser Daten zu erkennen. Da die Zahl der Strategieverantwortlichen bei kleinen Unternehmen meist unter einem Dutzend Mitarbeiter liegt, besteht leicht die Gefahr, dass die Daten allen schon mehr oder weniger bekannt vorkommen. Der Erkenntniswert scheint dann auf den ersten Blick gering. Wichtig ist daher, ganz gezielt neue Sichtweisen auf die vorhandenen Daten einzubeziehen. Hier haben größere Unternehmen einen Vorteil. Durch die Vielzahl der Know-how-Träger besteht bereits eine entsprechend größere Anzahl an Sichtweisen und Interpretationen. Bei M+W Zander förderten die Introspektionsinterviews eine Reihe von individuellen Aussagen zutage, wie im Unternehmen die Einzigartigkeit zustande kam und welche Potenziale noch gesehen werden. Nachteilig dabei ist, dass diese nur auf den jeweils wahrgenommenen Tätigkeitsausschnitt gerichtet sind. Dennoch lässt sich diese Vielfalt an Perspektiven produktiv nutzen, wenn die Know-how-Träger ihre Sichtweisen austauschen. Bei größeren Unternehmen besteht die Herausforderung daher im Finden und im Konsolidieren der Daten, der Informationen und des Wissens.

Bei diesen beiden Polen der Unternehmensgröße handelt es sich allerdings nur um Tendenzen. Es gibt auch Unternehmen, bei denen diese Unterscheidung nicht trennscharf ist. Ein kleines Unternehmen wie März verfügt aufgrund seiner dezentralen Niederlassungsstruktur über viele Know-how-Träger und steht damit vor ähnlichen Herausforderungen der Konsolidierung von Potenzialinformationen wie ein großes Unternehmen.

Als weiterer Anhaltspunkt zeigt sich nach bisherigen Erfahrungen: Je dezentraler Unternehmen organisiert sind, desto wahrscheinlicher ist die Existenz von kooperationsbedingten Potenzialen. Dies verweist auf prozessbezogene Potenzialfilter wie informelle Kontakte, Netzknüpfer u.ä. Der Nutzen dieser kooperationsbedingten Potenziale wird deutlich, wenn man sich vergegenwärtigt, wie groß die mögliche Durchschlagskraft einer Innovation ist, die die Leistungen verschiedener Einheiten oder Geschäftsfelder integriert, im Vergleich zu Innovationen, die ausschließlich auf den Kompetenzen einer einzelnen Organisationseinheit basieren.

Unabhängig von den Einflussfaktoren haben die Anwender des UNIKAT-Ansatzes festgestellt, dass mitarbeiterbezogene Potenzialfilter in praktisch jedem Fall eine wichtige Rolle bei der Ausgestaltung des Potenzialscanners spielen. Welches Potenzial auch gehoben werden sollte – stets ging es auch um die Frage, welche Kompetenzen für die Umsetzung genutzt werden können. Typische Fragen, die sich die Unternehmen hierbei stellen, sind: Welche Mitarbeiter haben Kompetenzen, die sich für die Erschließung neuer Leistungsfelder nutzen lassen? Wie können diese Kompetenzen weiterentwickelt und mit anderen Mitarbeitern geteilt werden? Der Potenzialfilter verborgene Talente hilft in diesen Fällen, Kompetenzen zu identifizieren, die vorher nicht bekannt waren. Dies kann bis zur Entwicklung und dem gezielten Einsatz einer Skill-Datenbank gehen, die zeigt, welche Kompetenzen im Unternehmen vorhanden sind (vgl. März).

Im Hinblick auf die nachhaltige Verankerung einer weiterlebenden Potenzialidentifikation hat sich gezeigt, dass die eigentliche Herausforderung in der Ankopplung an die operativen Prozesse besteht. Was alle Beteiligten immer wieder überrascht hat, war die Tatsache, dass die meisten Informationen, die Hinweise auf ungenutzte Potenziale im Unternehmen liefern, im Unternehmen vorhanden sind. Es kommt darauf an, die Quellen als solche zu identifizieren, deren Informationen anzuzapfen und den Informationsfluss unter dem Gesichtspunkt der Potenzialidentifikation dauerhaft sicherzustellen. Damit wird ein Nervensystem von bisher unverbundenen Informationsquellen geschaffen, so dass im Idealfall ein strategisch denkfähiger(er) Organismus entsteht.

Nach dieser allgemeinen Darstellung von Einflussfaktoren lassen sich für die einzelnen Anwender des Potenzialscanners Hypothesen zum Zusammenhang von Einflussfaktoren und konkreter Scannerausprägung im einzelnen Unternehmen formulieren.

Beginnen wir mit dem Anwendungsbereich des Potenzialscanners, einem der Einflussfaktoren für dessen konkrete Ausprägung. Die Fallstudien in Kapitel 3.2 – 3.7 zeigen, dass der Scanner sowohl auf das ganze Unternehmen als auch auf einzelne Unternehmensbereiche angewendet werden kann. Damit ist meistens die Entscheidung verbunden, wer die Suche nach Potenzialen beauftragt bzw. durchführt.

Bei Festo ist das Human Resource Management der Treiber für die Potenzialsuche. Die Auswahl geeigneter Potenzialfilter konzentriert sich konsequenterweise auf mitarbeiterbezogene Potenziale. Das HRM konnte bereits auf gut ausgearbeitete und wirkungsvolle Instrumente zurückgreifen. Die Tools wurden daraufhin unter potenzialorientierten Gesichtspunkten selektiert und überarbeitet.

Die ausgeprägte Dezentralisierung der Unternehmensgruppe Freudenberg beeinflusste die Auswahl der Potenzialfilter. Da Kompetenzen über eine Vielzahl von weitgehend selbständigen Einheiten verteilt sind, liegt die Vermutung nahe, dass eine Reihe von kooperationsbedingten Potenzialen existieren. Dies gilt v.a. für Innovationen innerhalb der Unternehmensgruppe Freudenberg, die unter Nutzung von FuE-Kapazitäten im Lead Center der Freudenberg Dichtungs- und Schwingungstechnik KG, dem Technischen Entwicklungszentrum innerhalb der FDS und den Forschungsdiensten für die Unternehmensgruppe, generiert werden. Die Entwicklung des Freudenberg-Potenzialscanners setzt sich mit der Zusammenstellung eines Kataloges von Potenzialen, Einflussparametern und Maßnahmen zur Potenzialerschließung fort. Dieser Scanner wird in der nächsten Stufe auf einzelne Organisationseinheiten angepasst. Diese Toolbox wird damit als Dienstleistung vorgehalten und für die Einheiten kundenorientiert angepasst, die vor der Aufgabe stehen, ihre Wettbewerbsstrategie (weiter-) zu entwickeln und/oder umzusetzen.

In Unternehmen wie STACO, März und Vodafone Pilotentwicklung – hier ist jeweils Geschäftsführung oder Vorstand Auftraggeber – ist die Suche nach Potenzialen zunächst noch ungerichtet; in diesen Fällen soll das gesamte Unternehmen abgescannt werden. Die konkrete Konfiguration des Scanners hängt hier von anderen Einflussfaktoren ab.

STACO und März sahen sich einer besonderen Wettbewerbsdynamik ausgesetzt, die neue Wettbewerbsstrategien notwendig machte. Anderenfalls drohten Umsatzeinbußen und/oder Verlust von Marktanteilen. Die vom Kunden wahrgenommene Differenzierung gegenüber Wettbewerbern war für beide Unternehmen von erheblicher Bedeutung. Sie setzten daher konsequent auf die Auswahl kundenbezogener Potenzialfilter. Für die konkrete Anwendung war die Anschlussfähigkeit an bereits vorhandene Methoden und Prozesse wichtig. STACO integrierte die Scanneranwendung in wöchentlich stattfindende Führungskräftetreffen, die damit auch zu UNIKAT-Kernteamsitzungen wurden. Hier zeigte sich, welche Potenzialfilter Aussagekraft für das Unternehmen haben. Das Bewertungskriterium bestand darin, ob das abgefragte Indiz (z. B. *unerwartete Aufträge*) im Unternehmen anzutreffen ist. Da Führungskräfte aus allen Bereichen im Kernteam vertreten sind, besteht ein wesentlicher Nutzen darin, Informationen aus verschiedenen Perspektiven zusammenzufassen und zu hinterfragen. Viele Informationen verweisen erst im Kontext anderer Sichtweisen auf vorhandene Potenziale. Das betrifft etwa das Angebot Gitterroste mit ungewöhnlichen Maßen oder Tragfähigkeiten zu fertigen. Der Austausch im Kernteam ergänzt das Wissen einzelner, was z.B. laut Katalog angeboten werden kann, um neue Möglichkeiten, die durch Einsatz eines neuen Werkzeuges oder durch Kooperation mit anderen Unternehmen realisiert werden können. Das Kernteam bietet zudem ein Forum dafür, auch bereits bekannte Informationen unter einem potenzialorientierten Blickwinkel neu zu bewerten. Das Beispiel STACO stellt eine Scannerausprägung dar, wie sie für kleine Unternehmen typisch sein dürfte: Vorhandene Informationen werden zusammengetragen, hinterfragt, in ihrem Zusammenhang bewertet und schnell in Maßnahmen übersetzt. Aufwendige Analysen, Reportings etc. entfallen.

Auch bei März als Mittelständler mit einer dezentralen Niederlassungsstruktur, spielt der persönliche Austausch von (potenzialorientierten) Informationen eine große Rolle – in Form von quartalsweise stattfindenden Niederlassungsleiter-Tagungen. Auch hier werden v.a. kundenbezogene Potenzialfilter genutzt. Deren konkrete Anwendung richtet sich wie auch bei Festo und STACO nach der Anschlussfähigkeit an vorhandene Prozesse und Methoden. So wurden Potenzialfilter in regelmäßig stattfindende Veranstaltungen wie Roadshows (Events zur Vorstellung von März-Leistungen und zum Meinungsaustausch mit Kunden) eingebettet. Fallweise werden auch neue Methoden wie z. B. Kaminabende mit Entscheidern von wichtigen Kunden entwickelt, um die Suche nach Differenzierungsmöglichkeiten auszubauen.

Bei der Vodafone Pilotentwicklung ist – analog zu STACO und März – das gesamte Unternehmen der Anwendungsbereich für den Potenzialscanner. Durch die veränderte Konzernzugehörigkeit – Mannesmann Pilotenwicklung wird zur Vodafone Pilotentwicklung – stand das Unternehmen vor der Aufgabe, sich als Einheit neu im Konzern zu positionieren. Ähnlich wie bei Freudenberg liegt auch hier der Fokus auf Innovationsprozessen; Innovationen sind der Unternehmenszweck. Potenziale wurden entlang der Erfolgsfaktoren dieses Innovationsprozesses gesucht. Anschließend wurden geeignete Potenzialfilter (*Mitarbeiter*, *Projekte*, *Kooperation*, *Erfolge*) ausgewählt. Die Vodafone Pilotentwicklung als kleines Unternehmen weist insofern Ähnlichkeiten mit den Scannerausprägungen von STACO und März auf, als auch hier der persönliche Austausch von Ideen, Methoden etc. in Kommunikationsforen einen herausragenden Stellenwert einnimmt. Das liegt auch daran, dass Vernetzung selbst als ein wichtiges Potenzial gesehen wird.

Bei M+W Zander lässt sich der Zusammenhang zwischen Einflussfaktoren und Scannerausprägung nicht ohne weiteres darstellen. Der hauptsächliche Anwender des Potenzialscanners ist die Einheit Strategic Business Development (SBD); sie ist nicht identisch mit den Gegenstandsbereichen des Scanners, wie bspw. dem Vertrieb oder der Personalabteilung, die sich ihrerseits auf Ausschnitte des Scanners konzentrieren. Diese haben sich erst im Laufe der Introspektion abgezeichnet – hier werden die eigentlichen Stärken des Unternehmens vermutet. Ausgehend von Vertrieb und Personalabteilung ist die Auswahl der Potenzialfilter nachvollziehbar: Kunden und mitarbeiterbezogene Filter bilden den Schwerpunkt des Scanners. Diese setzen an vorhandenen Tools wie Customer Relationship Management und Mitarbeitergespräch an.

Darüber hinaus hat SBD das Ziel, die Informationen zu den strategischen Potenzialen zu aggregieren und strategierelevante Aussagen zu generieren. Werden diese Handlungsoptionen in die Unternehmensplanung mit einbezogen, so fließen sie in eine potenzialorientiert erweiterte Roadmap ein. Trotz der Größe des Unternehmens weist die Scannerausprägung bei M+W Zander allerdings auch Merkmale auf, die wir sonst eher bei kleinen Unternehmen gefunden haben: Die Einbettung von Potenzialfiltern in einen persönlichen Austausch bei Meetings. Potenzialfilter wie *unerwartete Anfragen*, *abgelehnte Anfragen*, *Wendepunkte in Projekten* etc. sind explizit Gegenstand von monatlich stattfindenden Treffen mit 40 Führungskräften. Dies unterstreicht, dass die Auswertung und Interpretation von Informationen unter dem Gesichtspunkt, wo strategische Potenziale liegen, nicht automatisiert erfolgen kann. Diese kreativ-intellektuelle Leistung erfolgt über den persönlichen Austausch und die intersubjektive Bewertung von Informationen.

3.8.2 Ergebnisse aufbereiten, Handlungsoptionen ableiten, bewerten und Entscheidungswege definieren

Die Anwendung des Potenzialscanners mit der zugrundeliegenden Philosophie *Stärken stärken* und *dem Zufall auf die Sprünge helfen* ist der gemeinsame Nenner aller Anwender des UNIKAT-Ansatzes. Bei der Ausgestaltung des Scanners differenzieren sich die Lösungen unternehmensspezifisch aus, da in den meisten Fällen eine direkte Anbindung an bereits vorhandene Prozesse und Methoden erfolgt. Die Varianten zur Aufbereitung der Ergebnisse des Scanning-Prozesses reichen von der Dokumentation im Customer Relationship Management, über eine Tabelle mit einem Katalog von Filtern, Potenzialen, Einflussgrößen und Maßnahmen bis hin zur unternehmensspezifischen Dokumentation von Meetings.

Die Ableitung und Bewertung von Handlungsoptionen ist ebenfalls sehr unternehmensspezifisch, weist aber einige Regelmäßigkeiten auf. Das Ziel, potenzialorientierte Kennzahlen zu formulieren, anhand derer entschieden werden soll, ob ein Potenzial weiterverfolgt wird, ist in den wenigsten Fällen realistisch. In der Regel findet ein Meinungsbildungsprozess statt, der auf einem Austausch von Einschätzungen und qualitativen Bewertungen beruht. Dabei zeigt sich, dass Teamsitzungen, Führungskräftetreffen, Reportings u.a. als Foren zur Bewertung von Optionen eine um so größere Rolle spielen, je projektorientierter und einzelauftragsbezogener ein Unternehmen arbeitet. Hier gibt es kaum Wiederholungen und Erfahrungswerte, die eine quantifizierbare Bewertung zulassen. Dies betrifft Unternehmen wie M+W Zander, März Internetwork Services und die Vodafone Pilotentwicklung. Letztere setzt auf den sogenannten *Business Plan light*, um eine Entscheidungsgrundlage bereitzustellen. Entlang von qualitativen Bewertungskriterien, die die Entscheider der Forschung und Entwicklung von Vodafone zugrunde legen, werden Projekte zur Nutzung von Potenzialen beschrieben und begründet.

Potenzialorientierte Kennzahlen und deren Integration in ein Zielsystem sind am ehesten dann geeignet, wenn Prozesse, die Potenziale aufweisen, eine Mindest-Wiederholhäufigkeit haben. Die Auswirkungen von Potenzialen auf den Unternehmenserfolg lassen sich z. B. bei Festo über die Balanced Scorecard (BSC) und bei Freudenberg über eine *Policy Deployment Matrix* darstellen.

Bei STACO gibt es einerseits explizite Kennzahlen, die zur Bewertung von Potenzialen (Marktvolumen, zukünftiger Marktanteil, Zahl der Wettbewerber) zugrunde gelegt werden und teils qualitative Kriterien (Wettbewerbsdynamik, Einschätzung der Kundenbindung über regionale Aktivitäten, Imitierbarkeit von Leistungen durch Wettbewerber). Im Überblick stellen sich die Lösungen der einzelnen Anwender des UNIKAT-Ansatzes wie folgt dar:

- STACO führt die Potenzialbewertung im Rahmen der Wochenbesprechungen durch, an denen auch die Unternehmensführung teilnimmt. In diesem Kontext können Potenzialbewertungen bis hin zur strategischen Entscheidungsreife durchgeführt werden. Als Instrumente dazu dienen Szenarien, Chancen-Risiken-Analysen sowie weiche, qualitative Kennzahlen.
- Bei März ermöglicht eine Skill-Datenbank vorhandene Wissenspotenziale der Mitarbeiter quasi *auf Knopfdruck* abzubilden. Strategische Entscheidungen lassen sich damit fundiert untersetzen.
- Bei Vodafone Pilotentwicklung erfolgt eine Bewertung der Potenziale über die vorhandenen und bekannten Entscheidungswege anhand weicher Kriterien und unter Nutzung internen Experten-Know-hows. In einer solchen relativ kleinen Organisationseinheit lässt sich dies leicht verwirklichen, weil die Entscheidungswege bekannt sind und die Kommunikation zwar informell aber trotzdem zuverlässig verläuft. Eine wichtige Rolle spielt bei diesem Ansatz die Eigeninitiative der Mitarbeiter.
- Am Beitrag M+W Zander wird deutlich, welche Herausforderungen mit dem Anspruch der Potenzialidentifikation, -interpretation und -erschließung in einem Unternehmen, das sich in sehr dynamischen Märkten bewegt, einhergehen. So sind nicht nur die möglichen Informationsquellen sehr zahlreich und sehr verstreut, sondern auch die Informationsempfänger. Dem Ansatz, diese Komplexität mit einem Wissensmanagement-Tool zu unterstützen, dürfte in diesem Anwendungskontext eine Vorreiterrolle zukommen.
- Bei Festo erfolgt die Bewertung von Potenzialen stufenweise über die Verankerung des Potenzialnutzens in der Balanced Scorecard: Von der unternehmensweit geltenden Top-BSC über die HR-BSC bis zur BSC des dezentralen Personalwesens, (einer von drei Einheiten des Human Resource Management bei Festo). Ziel ist es, den Beitrag von Aktivitäten zur Steigerung des Unternehmenswertes abzuschätzen.
- Freudenberg Dichtungs- und Schwingungstechnik hat hierfür ein Potenzialportfolio entwickelt, das eine Einordnung von Potenzialen anhand der Dimensionen *Einzigartigkeit*, *Nutzung*, *Größe* und *Erschließbarkeit* ermöglicht. Zur Beurteilung und Visualisierung des Nutzungsgrads wurde eine Radargrafik, an der die einzelnen Einflussgrößen abgetragen werden, entwickelt.

Zusammenfassend konnten wir feststellen, dass die Aufbereitung der Ergebnisse, die Ableitung von (strategischen) Handlungsoptionen und die

Definition der Entscheidungswege keine trivialen Angelegenheiten sind. Die Aufbereitung der Ergebnisse erfordert zunächst, dass wie bspw. bei M+W Zander die Ergebnisse aus vielen Quellen gebündelt, dokumentiert und dann wieder an die verschiedenen Interessenten verteilt werden. Mit einer derartigen Situation ist auch bei anderen Unternehmensanwendungen zu rechnen. So kann in einem größeren Unternehmen mit mehreren Standorten und Organisationseinheiten, die im direkten Kundenkontakt stehen, das Wissen über den Kunden, Lieferanten oder Kooperationspartner sehr verteilt vorliegen.

Für die Aufbereitung der Ergebnisse ist es nach unseren Erfahrungen ratsam, soviel Ankopplung an bestehende Prozesse wie möglich anzustreben. Die Einführung eines speziellen *Potenzialberichtes* oder eines speziellen *Potenzialmeetings* hat keiner der beteiligten Partner favorisiert. Vielmehr erschien es sinnvoll, bestehende Wege zu nutzen und die Informationen dementsprechend empfängergerecht aufzubereiten. Insbesondere in größeren Unternehmen hat sich als sinnvoll erwiesen, zwischen *operativen Potenzialen*, die zur Optimierung einer bestehenden Situation genutzt werden können und strategischen Potenzialen, die eher grundlegenden Charakter haben und deren Erschließung und Nutzung größeren Aufwand erfordert, zu unterscheiden. Vor allem die Beurteilung strategischer Potenziale erfordert eine Aufbereitung und Darstellung potenzialorientierter Informationen und damit die Anwendung geeigneter Methoden. In kleinen Unternehmen wie STACO kann man auf diese Unterscheidung verzichten, da dort Geschäftsführer und Führungskräfte im Kernteam an einem Tisch sitzen. Operative und strategische Potenziale werden dort gleichermaßen behandelt.

Auch wenn unsere Erfahrungen zeigen, dass in vielen Fällen die Potenziale evident sind, so sind es dennoch gerade die Informationen, die nicht auf den ersten Blick ein Potenzial darstellen, die sehr wertvoll werden können. Um zu verhindern, dass die Suche nach Potenzialen sich auf kontinuierliche Verbesserungsmöglichkeiten reduziert, ist es wichtig, stets auch einen zweiten Blick (unter verändertem Blickwinkel) auf die Informationen zu werfen und nach möglichen strategischen Implikationen zu suchen. Was für die einzelne Führungskraft als nicht machbar oder nicht attraktiv erscheint, kann sich im Kontext der gesamten Strategie oder unter Ausnutzung von Potenzialen anderer Bereiche verändert darstellen. Das Netz von Stärken bei STACO macht beispielsweise deutlich, dass das eigentliche Potenzial des Unternehmens in der Verknüpfung von einzelnen (potenziellen) Stärken liegt. Dieses Netz von Stärken eröffnet erst den Blick auf neue strategische Optionen.

3.8.3 Strategien entwickeln

Die Einbindung in die strategischen Entscheidungsprozesse der Unternehmen ist zwar nicht Gegenstand des UNIKAT-Ansatzes, dennoch bestehen Schnittstellen, da Potenzialinformationen als Input in die Strategieentwicklung eingehen und Maßnahmen zur Strategieumsetzung häufig Potenzialerschließungsaktivitäten zum Gegenstand haben. Die Ausgestaltung dieser Schnittstellen hat sich als Herausforderung erwiesen, da derartige (Strategieentwicklungs-) Prozesse i.d.R. wenig formalisiert und damit wenig transparent sind. Hierbei zeichneten sich deutliche Unterschiede zwischen großen und kleinen Unternehmen ab:

- Bei den kleineren Unternehmen STACO und März gibt es kurze Wege zu den Entscheidern; potenzialorientierte Informationen werden in die entsprechenden Entscheidungsgremien (ob nun im Rahmen der Wochenbesprechung bei STACO oder der quartalsweisen Niederlassungsleitertagung bei März) eingespeist und können damit recht schnell in die strategische Unternehmensentwicklung mit einbezogen werden.
  Bei großen Unternehmen besteht mehr Strukturierung. Bei Freudenberg Dichtungs- und Schwingungstechnik und Festo gehen Potenziale in die Strategie der jeweiligen Organisationseinheit ein, die wiederum über ein übergreifendes Controlling- und Steuerungssystem (Policy Deployment Matrix bzw. Balanced Scorecard) mit der Gesamtstrategie des Unternehmens verbunden ist. Der Trend, dass einzelne Organisationseinheiten über eine eigene strategische Ausrichtung verfügen, hat in der letzten Dekade stark zugenommen. Bei Freudenberg Dichtungs- und Schwingungstechnik und Festo ist diese Situation gegeben: Die Zusammenarbeit mit anderen Unternehmensbereichen entspricht weitestgehend den Mechanismen des externen Marktes.
- Bei M+W Zander sind bei operativen Potenzialen die Anwender des Scanners auch die Bewerter der Potenziale und oft auch diejenigen, die diese dann operativ nutzen. Strategische Potenziale werden über entsprechende Methoden (Erweiterung der eingesetzten Roadmap um eine Potenzialdimension) an die strategischen Entscheidungsprozesse angekoppelt.
- Bei Festo und März wird die vorherrschende Top-Down-Orientierung um eine neu zu verankernde potenzialorientierte Sichtweise ergänzt. Hierzu wurden Methoden implementiert, die diese Form des Managements unterstützen. Bottom-Up-Beiträge zur Weiterentwicklung der Unternehmensstrategie können auf diese Weise eingebracht werden. Bei März wurde in diesem Zusammenhang das Top-Down-Vorgehen auf ein *Gegenstromverfahren* umgestellt. Hierdurch ist es möglich, Potenziale aus den Kundenbeziehungen herauszuarbeiten und diese über

Zielvereinbarungen mit den Potenzialen der Mitarbeiter zu verknüpfen. Bei Festo ist für die Strategieentwicklung im dezentralen HRM ein sog. Steuerteam zuständig, das rotierend mit HRM-Mitarbeitern besetzt wird. Im Team werden Visionen, Strategien, Ziele, Zielwerte/Messgrößen sowie konkrete Handlungsfelder der Zukunft formuliert und beschrieben (Business Plan). Dabei werden die identifizierten Potenziale eingebunden und somit strategisch wirksam.

- Bei Vodafone Pilotentwicklung werden die vorhandenen und bekannten Entscheidungswege genutzt. Über ein *Businessplan-light-Werkzeug* können Entscheidungsvorbereitungen klar strukturiert und moderiert werden.

Gemeinsam ist allen Fällen, dass im Rahmen einer zunehmenden Potenzialorientierung die Top-Down-Perspektive um eine Bottom-Up-Perspektive der Strategieentwicklung ergänzt wird. Während die unternehmerische Vision top-down formuliert und in ehrgeizige Ziele umgesetzt wird, liefert der UNIKAT-Ansatz Informationen über Potenziale, die zur Erreichung der Ziele genutzt werden können – ggf. sogar Perspektiven für neue Ziele eröffnen.

3.8.4 Potenziale erschließen

Wie in den einzelnen Beiträgen deutlich wird, haben die Anwender des Potenzialscanners eine Vielzahl von Potenzialen identifiziert, die auch erschlossen worden sind, bzw. erschlossen werden sollen. Während operative Potenziale meist direkt in die Optimierung vorhandener Prozesse einfließen, erfordert die Erschließung und Nutzung strategischer Potenziale i.d.R. entsprechende infrastrukturelle Maßnahmen. Beispiele hierfür sind die *Ideenwerkstatt* bei Festo oder die elektronische Lernplattform bei Vodafone Pilotentwicklung.

Die Maßnahmen, die im Rahmen der Erschließung ergriffen worden sind, vermitteln ein sehr unterschiedliches Bild. Interessanterweise sind viele der Maßnahmen für sich genommen nichts Neues, teilweise bestehen dafür sogar schon Erfahrungswerte im Unternehmen. Es zeigt sich hierbei, dass die ergriffenen Aktionen umso konkreter und pragmatischer werden, je näher man der Erschließung kommt. Was sie von herkömmlichen betrieblichen Auslösern unterscheidet, ist der strategische Kontext, unter dem nicht nur die betriebswirtschaftliche Investitionsrechnung eine andere ist, sondern auch die qualitative Begründungsargumentation.

Hierin liegt auch der Grund, warum die Übertragbarkeit von Maßnahmen, mit denen sich Potenziale erschließen lassen, auf andere Unternehmen nur sehr bedingt möglich ist.

Beispiel STACO: Das Unternehmen hat eine Reihe von Maßnahmen ergriffen, die für sich genommen wenig innovativ wirken. Die Einrichtung eines Showrooms, Maßnahmen zur Lieferzeitverkürzung, die Formulierung neuer Erfolgsgrößen, die Bildung von Kundenteams u.a. tragen nicht bei jedem Unternehmen dazu bei, Alleinstellungsmerkmale herauszustellen. Ihren Nutzen entfalten diese Maßnahmen nur im spezifischen strategischen Kontext von STACO, die mit diesen Maßnahmen Leistungen anbieten kann, die den Gitterrosthersteller von anderen Herstellern unterscheiden. Erst wenn ein Unternehmen seine spezifischen Potenziale kennt, ist eine Auswahl der richtigen Maßnahmen möglich. Die in diesem Buch dargestellten Fälle sind Beispiele; sie dokumentieren Wege, wie die Anwender des UNIKAT-Ansatzes zu ihren spezifischen Lösungen gekommen sind. Sie stellen aber keine Best-Practice-Lösungen in dem Sinne dar, dass diese Maßnahmen auch in anderen Unternehmen erfolgversprechend sind. Die kreative Leistung der Auswahl und Ausgestaltung muss jedes Unternehmen für sich erbringen.

3.8.5 Potenziale nutzen und steuern

Die systematische Nutzung eines Potenzials wird mit der Verankerung in operative Wertschöpfungsprozesse gewährleistet. Potenzialnutzung sollte nicht Zusatzaufwand generieren, sondern Gegenstand des Tagesgeschäfts werden. Das Human Resources Management bei Festo gewährleistet dies durch die Integration von potenzialorientierten Aspekten in HR-Tools. Potenzialorientierte Fragen wurden in den 100-Tage-Bericht und in das Beratungs- und Fördergespräch eingebaut, der Ablauf des BFG wurde in einen Prozess übersetzt, der potenzialorientierte Aspekte explizit abbildet. Es gibt einen klar definierten Prozess zur Nutzung der *Ideenwerkstatt* usw. Diese Art der integrierten Potenzialnutzung über Methoden und Prozesse findet man auch bei den übrigen Anwendern des UNIKAT-Ansatzes. Die Vodafone Pilotentwicklung entwickelt einen *Business Plan Light*, an dem sich die Darstellung neuer Projektideen in Zukunft orientiert. STACO und M+W Zander bauen potenzialorientierte Agendapunkte in ihre Meetings ein. März hat eine Skill-Datenbank entwickelt, die bspw. auch für Make-or-Buy-Entscheidungen neuer Unternehmensleistungen herangezogen wird.

Gemeinsam ist allen Unternehmen die Verankerung der Potenzialorientierung in Prozesse und Methoden. Das Controlling der Potenzialnutzung erfolgt in den beteiligten Unternehmen im Rahmen der jeweils eingesetzten Zielsysteme, die um potenzialorientierte Kennzahlen und/oder Instrumente zur Potenzialsteuerung erweitert wurden:

- Bei STACO wird der Beitrag der Potenzialnutzung zum Unternehmenserfolgs anhand einer Kombination von vorhandenen und neu definierten Kennzahlen gemessen. Alte Potenziale werden dabei ggf. durch attraktivere neue Potenziale ersetzt. Zur Aufnahme und Elimination von Potenzialen wurden spezifische Kriterien entwickelt.
- März hat für die Steuerung der Mitarbeiterpotenziale und ihre Abstimmung auf die Anforderungen des Marktes ein geeignetes einfaches Kennzahlensystem entwickelt, das mit vertretbarem Aufwand gehandhabt und aktualisiert werden kann.
- Die Vodafone Pilotentwicklung verzichtet auf ein direktes und quantitatives Controlling einzelner Ideen und Maßnahmen, vielmehr werden im übergeordneten Kontext die eigenen Impulse anhand der Relevanz für den Vodafone-Konzern bewertet. Man beschränkt sich bewusst auf output-orientierte, qualitative Bewertung, die als integraler Bestandteil des Projektmanagements ständig parallel mitläuft.
- Bei M+W Zander wird die bereits erwähnte Roadmap nicht nur als strategisches Entscheidungswerkzeug, sondern auch als Instrument zum Controlling der Erschließung und Nutzung von Potenzialen verwendet.
- Bei Festo erfolgt das Controlling der Potenzialnutzung über eine eigene HRM-BSC.
- Freudenberg Dichtungs- und Schwingungstechnik hat für die kurzfristige Erfolgsbeurteilung ein Instrument entwickelt, das mittels einer Radargrafik den Grad der Potenzialnutzung entlang einer Anzahl von Einflussgrößen vor und nach der Durchführung von Erschließungsmaßnahmen aufzeigt. Um die Potenzialnutzung über längere Zeiträume hinweg zu verfolgen und zu steuern, wurde die im Unternehmen verwendete Policy Deployment Matrix zu einer Potenzialcontrolling-Matrix weiterentwickelt. Die identifizierten Potenziale, Einflussgrößen, Maßnahmen und Kennzahlen werden dabei in eine Struktur implementiert, die dem Aufbau der Policy Deployment Matrix entspricht.

Generell wird sich der Erfolg der eingeleiteten Maßnahmen im Endeffekt an der Entwicklung der Wettbewerbssituation ablesen lassen. Der Zeithorizont zur Bewertung dieser Entwicklung läuft jedoch über das im Projektzeitraum möglichen Beobachtungsfenster hinaus weiter.[34] Letztendlich wird der Kunde darüber entscheiden, ob das Leistungsangebot des Unternehmens ihm sein Geld wert ist.

---

[34] Dies soll nicht darüber hinwegtäuschen, dass einige Maßnahmen bereits innerhalb der Projektlaufzeit messbare Erfolge erbringen konnten. Die Wirkung auf die Einzigartigkeit des Leistungsangebotes jedoch wird durch einen lokalen Erfolg noch nicht untermauert. Zur Bewertung der Einzigartigkeit vgl. auch die Ausführungen in Kapitel 2.1.

4 Lessons Learned und Ausblick

Dorit Jaeger, Michael Kohlgrüber, Hans-Georg Schnauffer

4.1 Erfahrungen mit der Anwendung des potenzialorientierten Ansatzes

Bei der Anwendung des UNIKAT-Ansatzes in den Unternehmen sind Erfahrungen entstanden, die wir im folgenden als *Lessons Learned* gerne an den Leser weitergeben möchten.

Folgende Erfahrungen beziehen sich auf die Phase der Einführung dieses potenzialorientierten Ansatzes:

(1) Wie bei vielen anderen Veränderungen, die in Organisationen durchgeführt werden, stößt auch die Implementierung einer potenzialorientierten Vorgehensweise i.d.R. zunächst auf das Beharrungsvermögen vorhandener Strukturen und Abläufe sowie auf Skepsis oder sogar Ablehnung bei den Mitarbeitern.

Eine weitere Hürde kann darin bestehen, dass für viele Mitarbeiter, die möglicherweise über relevante Informationen verfügen, die Bereitstellung dieser Informationen nicht explizit zu ihren Aufgaben zählt. Auch Interessenkollisionen (*Wissen ist Macht*) können zu Behinderungen bei der Weitergabe potenzialorientierter Informationen führen. Wichtig sind deshalb

- Eine frühzeitige Information und Einbindung der Mitarbeiter.
- Die Herstellung von Transparenz über die Vorgehensweise (Was passiert z.B. mit personenbezogenen Informationen?).
- Die Evidenz eines persönlichen Nutzens für die betroffenen Mitarbeiter.

Letztlich überzeugt aber nur der Erfolg – erste Erfolge der neuen Vorgehensweise sollten deshalb möglichst schnell erkennbar sein.

(2) Insbesondere der Eingang potenzialorientierter Informationen in die Strategieentwicklung sowie die Erschließung strategischer Potenziale setzen die Akzeptanz und Unterstützung des Top-Managements voraus.

Führungskräfte fragen vor allem nach dem praktischen Nutzen des Potenzialscanners. Die höchste Akzeptanz findet der UNIKAT-Ansatz in Bereichen, in denen nicht ausschließlich operative, sondern auch strategische Fragen eine hohe Dringlichkeit haben.

Während der Nutzung des Potenzialscanners und der Umsetzung daraus entstehender Maßnahmen zeigten sich folgende Erkenntnisse:

(3) Bei der Anwendung mitarbeiterbezogener Filter entstehen personenbezogene, oftmals vertrauliche Informationen, die entsprechend sensibel gehandhabt werden müssen. Die Verwendung von IT-Tools ist nicht immer angebracht.

(4) Die potenzialorientierte Ausrichtung eines Unternehmens erfordert oft ein Umdenken bei Führungskräften und Mitarbeitern: So ist z. B. den eigenen Mitarbeitern oft nicht klar, welche Produkte und Leistungen das Unternehmen anbieten kann und welche nicht. Darüber hinaus ist häufig eine Umstellung auf neue Erfolgsgrößen erforderlich und es muss eine neue gemeinsame Sprache gefunden werden. Zu den notwendigen Maßnahmen zur Potenzialerschließung zählt deshalb auch oft die Qualifizierung und Förderung von Mitarbeitern und Führungskräften.

(5) Das Management von Potenzialen muss mit vertretbarem Aufwand machbar sein: Eine kontinuierliche Anwendung der Filter kann z. B. über entsprechende Zielvereinbarungen sichergestellt werden. Die Einbindung von Potenzialen in den Strategieprozess kann entlang der bestehenden Entscheidungsstrukturen erfolgen. Ein potenzialorientiertes Controlling lässt sich oft über ein einfaches Kennzahlensystem herstellen, das aus der Verknüpfung von bereits vorhandenen *harten* Kennzahlen und potenzialorientierten *weichen* Kennzahlen besteht.

Die Ergebnisse der Anwendung des UNIKAT-Ansatzes zeigen:

(6) Der Potenzialscanner eignet sich sehr gut für den Einsatz in kleinen und mittleren Unternehmen. Aufgrund der kurzen Entscheidungswege können hier relativ schnelle Erfolge erzielt und eine Übernahme potenzialorientierter Informationen in die strategische Ausrichtung des Unternehmens sichergestellt werden.

(7) Nicht die Einzelbausteine bringen den Erfolg, sondern eine ganzheitliche Sicht der Dinge. So erfordert der Weg zur Einzigartigkeit eine intelligente Vernetzung von operativen Potenzialen, die zu einer Verbesserung der vorhandenen Abläufe dienen, mit strategischen Potenzialen, die eine nachhaltige Differenzierung gegenüber dem Wettbewerb ermöglichen. Das Beispiel von STACO zeigt, dass sich Kernkompetenzen nicht unabhängig von Basiskompetenzen behandeln lassen. Einzigartigkeit stellt ein Netz von Kern- und Basiskompetenzen dar, die eng aufeinander abgestimmt sind. Das heißt: Auch Jedermann-Fähigkeiten dürfen nicht vernachlässigt werden.

4.2 Reflexion des Gesamtansatzes

Jenseits einzelner Erfahrungen, die die Anwender des UNIKAT-Ansatzes gesammelt haben, gibt es folgende unternehmensübergreifende Erkenntnisse:

- *Differenzierte, einzigartige Lösungen trotz einheitlicher Vorgehensweise*: Auch wenn der Ausgangspunkt mit dem UNIKAT-Ansatz ein gemeinsamer war, so ist die Ausgestaltung und Anpassung auf die beteiligten Unternehmen sehr individuell. Dies mag zwar die Vergleichbarkeit zwischen den einzelnen Fällen erschweren, bestätigt jedoch, dass die Übertragung und Ausdifferenzierung tatsächlich zu ganz individuellen Lösungen und damit auch Ergebnissen beiträgt. Trotz eines vergleichbaren Vorgehens können also unternehmensbezogen Quellen für die Differenzierung und die Einzigartigkeit geschaffen werden.
- *Emergenz und emergente Effekte, d.h. ungeplant auftretende neue Eigenschaften des sozialen Systems Unternehmen, nutzen*: Nach herrschender Meinung können emergente Effekte aufgrund des prinzipiell nicht plan- und berechenbaren Charakters nicht gemanaged werden. Diese Einschätzung teilen wir nicht. Zwar ist das Phänomen der *Emergenz* an sich in der Tat nicht plan- und berechenbar. Die Konsequenz, sich damit auf Managementebene nicht zu beschäftigen, greift jedoch zu kurz. Denn: Auch wenn das Zustandekommen dieser Effekte nicht linear-kausal beschreibbar ist, so ist hier dennoch die größte Quelle für die Weiterentwicklung und Innovationsfähigkeit des Unternehmens zu sehen. Hilfreich sind Verfahren, die es dem Management ermöglichen, diese Effekte frühzeitig wahrzunehmen – eben dem Zufall auf die Sprünge zu helfen.
- *Übertragbarkeit auf andere Unternehmen*: Die Herangehensweise zur Identifikation der Potenziale und auch die möglichen Suchfelder sind durchaus übertragbar. Die Methoden, die ein Unternehmen zur Erschließung dieser Potenziale braucht, dagegen nicht. Hier sind die jeweiligen Rahmenbedingungen (Unternehmensgröße, Ressourcen, Branche etc.) zu berücksichtigen. Wir gehen jedoch davon aus, dass für die meisten Unternehmenskonstellationen Anregungen dabei sind, wie Potenziale erschlossen werden können.
- *Automatisierbarkeit der Potenzialidentifikation*: Der hier beschriebene Prozess ist an sich nur schwer automatisierbar, bzw. durch Automatisierung unterstützbar. Zwar kann der Prozess der Sammlung von Informationen für die Potenzialfilter technisch unterstützt werden, dennoch ist die Auswertung und die Interpretation, worin nun die Potenziale bestehen, ein intellektueller und kreativer Prozess. Dies mag zwar zunächst nach zusätzlichem Aufwand für die Verantwortungsträger klingen, ist

jedoch auch eine Chance, denn der langfristige Unternehmenserfolg hängt letztlich von der Qualität dieses Prozesses ab.

4.3 Ausblick

Vor dem Hintergrund einer sich immer weiter zuspitzenden Wettbewerbsdynamik, die in vielen Bereichen in einem *Hyperwettbewerb*[35] gipfelt, wird immer offenkundiger, dass neue Strategien für eine Differenzierung im Wettbewerb entwickelt werden müssen. Da viele Märkte gesättigt sind, stoßen die meisten Unternehmen mit ihrem Angebot an Wachstumsgrenzen. In traditionellen Branchen wie z. B. der Automobilindustrie gibt es qualitativ kaum noch nennenswerte Unterschiede zwischen den Produkten. In anderen Bereichen herrscht ein ständiges Kopf-an-Kopf-Rennen mit jeweils nur geringfügig verbesserten Produkten. Und – wie der Absturz der Börsenwerte von Hightech-Unternehmen in den Jahren 2001 und 2002 gezeigt hat – sind auch bahnbrechende Innovationen kein Garant mehr für nachhaltiges Wachstum. Die meisten Unternehmen können ihren Investoren daher keine überzeugende Vision eines längerfristig stabilen Wachstums liefern.

Um so wichtiger wird in dieser Situation der Blick nach innen auf die eigenen Stärken. Dabei handelt es sich um ein breites Spektrum kaum verwandter, oft nicht genau fassbarer Fähigkeiten und Vorteile, die praktisch als Nebenprodukte aus dem Betreiben eines Kerngeschäftes entstanden sind. Werden diese verborgenen Werte geschickt gebündelt und genutzt, entstehen daraus nachhaltige Wettbewerbsvorteile, die es dem Unternehmen ermöglichen, zu wachsen.

Derartige, oft verborgenen Potenziale, die in vielen Jahren aufgebaut worden sind, machen ein Unternehmen einzigartig – vorausgesetzt, diese Potenziale werden erkannt und genutzt. Unsere Erfahrungen haben gezeigt, dass jedes Unternehmen über Stärken verfügt, die bisher nicht konsequent genutzt wurden. Dabei kann es sich z. B. um Potenziale in Kundenbeziehungen und Einblicke in die Geschäftsprobleme von Kunden handeln, die – wie im Fall von März Network Services – den Schlüssel für das Verständnis und die gezielte Ansprache übergeordneter Kundenbedürfnisse darstellen.

Führungskräfte müssen umdenken und sich die Fähigkeit aneignen, diese Potenziale zu entdecken und zu nutzen, um nachhaltiges Wachstum für ihr eigenes Unternehmens zu ermöglichen. Dafür sind geeignete Werkzeuge erforderlich. Diese müssen dazu in der Lage sein, die Gratwanderung

---

35 Vgl. D`Aveni (1995).

zwischen übertragbarer Methodik und einzigartigen Lösungen zu bewältigen.

Der Potenzialscanner hat sich als ein geeignetes Instrument zur Identifizierung bisher ungenutzter Stärken erwiesen. Die Fallbeispiele der Anwender des UNIKAT-Ansatzes zeigen, dass erste Erfolge erzielt werden konnten. Es bleibt allerdings noch einiges zu tun. Um eine Plattform zum weiteren Erfahrungsaustausch und zur Weiterentwicklung des Ansatzes zur Verfügung zu stellen, bieten wir ab Sommer 2003 das *UNIKAT-Forum* an. Das UNIKAT-Forum ist eine zweimal jährlich stattfindende Veranstaltung im Kreis der Mitglieder. Diesem Kreis können alle Vertreter aus Unternehmen beitreten, die Interesse am UNIKAT-Ansatz haben. Nachfolgend führen wir einige offene Punkte auf, die Gegenstand einer Weiterentwicklung des Ansatzes zur Einzigartigkeit von Unternehmen sein werden:

Die einmalige Erhebung und Erschließung von Potenzialen lässt sich mit wenig Aufwand realisieren. Die kontinuierliche Anwendung des Scanners erfordert allerdings eine entsprechende Infrastruktur: In kleineren Unternehmen können hierzu vorhandene Meeting- oder Teamstrukturen genutzt werden. Größere Unternehmen – v.a. mit dezentralisierten Strukturen – stehen mit der Identifizierung und Nutzung von Potenzialen vor erheblichen Herausforderungen. Verteilt vorliegende potenzialorientierte Informationen sind zu sammeln, zu konsolidieren und an die entsprechenden Zielgruppen zu verteilen. Erfahrungen mit einer geeigneten IT-Unterstützung (z.B. CRM, Skill-Datenbank) liegen erst in Ansätzen vor. Angesichts der Tatsache, dass Potenzialidentifizierung ein kreativer Prozess ist, sind der Automatisierung Grenzen gesetzt. Es wird daher zu prüfen sein, welche Tools sich eignen, den Prozess der Potenzialidentifizierung zu unterstützen; ggf. sind nötige Anpassungen der Tools zu spezifizieren.

Um den Nutzen der identifizierten Potenziale voll zu entfalten, ist eine engere Abstimmung von unternehmensinternen Potenzialen und externen Rahmenbedingungen (z. B. Markt, Wettbewerb, Lieferanten, Technologien, Gesetzgebung, Demographische Entwicklungen) erforderlich. Insbesondere die intensive Verbindung von Potenzialidentifizierung und Wettbewerbsanalyse macht erst deutlich, über welche der eigenen Potenziale auch Wettbewerber in ähnlicher Form verfügen und welche Potenziale definitiv einzigartig sind. Für die Zukunft ist daher geplant, die Auswirkungen von Trends im Unternehmensumfeld stärker mit der Perspektive auf interne Potenziale zu verknüpfen. Der market based view der Strategieentwicklung wird dann enger mit dem hier verfolgten Konzept des resource based view verbunden (zu market und resource based view vgl. Kap. 2.1).

Ein weiterer offener Punkt des UNIKAT-Ansatzes ist als Gegenstand einer Weiterentwicklung von Wegen zur Einzigartigkeit vorgesehen. Der Weg zur Differenzierung im Wettbewerb endet nicht mit der Identifizierung einzelner strategischer Potenziale. Die Integration zu einem eng *aufeinander abgestimmten Netz von Stärken* ist eine weitere Herausforderung, die es auf dem Weg zur Einzigartigkeit zu bewältigen gilt. Dieses Buch enthält bereits einige Beispiele dafür, wie entsprechende Lösungen aussehen, z.B. das Stärkennetz von STACO oder das Ineinandergreifen von Markt- und Mitarbeiterpotenzialen bei März. Um eine Systematik zur Auswahl von Potenzialen zu entwickeln, deren Abstimmung so konsistent ist, dass sie von Wettbewerbern kaum nachahmbar ist, ist die Entwicklung weiterer Verfahren geplant, die die Konsistenz einzelner Potenziale und den Beitrag eines Bündels von Potenzialen zur Einzigartigkeit bewertbar machen. Dies ist eine Thematik, die zum Kerngegenstand der Strategieentwicklung gehört. In UNIKAT haben wir diese Thematik nicht weiter vertieft; wir konnten jedoch feststellen, dass viele etablierte Wege und Methoden der Strategieentwicklung auf diese Fragestellung nicht vorbereitet sind. Wege zur Beantwortung dieser Frage wollen wir im Austausch mit Vorreiterunternehmen ableiten.

Mit einer steigenden Zahl von Anwendern des potenzialorientierten Ansatzes bietet sich die Möglichkeit, stärker nach Branchen und Unternehmensgrößen zu differenzieren, z.B. durch eine branchenspezifische Formulierung von Potenzialfiltern. Damit erhalten Unternehmen die Möglichkeit, sich differenziertere und näher auf ihre Umgebung abgestimmte Potenzialfragen zu stellen.

Wir freuen uns über einen intensiven Austausch mit allen, die an einem Weg zur Einzigartigkeit interessiert sind. Unter *http://www.unikat-forum.de* finden Sie Hinweise, wie Sie mit anderen Anwendern und Interessierten in Kontakt kommen können. Dort kann auch die jeweils aktuellste Form des Potenzialscanners und der Liste der Potenzialfilter bezogen werden.

Abbildungsverzeichnis

Literaturverzeichnis

Andrews K. R. (1987): The Concept of Corporate Strategy. 3. Aufl., Homewood (Ill.).

Brombacher, R.-B.; Burg, K.-E. (2002): Der Weg zu Business Excellence – die erfolgreiche Bewerbung zum Ludwig-Erhard-Preis. Aubi Baubeschläge. Düsseldorf.

Bürgel, H.D.; Hess, S. (2002): Die Bedeutung des Sprechens bei erfinderischen Prozessen. Vortrag auf der 4. Fachtagung der Kommission Technologie- und Innovationsmanagement, Stuttgart (SIMT), 26.10.2002.

D´Aveni, R. (1995): Hyperwettbewerb. Strategien für die neue Dynamik der Märkte. Frankfurt/M., New York.

Dörner, D. (1999): Bauplan für eine Seele. Reinbek.

Haag, J. (2001): Der Blick nach innen – Wahrnehmung und Introspektion. Paderborn.

Hamel, G.; Prahalad C.K. (1996): Wettlauf um die Zukunft. Frankfurt/M.

Heyd, R. (1993): Lexikon für Rechnungswesen und Controlling. Stuttgart.

Horváth & Partner (Hrsg; 2000): Balanced Scorecard umsetzen. Stuttgart.

Jaeger, D.; Kohlgrüber, M.; Schnauffer, H.-G.; Staiger, M. (2002): Die Balanced Scorecard. Ein Instrument zur Einbindung von Potenzialen in die Strategieentwicklung und -umsetzung. Unveröffentlichtes Manuskript. Dortmund u.a.

Kainzbauer, C.; Kaelber, C. (1998): Mannesmann Pilotentwicklung. In: Franke, N.; F. von Braun, C. (Hrsg.): Innovationsforschung und Technologiemanagement – Konzepte, Strategien, Fallbeispiele. Heidelberg, Berlin, New York.

Mettler, K. (2000): Mannesmann Pilotentwicklung GmbH: Netzwerkbasierte Innovationsförderung im Konzern. In: Reiß, M. (Hrsg.): Netzwerkunternehmer. München.

Mintzberg, H.; Waters, J.A. (1985): Of Strategies, Deliberate and Emergent. In: Strategic Management Journal (Winter Special Issue). 5. Jg., Heft 3, S. 257-272.

Müller-Stevens, G.; Lechner, Ch. (2001): Strategisches Management – Wie Strategische Initiativen zu Wandel führen. Stuttgart

Neher, H.; Kolb, M. (2003): Mitarbeiter als Erfolgsfaktor. Sternenfels.

Freudenberg & Co. KG (Hrsg.) (1999): 150 Jahre Freudenberg – Die Entwicklung eines Familienunternehmens von der Gerberei zur internationalen Firmengruppe. Weinheim.

Porter, M. E. (1998): Competitive Advantage. Creating and sustaining superior performance (new edition). New York.

Porter, M.E. (1997): Nur Strategie sichert auf Dauer hohe Erträge. In: Harvard Business Manager. 4. Jg., Heft 3, S. 42 –58.

Roberts, E. B.; Fusfeld, A. R. (1981): Staffing the innovative technology based organization. In: Sloan Management Review. Vol. 22, No. 3, S. 19-34.

Schmidt, G. (2000): Kursmaterialien zum Curriculum: Systemische und hypnotherapeutische Konzepte für Organisationsentwicklung, Teamentwicklung, Coaching. Unveröffentl. Manuskript, Heidelberg.

Schnauffer, H.-G.; Kohlgrüber, M. (2002): Die Stärken stärken – wie anhand konkreter Indizien Hinweise für neue Geschäftspotenziale gefunden werden können. In: Zeitschrift für Unternehmensentwicklung und Industrial Engineering. 51 Jg., Heft 1, S. 26-28.

Schumpeter, Joseph A. (1998): Theorie der wirtschaftlichen Entwicklung: Eine Untersuchung über Unternehmergewinn, Kapital, Kredit Zins und den Konjunkturzyklus. 8. Aufl., Berlin.

Slywotzky, A.J.; Wise, R. (2003): Wege zu mehr Wachstum. In: Harvard Business Manager. 10. Jg., Heft 1, S. 18 – 33.

Stalk, G.; Evens, Ph.; Shulman, L.E. (1993): Kundenbezogene Leistungspotenziale sichern den Vorsprung. In: Harvard Business Manager. 1. Jg., Heft 1, S. 59-71.

Volkholz, V. (1998): Robuste Unternehmen – ein antimodisches Arbeitsprogramm. In: H. Enderlein (Hrsg.): Robuste Produktionsprozesse. Chemnitz, S. 299-320.

Volkholz, V. (1999): Kundenorientierung als unternehmerische Einzigartigkeit. In: Dresdner InnovationsGespräche. Materialband. Dresden.

Volkholz, V.; Stieler-Lorenz, B.; Lorenz, R. (2002): Einzigartige Unternehmen. Bericht über eine begonnene Workshop-Serie. Dortmund.

von Salden, M. (1998): Befragung und Beobachtung im Betrieb. Hohengehren.

Warnecke, H.-J. (2001): Top 100: der innovative Mittelstand in Deutschland 2001. Stuttgart.

http://www.vodafone-rnd.com. 28.01.2003

http://www.unikat-forum.de. 28.01.2003

Index

Autorenverzeichnis

Klaus Dittrich (Unternehmensgruppe Freudenberg)
klaus.dittrich@freudenberg.de

1974 geboren, Studium des Wirtschaftsingenieurwesens mit der Fachrichtung Maschinenbau in Kaiserslautern. Seit Mai 2000 Knowledge Management Support bei der Freudenberg Forschungsdienste KG. Inhaltliche Schwerpunkte: Wissens- und Informationsmanagement.

Birgit Eckardt (Unternehmensgruppe Freudenberg)
birgit.eckardt@freudenberg.de

1970 geboren, Studium der Betriebswirtschaftslehre an der Berufsakademie Stuttgart mit praktischer Ausbildung durch die Mercedes-Benz AG. Studium der Diplom-Anglistik in Mannheim und Swansea, Wales. 1998 – 2000 Internationales Nachwuchsprogramm der Freudenberg Dichtungs- und Schwingungstechnik KG. Seit 2000 Technische Planung bei Freudenberg Dichtungs- und Schwingungstechnik KG. Inhaltliche Schwerpunkte: Wissens- und Informationsmanagement.

Torsten Herzberg (Vodafone Pilotentwicklung GmbH)
torsten.herzberg@v-pe.de

1975 geboren, studierte Betriebswirtschaft in Eichstätt und München. Zusätzlich Ausbildung zum Siemens SQT Knowledge Master und verschiedene Praktika in der Automobilindustrie. Von 1999-2001 Assistent der Geschäftsführung eines mittelständischen Metallverarbeiters, seit 2001 freier Berater unter anderem für die Vodafone Pilotentwicklung GmbH. Derzeit Promotion an der University of Cranfield auf dem Gebiet Innovation und Organisation. Inhaltliche Schwerpunkte: Organisation des frühen Innovationsprozesses, Gestaltung von Kommunikations- und Kreativitätsprozessen sowie der Organisation von internen und externen Netzwerken.

Dr. Christiane Hipp (Vodafone Pilotentwicklung GmbH)
christiane.hipp@v-pe.de

1968 geboren, studierte Wirtschaftsingenieurwesen in Karlsruhe. Von 1994 bis 1995 als Projektleiterin für die Steinbeisstiftung (Herrenberg) tätig; zwischen 1995 und 1999 Promotion am Fraunhofer Institut für Systemtechnik und Innovationsforschung. 1997 Sabbatical an der Universität Manchester. Seit 1999 als freie Beraterin unter anderem tätig für die Vodafone Pilotentwicklung. Zudem Habilitandin und research fellow an der TU Hamburg-Harburg im Bereich Innovationsmanagement. Ihre Tätigkeitsbereiche in Wissenschaft und Praxis: Dienstleistungsinnovationen, Innovationsstrategien, Technologiebewertung, IPR-Management und Wissensmanagement.

Dr. Dorit Jaeger (GEMI GmbH)
dorit.jaeger@t-online.de

1954 geboren, Studium der Industrie- und Betriebssoziologie, Volkswirtschaftslehre und Statistik in Berlin. Promotion an der Universität Bielefeld. 1981-1986 Tätigkeit bei der Projektträgerschaft Humanisierung des Arbeitslebens bei der DLR in Bonn. 1986-1992 Industrietätigkeit, u.a. im Bereich Arbeitswirtschaft bei der Thyssen Guss AG. 1993-1998 Forschung im Bereich Management und Personalentwicklung am Institut Arbeit und Technik in Gelsenkirchen. Seit 1998 Geschäftsführende Gesellschafterin der GEMI GmbH, Gesellschaft für Management und Innovation.

Dr. Andreas Kaiser (Unternehmensgruppe Freudenberg)
andreas.kaiser@freudenberg.de

1963 geboren, Studium des Maschinenbaus und der Wirtschaftswissenschaften an der RWTH Aachen. Promotion an der Universität St. Gallen, Schweiz. Mehrjährige Tätigkeit als Unternehmensberater im Bereich Komplexitäts- und Variantenmanagement. 1998-2000 Projektingenieur in der Technischen Planung der Freudenberg Dichtungs- und Schwingungstechnik KG. Seit 2001 Leiter der Abteilung Knowledge Management Support bei der Freudenberg Forschungsdienste KG. Inhaltliche Schwerpunkte: Wissens- und Innovationsmanagement

Michael Kohlgrüber (Prospektiv GmbH)
kohlgrueber@prospektiv-do.de

1965 geboren, Studium der Wirtschafts- und Sozialwissenschaften in Dortmund. 1995 – 1999 Wissenschaftlicher Mitarbeiter bei der Gesellschaft für Arbeitsschutz- und Humanisierungsforschung mbH, 1999-2000

Projektleiter bei der Prospektiv GmbH in Strategie- und Total Quality Management-Projekten, lizenzierter Trainer der European Foundation for Quality Management. Seit 2000 Gesellschafter der Prospektiv GmbH, dort verantwortlich für die Geschäftsfelder Strategische Unternehmensentwicklung und Total Quality Management. Koordinator des Projektes UNIKAT.

Hermann Neher (Festo AG & Co. KG)
neh@festo.com

1946 geboren, Leitung dezentrales Personalwesen der Festo AG & Co. KG Zuvor Ausbildung und verschiedene Tätigkeiten in der Versicherungswirtschaft sowie berufsbegleitendes Studium Human Resources Management. Berater führender Unternehmen u.a. auf den Gebieten Strategie, Human Resources Management, innovatives Betriebs-/Arbeitszeitenmanagement, ergebnisorientierte Vergütungen. Referent und Trainer zu den Themen neue Technologien, Lean- und Human Resources Management und Personalcontrolling. Buchveröffentlichungen u.a. über innovative Vergütungen, Flexibilisierung der Betriebs- und Arbeitszeiten, Führen mit Zielen.

Susanne Ollmann (STACO Stapelmann GmbH)
s.ollmann@staco.de

1966 geboren, nach kaufmännischer, betriebswirtschaftlicher und sprachlicher Ausbildung Mitarbeiterin der Unternehmensgruppe STACO im Bereich Geschäftsführungsassistenz und Projektmanagement. Seit 1999 Leitung des unternehmenseigenen Kompetenzcenters Personalarbeit mit dem Schwerpunkt Personalentwicklung, -förderung und -training.

Hans-Georg Schnauffer (Fraunhofer-Institut für Fabrikbetrieb und -automatisierung)
schnauffer@iff.fhg.de

1967 geboren, Studium der Betriebswirtschaftslehre in Stuttgart mit Praktika im In- und Ausland. 1996 bis 1997 als Diplomand bei Mercedes-Benz Begleitung der Einführung des Rastatter-Produktionssystems sowie Mitarbeit bei verschiedenen Projekten im Bereich Unternehmensentwicklung und -kommunikation. Seit 1997 wissenschaftlicher Mitarbeiter des Fraunhofer IFF in Magdeburg, seit 2002 Abteilungsleiter für Wissens- und Innovationsmanagement. Forschungs- und Beratungsschwerpunkte: Strategieentwicklung, Potenzialanalysen, Trenderkennung, Innovationsmanagement, Optimierung von Innovationsprozessen und Wissensmanagement. Diverse Veröffentlichungen zu diesen Themen.

Klaus Schönnenbeck (März Internetwork Services AG)
k_schoennenbeck@maerz-network.de
1963 geboren, Ausbildung zum Informationselektroniker bei der Firma Norsk Data. Staatlich geprüfter Techniker, Schwerpunkt Datenverarbeitungstechnik. Zwei Jahre Berufspraxis im Bereich Service und Installation von Großrechenanlagen. Seit 1990 Mitarbeiter der März Internetwork Services AG, mit Projektleitung im Bereich der Planung und Integration von lokalen Datennetzwerken und Leiter Training (bundesweite Weiterqualifikation der technischen und vertrieblichen Mitarbeiter). Seit 1998 Produktmanager mit Schwerpunkt Vertriebsunterstützung sowie Präsentationstraining der vertriebsorientierten Mitarbeiter.

Dr. Rudolf Simon (M+W Zander Facility Engineering GmbH)
rudolf.simon@mw-zander.com
Studienabschluss als Dr.-Ing. im Fach Maschinenbau an der Universität Karlsruhe; zunächst Leiter der Forschung und Entwicklung bei Meissner+Wurst GmbH. Anschließend Wechsel in die Geschäftsführung der Jenoptik-Infab GmbH. Zur Zeit Leiter Strategische Geschäftsentwicklung bei der M+W Zander Facility Engineering GmbH (Jenoptik-Gruppe) tätig.

Mark Staiger (Fraunhofer-Institut für Fabrikbetrieb und -automatisierung)
staiger@iff.fhg.de
1975 geboren, Studium der Organisationspsychologie, Erziehungswissenschaft und Volkswirtschaftslehre in München und Barcelona. Wissenschaftlicher Mitarbeiter am Max-Planck Institut für psychologische Forschung, Lehrstuhl für empirische Pädagogik und pädagogische Psychologie und am Fraunhofer-Institut für Arbeit und Organisation. 2001-2002 Unternehmensberater für die Arideon AG. Seit 2002 Projektleiter im Bereich Wissens- und Innovationsmanagement am Fraunhofer IFF. Inhaltliche Schwerpunkte: u.a. Organisationsentwicklung und Change Management.

Jan Stapelmann (STACO Stapelmann GmbH)
j.stapelmann@staco.de
1956 geboren, Studium der Betriebswirtschaft in Köln mit Schwerpunkt Revisions- und Treuhandwesen, Steuerlehre und Steuerrecht. 1981 Eintritt in die Unternehmensgruppe STACO. Seit 1992 Geschäftsführer der STACO Stapelmann GmbH und seit 1999 Geschäftsführer der Holdinggesellschaft STAPELMANN GmbH.

Piet Stapelmann (STACO Stapelmann GmbH)
p.stapelmann@staco.de

1958 geboren, Studium der Wirtschaftswissenschaften in Essen mit Schwerpunkt Betriebswirtschaft. 1985 Eintritt in die Unternehmensgruppe STACO. Seit 1999 Geschäftsführer der Holdinggesellschaft STAPELMANN GmbH.

Boris Wörter (Festo AG & Co. KG)
bwr@festo.com

1972 geboren, Ausbildung zum Bankkaufmann. Studium der Betriebswirtschaftslehre mit Schwerpunkt Personal- und Organisationsmanagement in Pforzheim und Växjö, Schweden. Berufseinstieg als Trainee Human Resources bei der Festo AG & Co. KG. Anschließend Einsatz im Human Resources Management und zuständiger Mitarbeiter für verschiedene Projekte und Prozessoptimierungen im Personalbereich. Im Rahmen der Prozessorientierung verantwortlich für den Bereich Total Quality Management (TQM) und Kontinuierlicher Verbesserungsprozess (KVP) bei der Festo AG & Co. KG.

Thomas Wössner (M+W Zander Facility Engineering GmbH)
thomas.woessner@mw-zander.com

1966 geboren, Dipl.-Ing. Maschinenwesen. Berufsbegleitende Weiterbildung zum Business Engineer. Projektleitung in mehreren Projekten zur Automatisierung von Halbleiterfertigungen in Europa und Asien. Aktuell verantwortlich für Strategie und Umsetzung des E-Business Programms der Firma M+W Zander, Projektleitung für die Einführung einer Lösung zum web-basierten, Dokumenten- und Wissensmanagement.

GPSR Compliance

The European Union's (EU) General Product Safety Regulation (GPSR) is a set of rules that requires consumer products to be safe and our obligations to ensure this.

If you have any concerns about our products, you can contact us on ProductSafety@springernature.com

In case Publisher is established outside the EU, the EU authorized representative is:

Springer Nature Customer Service Center GmbH
Europaplatz 3
69115 Heidelberg, Germany

Batch number: 10105467

Printed by Printforce, the Netherlands